BIBLIOTHÈQUE NATIONALE

DÉPARTEMENT DES ESTAMPES

INVENTAIRE

DE

LA COLLECTION DE DESSINS

SUR

LES DÉPARTEMENTS DE LA FRANCE

FORMÉE PAR M. H. DESTAILLEUR

ET ACQUISE

PAR LA BIBLIOTHÈQUE NATIONALE

PARIS

IMPRIMERIE NATIONALE

M DCCC XCVII

COLLECTION DE DESSINS

SUR

LES DÉPARTEMENTS DE LA FRANCE

INVENTAIRE

DE

LA COLLECTION DE DESSINS

SUR

LES DÉPARTEMENTS DE LA FRANCE

FORMÉE PAR M. H. DESTAILLEUR

ET ACQUISE

PAR LA BIBLIOTHÈQUE NATIONALE

PARIS

IMPRIMERIE NATIONALE

M DCCC XCVII

AVERTISSEMENT.

Le 22 décembre 1890, le Département des estampes de la Bibliothèque nationale acquérait à l'amiable, de M. Hippolyte Destailleur,
six volumes in-folio renfermant 1,328 dessins relatifs à la ville de
Paris. Le catalogue de ces pièces fut entrepris immédiatement et put
être publié dans le courant de l'année 1891.

A côté de cette collection, s'en trouvait, chez M. Destailleur, une
autre qui en formait le complément naturel et qui était appelée à
rendre aux amateurs curieux de l'histoire monumentale ou pittoresque
de notre pays de signalés services. Celle-ci se composait de quatorze
volumes in-folio comprenant 3,521 dessins relatifs aux anciennes pro-
vinces de France : vues générales, monuments de tous les temps,
maisons curieuses, plans d'édifices, détails d'architecture ou de sculpture dessinés avant leur destruction. M. Destailleur ne songeait pas à
s'en dessaisir et les fonds très restreints dont dispose le Département
des estampes n'auraient pas permis d'ailleurs, au lendemain de la première acquisition, de risquer une proposition acceptable. Il fallut donc
se résoudre à attendre.

M. H. Destailleur mourut le 16 novembre 1893. La direction de la
vente des livres, dessins et estampes, qu'il avait conservés jusqu'à son
dernier jour, fut confiée à M. D. Morgand, qui nous facilita les moyens
d'examiner à loisir, avant la vente, cette collection, et qui se chargea,
à notre requête, de demander aux héritiers s'ils seraient disposés à la
céder à l'amiable. La réponse ne se fit pas attendre; elle fut favorable.
On convint qu'une estimation contradictoire serait faite; on tomba
d'accord sur le prix, et cette collection entra au Département des
estampes le 23 mars 1895. On la laissa telle que son possesseur

l'avait constituée. Pour qu'elle pût rendre au public les services qu'il est en droit d'en attendre et pour que certains croquis, collés hors de leur place géographique, pussent facilement être consultés, un catalogue était indispensable; M. Adrien Moureau, sous-bibliothécaire, se chargea de le rédiger et, pour faciliter les recherches, dressa une table alphabétique dans laquelle les noms des auteurs des dessins sont rapprochés des noms des villes, bourgs et communes dont il se trouve des vues. Tel est le travail que nous livrons aux habitués de la Bibliothèque. Nous espérons qu'ils nous sauront gré de leur avoir conservé cette série de documents qui, s'ils n'avaient pas été acquis par nous, auraient forcément été dispersés de tous côtés et couru le risque d'être perdus pour les travailleurs.

Le conservateur du Département des estampes,

Georges DUPLESSIS.

COLLECTION DE DESSINS

SUR

LES DÉPARTEMENTS DE LA FRANCE.

TOME I.

ENVIRONS DE PARIS.

Pages.

1. Anonyme (xviiᵉ siècle). — Titre au chiffre de Louis XV dans un cartouche accompagné de guirlandes de roses et de divers attributs. On aperçoit à droite les initiales L. M. — Dessin lavé au bistre.... 1

2. Copie de lettres en date des 28 mars et 17 avril 1807 relatives à la continuation de l'ouvrage intitulé : *Voyage pittoresque en France,* et édité par M. Lamy, libraire. — Description des volumes déjà parus. Conclusion favorable et préparation au rapport de la Commission chargée d'examiner les diverses demandes de l'éditeur, en date du 11 mai 1807...................... 2 à 17

3. Misbach, 1798. — Barrière de **Bercy.** — Dessin lavé au bistre...... 18

4. (Misbach) — Barrière des **Bassins.** — Dessin lavé au bistre....... 18

5. (Misbach.) — Barrière de **Courcelle.** — Dessin lavé au bistre...... 18

6. (Misbach), 1799. — Barrière d'Italie ou de **Fontainebleau.** — Dessin lavé au bistre.............................. 19

7. (Misbach.) — Barrière de **Grenelle.** — Dessin lavé au bistre....... 19

8. (Misbach), 1797. — Barrière des **Martyrs.** — Dessin lavé au bistre. 19

9. (Misbach.) — Barrière de **Montparnasse.** — Dessin lavé au bistre.. 20

10. (Misbach), 1797. — Barrière de **Montreuil.** — Dessin lavé au bistre. 20

11. (Misbach), 1797. — Barrière de **Picpus.** — Dessin lavé au bistre.... 20

12. (Misbach.) — Barrière de **Reuilly.** — Dessin lavé au bistre......... 21

13. (Misbach), 1797. — Barrière de **Saint-Mandé.** — Dessin lavé au bistre................................. 21

14. (Misbach), 1797. — Barrière de la **Santé.** — Dessin lavé au bistre... 21

15. (MISBACH), 1798. — Barrière du **Trône**. — Dessin lavé au bistre.... 22

16. (MISBACH), 1797. — Barrière des **Vertus**. — Dessin lavé au bistre.. 22

17. (MISBACH), 1797. — Barrière de **Vaugirard**. — Dessin lavé au bistre. 22

18-19. BOUCHER (J.). — Vues d'**Arcueil**. — Dessins au crayon noir, rehaussés de blanc.......................... 23

20. MOREAU (F.), 1792. — Vue d'une partie de l'aqueduc d'**Arcueil**. — Aquarelle.... 24

21. MARCHAND (Mme), 1810. — Vue d'une partie de l'aqueduc d'**Arcueil**. — Aquarelle.... 25

22. RANSONNETTE (Ch.). 1847. — Vue d'une partie de l'aqueduc d'**Arcueil**. — Dessin à la mine de plomb.......... 26

23. Anonyme. — Vue d'une partie de l'aqueduc d'**Arcueil**. — Aquarelle.. 27

24. Anonyme. — **Arcueil**. — Coin de ferme avec arbres. — Aquarelle.. 27

25. GOBLAIN (vers 1815). — **Arcueil**. — Vue de la place et de l'église. Aquarelle.... 28

26. SARRAZIN, 1782. — Vue prise à **Arcueil**. — Dessin lavé à l'encre de Chine.... 29

27. RANSONNETTE (13 septembre 1850). — **Arcueil**. — Vue de l'abreuvoir. — Dessin à la mine de plomb.......... 30

28. RANSONNETTE (Ch.), juillet 1819. — Vue d'**Arcueil**. — Croquis à la mine de plomb.......... 31

29. RANSONNETTE (Ch.), 23 juillet 1857. — **Arcueil**. — Moulin de la Roche. — Dessin à la mine de plomb.......... 31

30. Anonyme. — Vue de la plaine d'**Argenteuil**. — Dessin à la mine de plomb.... 31

31. RANSONNETTE (Ch.) — La **Seine** aux environs de Paris. — Dessin lavé à l'encre de Chine.... 32

32. RANSONNETTE. — La Seine à **Argenteuil**. — Croquis à la mine de plomb. 32

33. Anonyme. — La Seine à **Argenteuil**. — Dessin à la mine de plomb. 32

34. Anonyme, octobre 1837. — Carrière près d'**Argenteuil**. — Dessin à la mine de plomb.......... 33

35. THY, architecte, 1790. — Château d'**Arcy**. — Plan du rez-de-chaussée. — Dessin au lavis.......... 34

36. THY, architecte, 1790. — Château d'**Arcy**. — Élévation du château *avec projet de changements pour masquer l'aspect des combles et autres additions d'ailes saillantes élevées et autres plus basses décorées*

en forme de tentes. — Vue du côté des jardins projetée en 1790.» — Dessin au lavis. 35

37. THY, architecte, 1790. — Château d'**Arcy**. — *«Coupe dans le milieu du château. — Vue latérale, compris l'aile saillante élevée et celle basse décorée en forme de tente. — Coupe prise sur la plus grande épaisseur du château.»* — Dessin au lavis. 36

38. JOLIMONT. — **Auteuil**. — Vue de l'ancienne église. — Croquis à la mine de plomb. 37

39. RÉGNIER. — **Asnières-sur-Oise**. — Château de la reine Blanche, propriété de M. de Jouy, académicien. — Dessin à la mine de plomb, reproduit par CHAMPIN, dans les *Habitations des personnages les plus célèbres*, par RÉGNIER et CHAMPIN (pl. VII). 37

40. JOLIMONT. — **Auteuil**. — Porte de l'ancienne église. — Croquis à la mine de plomb. 38

41. RÉGNIER. — **Aulnay**, VALLÉE AUX LOUPS. — Maison de Mme Récamier. — Dessin à la mine de plomb, reproduit par CHAMPIN, dans les *Habitations des personnages les plus célèbres* (pl. XLIII). 38

42. Anonyme, 14 septembre 1839. — **Aulnay**. — Habitation du comte de Girardin. — Dessin lavé au bistre. 39

43. Anonyme, 17 juillet 1808. — **Auteuil**. — Maison dite *de Molière*. — Croquis à la mine de plomb. 40

44. BOURGEOIS, 1811. — **Auteuil**. — Maison dite *de Molière*. — Dessin lavé à la sépia. 41

45. RÉGNIER. — **Auteuil**. — Maison habitée par M. Gérard, de l'Institut. — Dessin à la mine de plomb, reproduit par CHAMPIN, dans les *Habitations des personnages les plus célèbres* (pl. XXXV). 41

46. Anonyme. — **Auteuil**. — Maison Lacaze. — Dessin à la mine de plomb. 41

47. MARÉCHAL. — Pavillon de **Bagatelle**. — Dessin lavé à la sépia. 42

48. MISBACH. — **Bagatelle**. — Vue des communs. — Croquis à la mine de plomb. 42

49. MISBACH, 1793. — **Bagatelle**. — Vue du pavillon. — Dessin à la mine de plomb. 42

50. H. ROBERT. — **Bagatelle**. — Vue des jardins. — Croquis à la mine de plomb. 43

51. Anonyme, commencement du xixe siècle. — Vue prise sur le chemin de **Bagnolet**. — Dessin à la plume. 44

52. Anonyme, fin du xviii° siècle. — **Bagneux**. — Vue de l'église et de la place. — Dessin à la mine de plomb.................... 45

53. Anonyme, xviii° siècle. — **Bagneux**. — Vue de l'église. — Dessin à la mine de plomb.................... 45

54. Guillaumot (Auguste), 30 septembre 1857. — **Bagneux**. — Vue de l'intérieur de l'église. — Aquarelle.................... 46

55. Anonyme, 8 août 1833. — **Batignolles**. — Vue de l'octroi. — Dessin à la mine de plomb.................... 47

56. Geoffroy (G.). — Vue et perspective du château de **Beauregard**. — Plan lavé à l'aquarelle.................... 48

57. Dunouy, peintre de la reine de Naples. — Vue du château de **Beaurepaire**, près Corbeil. — Dessin à la sépia.................... 49

58. Anonyme, 1829. — Vue prise à **Belleville**. — Dessin à la mine de plomb.................... 50

59. Anonyme, xviii° siècle. — **Bellevue**. — Entrée de la ferme de Mesdames. — Dessin lavé à l'encre de Chine. — Au verso de ce dessin, on lit au bas d'un croquis à la mine de plomb : « *Vue du pont de Saint-Cloud, prise de Bellevue* ».................... 51

60. Ransonnette (Ch.). — **Bellevue**. — Entrée du parc. — Dessin lavé au bistre.................... 52

61. Anonyme. — Vue de la chapelle de Notre-Dame-des-Anges dans la forêt de **Bondy**. — Dessin à la mine de plomb sur papier gris........ 52

62. Anonyme. — **Bercy**. — Vue du château. — Dessin lavé au bistre... 53

63. Anonyme. — **Bercy**. — Vue des berges de la Seine. — Croquis à la mine de plomb.................... 53

64. Régnier. — **Chaussée de Bougival**. — Habitation de M. Boissy d'Anglas, pair de France. — Dessin à la mine de plomb, reproduit par Champin, dans les *Habitations des personnages les plus célèbres* (pl. XIV).................... 53

65. Anonyme. — **Bougival**. — Le moulin Landry. — Fusain rehaussé de blanc.................... 54

66. Anonyme, 1819. — Croquis pris à **Bougival**.................... 55

67. Watelet? — **Bezons**. — Cour et cuisines du Moulin-Joly. — Aquarelle.................... 56

68. Anonyme. — **Bezons**. — Vue du Moulin-Joly. — Dessin au crayon noir.................... 56

69. Anonyme, 1849. — **Bezons..** — Vue du clocher. — Dessin au crayon noir rehaussé d'aquarelle........................... 57

70. Anonyme. — Vue de **Gentilly** et du château de **Bicêtre.** — Dessin lavé à l'encre de Chine........................... 58

71. Jacque (L.), 1872. — Vue de l'île de **Billancourt.** — Dessin à la mine de plomb........................... 59

72. Anonyme. — **Bois de Boulogne.** — Vue du château de **Madrid.** — Dessin lavé à l'encre de Chine........................... 59

73. Parizeau, 1781. — Ruines du château de **Blandy,** près Melun. — Dessin lavé au bistre........................... 60

74. Anonyme. — Entrée du château de **Blandy.** — Dessin lavé au bistre. 61

75. Delaval. — Restes du couvent des Bonshommes, près **Passy.** — Dessin lavé à l'encre de Chine........................... 62

76. Anonyme. — La Chaussée, près **Bougival.** — Plan de la maison et du jardin de Mme Darlu. — Plan géométral rehaussé d'aquarelle. . 63

77. Ransonnette (Ch.), 30 mai 1847. — La Seine à **Bougival.** — Dessin lavé à la sépia........................... 64

78. Anonyme. — Château de la belle Gabrielle, à la **Briche.** — Dessin lavé à la sépia........................... 65

79. Ransonnette (Ch.), 14 septembre 1847. — **Bry-sur-Marne.** — Vue d'un moulin. — Dessin à la mine de plomb........................... 66

80. Ransonnette (Ch.), 3 août 1362. — Vue prise à **Brunoy.** — Dessin à la mine de plomb........................... 67

81. Ransonnette (Ch.), 3 août 1862. — Les Beausserons à **Brunoy.** — Dessin à la mine de plomb........................... 67

82. Anonyme, xviiie siècle. — Portail de l'église des religieuses de **Haute-Bruyère,** de l'ordre de Fontevraud. — Dans la bordure ovale, on lit : *« Monseigneur le duc de Penthièvre a posé la première pierre le 1er octobre 1778 ».* — Pièce à la gouache, de forme ovale........ 68

83. Ransonnette (Ch.), septembre 1852. — **La Butte aux Cailles.** — Le Moulin des prés. — Croquis à la mine de plomb........... 69

84. Ransonnette (Ch.), octobre 1852. — **La Butte aux Cailles.** — Vue d'un moulin. — Dessin à la mine de plomb................. 69

85. Ransonnette (Ch.), octobre 1852. — **La Butte aux Cailles.** — Vue prise au Moulin des prés. — Dessin lavé à la sépia........... 70

86. Ransonnette (Ch.), octobre 1852. — **La Butte aux Cailles.** — Vue prise au Moulin des prés. — Dessin lavé à la sépia........... 70

87. Ransonnette (Ch.), 13 octobre 1852. — **La Butte aux Cailles.** — Vue d'une masure au Moulin des prés. — Croquis à la mine de plomb.. 71

88. Ransonnette (Ch.), août 1852. — **La Butte aux Cailles.** — Vue d'un bouquet d'arbres au Moulin des prés. — Dessin au crayon. 71

89. Ransonnette (Ch.), 31 août 1852. — **La Butte aux Cailles.** — Vue d'un cabaret au Moulin des prés. — Dessin au crayon........ 72

90. Ransonnette (Ch.), 16 octobre 1858. — **Charonne.** — Vue de l'église. — Dessin lavé à la sépia...................... 72

91. Anonyme, 1829. — **La Celle-Saint-Cloud.** — Dessin à la mine de plomb.. 73

92. Anonyme, 1829. — **La Celle-Saint-Cloud.** — Vue de maisons. — Dessin à la mine de plomb........................... 74

93. Ransonnette (Charles), 1er juillet 1851. — **Champigny-sur-Marne.** — Vue d'un bouquet d'arbres. — Dessin lavé à la sépia....... 75

94. Ransonnette (Charles). — Vue prise à **Champigny-sur-Marne.** — Croquis lavé à l'encre de Chine....................... 76

95. Ransonnette (Charles). — Vue prise du pont de **Champigny-sur-Marne.** — Dessin à l'encre de Chine rehaussé de gouache.... 76

96. Germain. — **Charenton.** — Vue du pont au-dessus de la jonction de la Seine et de la Marne. — Croquis à la mine de plomb...... 77

97. Anonyme, 1829. — Vue prise à **Charenton.** — Dessin à la mine de plomb.. 78

98. Jacque (L.), 1872. — **Charenton.** — Vue du moulin. — Dessin à la mine de plomb.................................... 79

99. Anonyme, novembre 1852. — Vue prise à **Châtillon.** — Dessin à la mine de plomb.................................... 79

100. Hervier. — **Clamart.** — Le cimetière des suppliciés. — Dessin à la mine de plomb.................................... 79

101. Anonyme. — **Charenton.** — Vue du moulin. — Aquarelle...... 80

102. Goblain. — **Charenton.** — Vue du pavillon de Gabrielle d'Estrées, prise de l'intérieur des jardins. — Dessin lavé au bistre....... 80

103. Anonyme. — **Charenton.** — Vue du temple protestant démoli en 1686. — Dessin lavé au bistre....................... 81

104. Sylvestre (F.), 21 septembre 1723. — **Charenton.** — Vue du moulin. — Dessin à la mine de plomb.................... 81

105. Anonyme, xviii° siècle. — **Charenton.** — Vue du moulin. — Dessin à la pierre noire.................................... 82

106. Anonyme, xviii° siècle. — **Charenton.** —· Vue du moulin. — Dessin au crayon lavé à l'encre de Chine..................... 82

107. Ransonnette (Charles), 22 juin 1825. — **Charentonneau.** — Vue du moulin. — Croquis à la mine de plomb............... 83

108. Anonyme, 25 août 1846. — **Charentonneau.** — Vue du moulin. — Dessin à la mine de plomb......................... 83

109. Anonyme, 18 mai 1823. — **Charenton.** — Vue du moulin. — Aquarelle.................................... 84

110. Anonyme, mai 1826. — Vue prise à **Saint-Maurice**, près Charenton. — Dessin à la mine de plomb.................... 84

111. Anonyme, juillet 1833. —— **Charenton.** — Vue du moulin Gravelle. — Dessin à la mine de plomb......................... 84

112. Anonyme, mai 1845. — **Châtenay.** — Vue du clocher. — Dessin à la mine de plomb.................................... 85

113. Anonyme. — **Château-Thierry.** — Vue d'un château et d'une église. — Dessins réunis sur une même feuille et lavés à la sépia. 86

114. Anonyme. — **Cachan**, près Arcueil. — Vue d'un pavillon. — Dessin légèrement lavé à l'aquarelle......................... 86

115. Chauvet, 12 septembre 1852. — Le château de **Belleau**, près de Château-Thierry. — Vue prise de la pièce d'eau. — Dessin à la mine de plomb rehaussé de blanc......................... 87

116. Jongkind. — **Châtillon.** — Vue du moulin, près de la Tour-à-l'Anglais, après la guerre de 1870. — Dessin à la mine de plomb.. 88

117. Anonyme, xviii° siècle. — Vue de **Châtillon.** — Dessin relevé de sépia.................................... 89

118. Misbach, frimaire an ix (décembre 1800). — **Courbevoie.** — Entrée de la ferme de M. Belanger. — Croquis à la mine de plomb.... 90

119. Misbach, frimaire an ix (décembre 1800). — **Courbevoie.** — Vue de la ferme de M. Belanger. — Croquis à la mine de plomb.... 90

120. Misbach, frimaire an ix (décembre 1800). — **Courbevoie.** — Ferme de M. Belanger; détails. — Croquis à la mine de plomb....... 90

121. Anonyme, xviii° siècle. — **Chevreuse.** — Principale porte du château. — Dessin lavé à la sépia......................... 91

122. Anonyme, xviii° siècle. — **Chevreuse.** —— Chemin conduisant à la grande porte du château. — Dessin lavé à la sépia........... 91

123. Fort (Siméon). — **Chevreuse.** — Vue de la ville et du château. — Aquarelle 92

124. Goblain. — **Chevreuse.** — Vue de la ville et du château. — Dessin lavé à la sépia 92

125. Parizeau. — **Chevreuse.** — Vue extérieure du château. — Dessin lavé à la sépia 93

126. Parizeau. — **Chevreuse.** — Vue du château. — Intérieur de la cour. — Dessin lavé à la sépia 94

127. Parizeau. — **Chevreuse.** — Vue du château à l'intérieur de la cour. — Dessin lavé à la sépia 95

128. Anonyme, XVIIIᵉ siècle. — **Chevreuse.** — Vue des ruines du château. — Dessin lavé à l'encre de Chine 96

129. Parizeau? — **Chevreuse.** — Intérieur d'une auberge établie dans les ruines du château (?) — Dessin lavé à la sépia 97

130. Anonyme, 1778. — **Chevreuse.** — Vue des ruines du château. — Dessin relevé d'aquarelle 98

131. Chauvet, 14 septembre 1893. — **Chevreuse.** — Maison des Bannières, 14, rue de Versailles. — Dessin rehaussé de sépia 98

132. Chauvet. — Route de Saint-Remy à Chevreuse. — Vue de la **Madeleine** (ruines du château de Chevreuse). — Dessin rehaussé de sépia 98

133. Chauvet, 14 septembre 1893. — **Chevreuse.** — Vue des ruines du château. — Intérieur de la cour. — Dessin sur papier bleu rehaussé de sépia et de gouache 99

134. Chauvet, 14 septembre 1893. — **Chevreuse.** — Vue des ruines du château. — Dessin sur papier bleu rehaussé de sépia et de gouache 99

135. Anonyme, 19 décembre 1693. — Parc de **Choisy-le-Roi.** — Plan géométral relevé d'aquarelle 100

136. Rigaud. — **Choisy-le-Roi.** — Vue du château. — Dessin lavé à l'encre de Chine et gravé par l'auteur dans son ouvrage : *Les maisons royales de France* 101

137. Genillion, 1772. — **Choisy-le-Roi.** — Vue du château prise de la berge opposée de la Seine. — Dessin à l'encre de Chine légèrement teinté d'aquarelle 102

138. Clavareau, architecte. — **Colombes.** — *« Vue et plan de la garenne de Colombes appartenant à M. Corvisart, premier médecin de*

Sa Majesté l'Empereur et Roi ; avec la description du plan exécuté en 1807. — Dessin et plan à l'aquarelle 103

139. Anonyme, 26 août 1839. — Vue prise à **Clamart.** — Dessin lavé à la sépia 104

140. Hubert-Clerget. — Vue de **Clamart.** — Dessin à la mine de plomb.   105

141. Leclerc (S.)? — Vue du château de **Conflans-l'Archevêque.** — Maison de campagne de l'archevêque de Paris, près Charenton. — Aquarelle 106

142. Anonyme. — **Conflans-l'Archevêque.** — Vue du moulin. — Aquarelle 107

143. (Régnier.) — **Combs-la-Ville.** — Maison de campagne de M. Duval, de l'Académie française. — Dessin à la mine de plomb reproduit dans les *Habitations des personnages les plus célèbres,* par Régnier et Champin (pl. LXXXII) 107

144. Anonyme. — **Conflans-l'Archevêque.** — Plan des Carrières. — Gravure 107

145. Anonyme, xviiiᵉ siècle. — **Conflans-Sainte-Honorine.** — Vue de l'église. — Dessin à la mine de plomb 108

146. Anonyme, xviiiᵉ siècle. — **Conflans-Sainte-Honorine.** — Vue générale prise des berges de la Seine. — Dessin à la pierre noire 109

147. Pérignon (N.). — **Courbevoie.** — Vue des casernes. — Aquarelle.   110

148. (Régnier.) — **Courbevoie.** — Habitation de MM. de Fontanes et du baron Dupuytren. — Croquis à la mine de plomb reproduit dans les *Habitations des personnages les plus célèbres,* par Régnier et Champin (pl. XXX) 110

149. Anonyme, 1ᵉʳ juin 1834. — **Clignancourt.** — Vue d'une masure en ruine et d'un moulin. — Dessin lavé à la sépia 110

150. Anonyme. — Vue d'une église. — Dessin lavé à la sépia. — Au revers de la feuille, une autre vue également lavée à la sépia et ne portant non plus aucune indication 111

151. Anonyme. — **Créteil.** — Vue de l'église. — Dessin lavé à la sépia. — Au revers de ce dessin, une autre vue figurant des ruines et également à la sépia 111

152. Ransonnette (Ch.). — Vue prise à **Créteil.** — Dessin à la mine de plomb 112

153. Ransonnette (Ch.), 29 août 1846. — **Créteil.** — Vue de rivière avec laveuses. — Dessin à la mine de plomb 113

154. Ransonnette (Ch.). — **Créteil.** — Vue d'un chemin. — Dessin à la mine de plomb.................................... 113

155. Ransonnette (Ch.). — **Créteil.** — Vue d'un bouquet d'arbres au bord de la rivière. — Dessin à la plume et à la sépia........ 114

156. Ransonnette (Ch.). — **Créteil.** — Vue du vieux pont du Moulin-Neuf. — Croquis à la mine de plomb.................. 115

157. Ransonnette (Ch.). — Vue de **Port-Créteil.** — Dessin lavé à l'encre de Chine.................................. 115

158. Ransonnette (Ch.), 31 juillet 1846. — Vue prise à **Port-Créteil.** 116

159. Ransonnette (Ch.), 15 août 1854. — Vue de **Dampmart**, près Lagny (Seine-et-Marne). — Croquis à la mine de plomb..... 117

160. Anonyme. — **Eaubonne.** — Élévation du château, côté du parterre. — Dessin à l'encre de Chine......................... 118

161. Anonyme. — **Eaubonne.** — Élévation du château, côté de la cour. — Dessin à l'encre de Chine......................... 119

162. Goblain (L.). — **Ermenonville.** — Vue du parc prise du temple de la Philosophie. — Dessin lavé à la sépia............... 120

163. Anonyme, 24 août 1839. — **Écouen.** — Vue du château prise de la route de Luzarches. — Dessin lavé à la sépia........... 120

164. Anonyme. — **Ermenonville.** — Vue de la brasserie. — Croquis à la mine de plomb.................................. 120

165. Anonyme. — **Ermenonville**, près Montmorency. — Jean-Jacques Rousseau dans son ermitage. — Dessin au crayon......... 121

166. Anonyme. — Jean-Jacques Rousseau à **Ermenonville.** — Dessin légèrement lavé à l'encre de Chine.................... 121

167. Tal. (?), 1801. — **Essonnes.** — Vue des Moulins. — Dessin à la mine de plomb.................................. 122

168. (Régnier.) — **Fontenay-sous-Bois.** — Vue de l'habitation de Dalayrac et de Guilbert de Pixerécourt.—Dessin à la mine de plomb reproduit dans les *Habitations des personnages les plus célèbres*, par Régnier et Champin (pl. XXXVI).................... 123

169. Régnier. — **Ferrières** (Seine-et-Marne). — Vue de l'habitation de Fouché, duc d'Otrante, devenue ensuite la propriété de la famille de Rothschild. — Dessin à la mine de plomb, reproduit par Champin, dans les *Habitations des personnages les plus célèbres* (pl. LXXXI).................................. 123

170. Anonyme, 13 juin 1824. — Vue prise à **Fontenay-aux-Roses.** — Aquarelle.................................. 124

171. Anonyme, 27 octobre (1845?) — **Fontenay-sous-Bois.** — Vue d'un ravin. — Dessin à la mine de plomb................. 125

172. Chatelet. — Vue prise aux environs de **Gentilly.** — Dessin lavé à l'encre de Chine................. 126

173. Goblain, 1818. — **Gentilly.** — Vue d'un ruisseau. — Aquarelle. 127

174. Anonyme, 27 mai (?). — **Le Petit Gentilly.** — Vue de plusieurs moulins. — Dessin à la mine de plomb................. 128

175. Goblain, août 1825. — Vue prise à **Gentilly.** — Dessin à la mine de plomb rehaussée de sépia................. 128

176. Anonyme, *«26 octobre 1852, retouché le 24 juin 1856 ».* — **Gentilly.** — Vue d'une maison de campagne. — Aquarelle........... 129

177. Ransonnette (Ch.), juillet 1814. — **Gentilly.** — Vue d'un pont. — Dessin à la mine de plomb................. 130

178. Pillement, 1770. — **Gournay** (Seine-et-Oise). — *«Vue de Gournay prise de l'avenue qui conduit à la rivière au venant de Noisy.»* — Dessin à la mine de plomb................. 131

179. Anonyme, 1830. — **Gravelle.** — Vue du moulin. — Dessin à la mine de plomb................. 132

180. Anonyme, 1830. — **Gravelle.** — Vue du moulin. — Détail. — Dessin à la mine de plomb................. 133

181. Anonyme, mai 1830. — **Gravelle.** — Vue du moulin prise d'un autre côté. — Dessin à la mine de plomb................. 134

182. Guillaumot (A^te). — **Groslay.** — Vue de l'église et du village. — Dessin à la mine de plomb rehaussée de sépia dans les premiers plans................. 135

183. Ransonnette (Ch.), juillet 1847. — Vue du village de **Groslay,** près Montmorency. — Dessin à la mine de plomb......... 136

184. Anonyme. — **Issy.** — Ruines d'un ancien fort. — Aquarelle..... 137

185. Guillaumot (A^te), 9 septembre 1855. — **Issy.** — Restes du château dit «de Childebert». — Dessin à la mine de plomb rehaussé de blanc................. 137

186. Anonyme, août 1846. — Vue panoramique prise du fort d'**Ivry.** — Dessin à la mine de plomb................. 138

187. Anonyme, juillet 1843. — **Ivry-sur-Seine.** — Vue des bords de la Seine. — Dessin à la mine de plomb................. 138

188. Anonyme, juillet 1843. — **Ivry-sur-Seine.** — Vue de Paris. — Dessin à la mine de plomb................. 139

189. Sarrazin, 1782. — **Ivry-sur-Seine.** — Vue d'un intérieur de ferme. — Dessin à la plume relevé d'aquarelle............. 139

190. Anonyme. — **Ivry-sur-Seine.** — Vue de l'église Saint-Pierre. — Dessin lavé à la sépia........................ 140

191. Anonyme. — **Ivry-sur-Seine.** — Vue de l'église. — Aquarelle.. 141

192. Anonyme, 1871. — **Issy.** — Vue des ruines du château. — Dessin à la mine de plomb......................... 142

193. Anonyme. — **Ivry.** — Vue prise d'une prairie. — Dessin lavé à la sépia......................... 142

194. Anonyme. — **Juvisy.** — Vue du château. — Dessin lavé à la sépia. 143

195. Anonyme, 22 septembre (?). — **Javel.** — Vue des bords de la Seine......................... 143

196. Ottin (L.), 19 août 1856. — **Jouy-le-Comte.** — Vue intérieure de l'église. — Aquarelle........................ 144

197. Marie, 16 août 1849. — **Juvisy.** — Statue dans une niche. — Croquis à la mine de plomb........................ 145

198. Guillaumot (A^te). — **Juvisy.** — Statue dans une niche. — Aquarelle......................... 146

199. Anonyme. — **Juvisy.** — Vue de «*la Cour de France*». — Dessin lavé à la sépia......................... 147

200. Anonyme. — **Juvisy.** — Vue de «*la Cour de France*». — Dessin lavé à l'encre de Chine......................... 147

201. Fontaine. — **Juvisy.** — Vue de la Cour de France. — Dessin lavé à l'encre de Chine......................... 148

202. Anonyme. — Vue de la tour de **Montlhéry**, près Juvisy. — Dessin lavé à l'encre de Chine......................... 148

203. Anonyme. 1786. — Vue prise à la **Chapelle**, près Paris. — Dessin lavé à la sépia. — Au revers de ce dessin, une vue lavée à l'encre de Chine et figurant l'église de **Corbeil**................. 149

204. Anonyme, 26 septembre 1834. — Vue prise à **Létang-la-Ville.** — Croquis à la mine de plomb rehaussé de blanc.......... 150

205. Guillaumot (A^te). — **Létang-la-Ville.** — Vue du clocher. — Croquis à la mine de plomb rehaussé de blanc............ 151

206. Anonyme. — **L'Hay.** — «*Vue de Lay dessinée de dedans la maison haute de M. le prince d'Harcourt, du costé de Cachant.*» — Dessin rehaussé d'encre de Chine......................... 152

207. Anonyme — **Longchamp.** — Vue de l'abbaye. — Dessin lavé à la sépia.......... 153

208. Misbach. — **Longchamp.** — Vue de l'abbaye, prise du pied du jardin de M. Lagarde. — Croquis à la mine de plomb....... 153

209. Chauvet, juillet 1851. — **Levy-Saint-Non**, près Dampierre (Seine-et-Oise. — Vue de l'église et du presbytère de Levy-Saint-Non, lieu de pèlerinage de Notre-Dame-des-Roches. — Dessin au crayon noir rehaussé de blanc..................... 154

210. Anonyme. — **Plessis-Piquet.** — Vue de l'entrée de l'habitation de M. Picard, homme de lettres. — Dessin lavé à la sépia..... 155

211. (Régnier). — **Plessis-Piquet.** — Vue de l'habitation de M. Picard, homme de lettres. — Dessin à la mine de plomb, reproduit par Champin, dans les *Habitations des personnages les plus célèbres*, par Régnier et Champin (pl. XVIII)..................... 155

212. Anonyme. — **Livry.** — *«Plan de l'abbaye de Livry, près Paris, 1697.»* — Plan géométral lavé à l'aquarelle.............. 156

213. Anonyme, 1642. — **Livry.** — Abbaye de Notre-Dame-de-Livry. — Vue à vol d'oiseau légèrement rehaussée d'aquarelle...... 157

214. Anonyme, fin du xviii° siècle. — **Suresnes.** — Vue du bac de Longchamp à Suresnes. — Aquarelle................... 158

215. Ransonnette (Ch.), 18 juillet 1847. — **Longchamp.** — Vue du moulin. — Dessin à la mine de plomb.................. 159

216. Ransonnette (Ch.), septembre 1818. — **Louveciennes.** — Vue prise d'une prairie. — Croquis à la mine de plomb......... 160

217. Ransonnette (Ch.), septembre 1818. — **Louveciennes.** — Paysage avec saules pleureurs. — Dessin à la mine de plomb........ 161

218. Ransonnette (Ch.). — Vue prise à **Louveciennes.** — Croquis à la mine de plomb, sur lequel on lit de la main de l'auteur : *«Vue de ma fenêtre de Louveciennes. Septembre 1818.»*........... 162

219. Ransonnette (Ch.). — Vue prise à **Louveciennes.** — Dessin lavé à la sépia, sur lequel on lit : *«Louveciennes, près de la machine.»*. 162

220. Guillaumot (A[te]), 18 septembre 1843. — **Louveciennes.** — Vue de l'aqueduc. — Dessin à la mine de plomb.............. 163

TOME II.

ENVIRONS DE PARIS.

Pages.

221. Anonyme. — **Marly-le-Roi.** — Vue du pont du chemin de fer. — Croquis à la mine de plomb 1

222. Guillaumot (A^{te}) père. — **Marly-le-Roi.** — Vue d'un pavillon. — Dessin à la plume rehaussé d'encre de Chine 1

223. Bourgeois (C.). — Étang de **Saint-Cucufa**, près la Malmaison. — Vue de la maison du pâtre. — Dessin lavé à la sépia 2

224. Guillaumot (A^{te}). — **Marly-le-Roi.** — Vue des bains d'Agrippine. — Dessin à la mine de plomb légèrement estompé 2

225. Deroy. — **Marly.** — Vue de l'aqueduc. — Dessin lavé à la sépia ... 3

226. Anonyme, 1841. — **Marly.** — Vue générale de l'ancienne et de la nouvelle machine. — Aquarelle 3

227. Ransonnette (Ch.), 30 mai 1847. — Vue de l'aqueduc de **Marly**, prise à Louveciennes. — Dessin à la mine de plomb 4

228. Maréchal, 178... — **Marly.** — Vue de l'aqueduc. — Dessin lavé à la sépia 5

229. Goblain. — Vue de l'abbaye de **Longpont**, près Montlhéry. — Dessin à l'encre de Chine 5

230. Bourgeois. — **Montmorency.** — Vue de l'Ermitage de Jean-Jacques Rousseau. — Dessin lavé à la sépia 5

231. Ransonnette (Ch.), 3 septembre 1838. — Vue prise à **Maisons** dans l'Île. — Aquarelle 6

232. Anonyme, 1841. — **Marly.** — Vue prise dans la propriété de M. V., près la Machine de Marly. — Aquarelle 6

233. Guillaumot (A^{te}), 1867. — **Marly.** — Vue de l'abreuvoir. — Dessin à la mine de plomb rehaussé de gouache 7

234. Guillaumot (A^{te}), 27 mai 1873. — **Marly.** — Propriété de M. Victorien Sardou. — Vue de la grille. — Croquis à la mine de plomb rehaussé de gouache 8

235. Guillaumot (A^{te}), **Marly.** — Vue d'un bassin avec jet d'eau. — Aquarelle 9

236. Anonyme. — **Marly.** — Vue de l'habitation de M. Sardou. — Croquis
à la mine de plomb rehaussé de pastel................... 10

237. Anonyme. — **Marly.** — Vue de l'habitation et du parc de M. Sardou.
— Dessin à la mine de plomb...................... 11

238. Goblain. — **Massy**, près Longjumeau. — Vue des ruines du château.
— Dessin lavé à la sépia......................... 12

239. Ransonnette (Ch.). — Vue prise à **Maisons.** — Aquarelle........ 12

240. Anonyme. — **Massy.** — Vue des ruines du château. — Aquarelle.. 13

241. Ransonnette (Ch.). — **Massy.** — Vue de l'église. — Dessin à la mine
de plomb.................................. 14

242. Anonyme. — **Meaux.** — Vue de l'église. — Dessin lavé à la sépia.. 14.

243. Anonyme, 4 mai 18.. — **Ménilmontant.** — Vue de masures. —
Dessin à la mine de plomb....................... 15.

244. Silvestre. — **Meudon.** — Vue à vol d'oiseau du château du côté des
jardins. — Dessin à la plume...................... 16

245. Anonyme. — **Meudon.** — Vue panoramique. — Croquis à la mine
de plomb. — Au revers de cette feuille se trouve un autre dessin,
peut-être le Bas-Meudon........................ 17.

246. Lallemand, 1780. — **Meudon.** — Vue d'ensemble du château. —
Croquis à la mine de plomb...................... 17

247. (Régnier.) — **La Falaise**, près Meulan (S.-et-O.) — Vue de l'habitation de Jacques Delille. — Dessin à la mine de plomb, reproduit
par Champin, dans les *Habitations des personnages les plus célèbres*,
par Régnier et Champin (pl. XI)................... 17

248. Michallon, 1807. — **Meudon.** — Vue du château. — Dessin lavé à
la sépia [1].................................. 18

249. Maréchal, 1785. — **Meudon.** — *«Les deux châteaux réunis sous un
même aspect.»* — Dessin lavé à la sépia............... 18

250. Jacque (L.), 1872. — **Bas-Meudon.** — Vue des bords de la Seine.
Dessin à la mine de plomb....................... 18

251. Anonyme, 24 juin 1832. — **Les Montalets**, sous Meudon. — Dessin
à la mine de plomb............................ 19

252. Guillaumot (A^te). — **Meudon.** — Vue d'une terrasse dans le parc de
la grotte de Meudon. — Aquarelle.................. 19

[1] Au dos de ce dessin, on lit : *«Michallon a eu le grand prix de paysage historique
en.....; il est mort fort jeune.»*

253. Anonyme. — **Meudon**. — Vue d'ensemble du château. — Dessin à la sépia.. 20

254. Anonyme, 8 mai 1834. — Bois de **Meudon**. — Vue de la porte de Fleury. — Dessin à la mine de plomb.................... 21

255. Anonyme, mai 1834. — Bois de **Meudon**. — Autre vue de la porte de Fleury. — Dessin à la mine de plomb................ 21

256. Anonyme. — **Montfort-l'Amaury**. — Vue du chemin qui conduit au château et de la porte dite «porte Bardan». — Dessin lavé à la sépia.. 22

257. Anonyme. — **Montfort-l'Amaury**. — Vue de l'église Saint-Laurent. — Aquarelle.................................. 23

258. Anonyme. — **Montfort-l'Amaury**. — Vue de l'église Saint-Laurent. — Dessin lavé à l'encre de Chine.................. 24

259. Anonyme, décembre 1792. — Vue de la chapelle du vieux **Montfort-l'Amaury**. — (Église Saint-Laurent.) — Dessin lavé à la sépia. 25

260. Anonyme. — **Montlhéry**. — Vue du château d'après une ancienne estampe. — Vue des ruines. — Dessins à la mine de plomb réunis sur une même feuille............................ 26

261. Anonyme. — **Montlhéry**. — Vue de la tour. — Dessin à la mine de plomb.. 26

262. Anonyme, octobre 1845. — **Montlhéry**. — Vue d'une rue du village et de la tour. — Dessin à la mine de plomb............ 27

263. Wille (P. A.) — **Montlhéry**. — Vue de la tour. — Dessin au crayon noir, légèrement lavé à la sépia...................... 28

264. Ransonnette (Ch.), 27 mai 1849. — **Montlignon**. — Rendez-vous de chasse. — Dessin lavé à l'encre de Chine............ 29

265. Chaufournier, fin du xviie siècle. — **Montmartre**. — «Veue de Montmartre du costé de la ville neuve.» — Dessin à l'encre de Chine. 30

266. Cochin (C.-N.), 1774. — Vue de **Montmartre** prise de la Villette. — Dessin à la mine de plomb............................ 31

267. Anonyme, 4 mai 1826. — **Montmartre**. — Vue d'une carrière. — Dessin à la mine de plomb............................ 31

268. Anonyme, xviiie siècle. — **Montmartre**. — Vue d'ensemble. — Dessin légèrement lavé à l'aquarelle.................... 32

269. Anonyme. — **Montmartre**. — Vue des ruines de l'ancienne église et du télégraphe. — Dessin relevé à la sépia.......... 33

270. Anonyme. — **Montmartre**. — Vue des ruines de l'ancienne église et de la tour du télégraphe. — Aquarelle 34

271. Clerget (Hubert). — **Montmartre**. — Vue de la butte du côté des carrières, versant de Clignancourt. — Dessin à la sanguine 35

272. Anonyme. — **Montmartre**. — Vue de l'église, de la tour du télégraphe et du calvaire. — Dessin lavé à la sépia 36

273. Anonyme. — **Montmartre**. — Vue de l'église et de la tour du télégraphe. — Aquarelle (au revers de cette feuille, une autre aquarelle sans indication du sujet) 36

274. Anonyme, 21 août 1832. — **Montmartre**. — Vue de l'église et de la tour du télégraphe. — Dessin à la mine de plomb 37

275. Anonyme, 22 août 1832. — **Montmartre**. — Autre vue de l'église et de la tour du télégraphe. — Dessin à la mine de plomb 37

276. Anonyme. — **Montmartre**. — Vue intérieure des ruines de l'église. — Croquis lavé à la sépia 38

277. Anonyme. — **Montmartre**. — Ruines de l'abbaye. — Vue de l'abside septentrionale de l'église. — Dessin à la mine de plomb 39

278. (A. Lenoir et Courtin.) — **Montmartre**. — Chapiteaux et écusson relevés dans l'église Saint-Pierre. — Dessin légèrement rehaussé à la sépia, lithographié par L. Courtin dans la *Statistique monumentale de Paris* 40

279. (A. Lenoir et Courtin.) — **Montmartre**. — Chapiteaux relevés dans l'église Saint-Pierre. — Dessin légèrement rehaussé à la sépia, lithographié par L. Courtin dans la *Statistique monumentale de Paris*. 41

280. (A. Lenoir et Courtin.) — **Montmartre**. — Chapiteaux relevés dans l'église Saint-Pierre. — Dessin rehaussé à la sépia, lithographié par L. Courtin dans la *Statistique monumentale de Paris* .. 42

281. A. Flamen. — **Montmartre**. — «Vue d'une partie des moullins (*sic*) de Montmartre du costé de Maugiron.» — Dessin lavé à l'encre de Chine 43

282. Goblain. — **Montmartre**. — Vue du télégraphe. — Dessin lavé à la sépia 43

283. Ransonnette (Ch.), 6 j. 1837. — **Montmartre**. — Vue des moulins. — Dessin lavé à la sépia 43

284. Anonyme, xviiiᵉ siècle. — **Montmartre**. — Vue d'un moulin en ruine. — Dessin lavé à la sépia 44

285. Anonyme, xviiiᵉ siècle. — **Montmartre**. — Vue de moulins. — Dessin lavé à la sépia 44

286. Anonyme, 3o mars 1834. — **Montmartre.** — Vue de moulins. — Dessin à la mine de plomb..................... 45

287. Anonyme, 24 mai 1834. — **Montmartre.** — Vue d'une fontaine. — Dessin à la mine de plomb..................... 45

288. Anonyme, octobre 1832. — **Montmartre.** — Vue de masures à l'entrée d'une carrière. — Dessin à la mine de plomb......... 45

289. Anonyme, 1826. — Vue prise à **Montmartre.** — Aquarelle...... 46

290. Anonyme, 1826. — **Montmartre.** — Vue d'une carrière. — Aquarelle..................... 46

291. Anonyme, 1826. — **Montmartre.** — Vue d'une route conduisant à un moulin. — Aquarelle..................... 46

292. Anonyme, octobre 1825. — **Montmartre.** — Vue d'un versant de la butte. — Dessin à la mine de plomb..................... 47

293. Anonyme, 11 août 1826. — **Montmartre.** — Vue d'une voûte en ruine. — Dessin rehaussé de sépia..................... 47

294. Decamps. — **Montmartre.** — Vue de l'abreuvoir. — Dessin lavé à la sépia..................... 48

295. Anonyme, juillet 1786. — **Montmartre.** — « *Vue de la carrière à plâtre de Montmartre du côté de Monceau.* » — Aquarelle....... 49

296. Anonyme. — **Montmartre.** — Vue d'un moulin. — Dessin à la mine de plomb..................... 5o

297. Thiénon (Louis), lundi 5 mars 1832. — **Montmartre.** — Vue des carrières situées à l'est de la butte. — Dessin à la mine de plomb. 51

298. Ransonnette (Ch.) — **Montmartre.** — Vue de la fontaine du But. — Dessin sur papier jaune lavé à la sépia................. 52

299. Ransonnette (Ch.) — **Montmartre.** — Vue d'une fontaine. — Dessin lavé à la sépia..................... 53

300. Ransonnette (Ch.) — **Montmartre.** — Autre vue de la même fontaine. — Desssin lavé à la sépia..................... 53

301. Anonyme, 1831. — **Montmartre.** — Vue du versant de Clignancourt. — Dessin à la mine de plomb..................... 54

302. Anonyme. — **Montmorency.** — Plan général du château et du parc. — Plan géométral lavé à l'aquarelle................. 55

303. Anonyme. — **Montmorency.** — Vue du château. — Dessin lavé à la sépia..................... 56

304. Ransonnette (Ch.), 19 juillet 1847. — Vue prise à **Montmorency.** — Croquis à la mine de plomb..................... 57

305. Guillaumot (Aug.), 23 octobre 1856. — **Montmorency.** — Vue d'une ruelle. — Dessin au crayon noir rehaussé de blanc et de rouge.. 58

306. Anonyme. — Vue des environs de Paris prise dans l'avenue de **Montrouge.** — Dessin à la plume............................ 59

307. Anonyme. — Vue des environs de Paris prise sur le chemin d'Orléans. — Dessin lavé à l'encre de Chine........................ 60

308. Plan du **Petit-Montrouge** avec les moulins environnants. — Gravure. 60

309. Plan de la route d'Orléans. — Gravure.................... 60

310. Anonyme. — Vue des environs de Paris prise sur la route d'Orléans. — Moulin à tour dit *de la Charité.* — (Plan de Roussel, 1730.) — *«Probablement le moulin moliniste qui fut enclavé en 18...* *dans le cimetière du Montparnasse.»*.................... 61

311. Anonyme. — Vue des environs de Paris et du moulin janséniste prise sur la route d'Orléans. — *«Il figure sur le plan de Paris de X. Girard, publié par Gougeon et Andriveau en 1820 et aussi dans l'édition de 1827.»* — Dessin à la plume sur feuilles réunies....... 61

312. Anonyme. — **Montmorency.** — Vue de l'église. — Aquarelle.... 62

313. Anonyme. — **Montmorency.** — *«Donjon du vieux château de Montmorency en 1708 près de l'église Saint-Martin.»* — Dessin lavé à la sépia.. 62

314. Anonyme. — **Montmorency.** — Vue du chevet de l'église. — Croquis à la mine de plomb............................ 63

315. Huré père, 1786. — **Montreuil,** près Versailles. — Vue d'une des grottes du jardin de Mme Élisabeth. — Aquarelle............ 64

316. Anonyme. — **Monceaux.** — *«Vue prise sur le chemin de Mousseau* (sic).» — Dessin à la plume........................ 65

317. Anonyme. — **Monceaux.** — *«Chemin de Mousseau.»* — Dessin à la plume.. 65

318. Anonyme. — **Monceaux.** — Autre *«vue prise sur le chemin de Mousseau* (sic).» — Dessin à la plume.................... 66

319. Anonyme. — **Monceaux.** — Autre *«vue prise sur le chemin de Mousseau* (sic).» — Dessin à la plume.................... 66

320. Anonyme. — **Neuilly.** — *«Vue prise près du pont de Neuilly sur le chemin de Suresnes.»* — Dessin à la plume................ 67

321. Anonyme. — **Neuilly.** — *«Vue prise sur le chemin Neuf de Neuilly.»* — Dessin à la plume.................................... 68

322. Anonyme. — **Neuilly.** — *«Vue prise près du pont de Neuilly.»* — Dessin à la plume.................................... 68

323. Anonyme. — **Neuilly**. — « *Vue prise sur le chemin de Neuilly.* » — Dessin à la plume 69

324. Anonyme. — **Neuilly**. — « *Vue prise près du pont de Neuilly au-dessous de Courbevoie.* » — Dessin à la plume 70

325. Anonyme, 1844. — **Neuilly**. — Vue des berges de la Seine. — Dessin à la mine de plomb légèrement rehaussé de blanc 71

326. Ransonnette (Ch.), 29 juillet 1847. — **Neuilly**. — Vue des bords de la Seine et de l'arche du pont. — Dessin à la mine de plomb.. 72

327. Ransonnette (Ch.), 29 juillet 1847. — **Neuilly**. — Vue du pont. — Dessin à la mine de plomb 72

328. Ransonnette (Ch.), 12 août 1847. — Vue de la Seine et du pont de **Neuilly**. — Dessin à la mine de plomb légèrement rehaussé de blanc 72

329. Misbach, 1797. — **Neuilly**. — Maison de campagne de M. Berthault. — Croquis à la mine de plomb 73

330. Ransonnette (Ch.), 12 août 1847. — **Neuilly**. — Vue de l'entrée du parc. — Dessin à la mine de plomb 73

331. Misbach. — **Neuilly**. — Vue d'un kiosque dans la maison de campagne de M. Berthault. — Dessin à la mine de plomb 73

332. Ransonnette. — **Neuilly**. — Vue prise sur les bords de la Seine. — Dessin à la mine de plomb rehaussé de blanc 74

333. Misbach. — **Neuilly**. — Vue d'un pont dans la propriété de M. Berthault. — Croquis à la mine de plomb 74

334. Misbach. — **Neuilly**. — Vue de l'ermitage Berthault. — Dessin lavé à la sépia 74

335. Misbach. — **Neuilly**. — Vue de la maison de M. Berthault. — Dessin à la mine de plomb 75

336. Misbach, 1797. — **Neuilly**. — Vue de la porte du jardin anglais de M. Berthault, à Neuilly. — Dessin à la mine de plomb 75

337. Ransonnette (Ch.). — **Neuilly**. — Vue de groupes d'arbres au bord de la Seine. — Dessin à la mine de plomb 76

338. Ransonnette (Ch.), 28 juin 1846. — **Neuilly**. — Vue d'un bouquet d'arbres. — Dessin à la mine de plomb rehaussé de blanc.. 77

339. Jacque, 1871. — **Neuilly**. — Vue de la barricade de la rue Peyronnet. — Dessin à la mine de plomb 78

340. Ransonnette (Ch.), 27 juin 1847. — Vue de la Seine à **Neuilly**. — Dessin à la mine de plomb rehaussé de blanc 78

341. Ransonnette (Ch.), 28 septembre 1847. — Vue de **Nogent-sur-Marne**. — Dessin à la mine de plomb 79

342. Ransonnette (Ch.). — **Nogent-sur-Marne**. — L'île de Beauté. — Dessin à la plume 80

343. Ransonnette (Ch.), septembre 1868. — Vue prise sur les bords de la **Marne**. — Aquarelle 80

344. Ransonnette (Ch.). — Vue prise sur les bords de la **Marne**. — Aquarelle 80

345. Anonyme, xviiiᵉ siècle. — **Palaiseau**. — Vue d'ensemble du château. — *« Vue et perspective du château de Palaiseau, appartenant à son Altesse Sérénissime Monseigneur le prince de Condé, présenté par François-Joseph Reydy de la Grange, régisseur pour S. A. S. de Palaiseau et de ses dépendances. »* — Aquarelle 81

346. Guélin, 1761. — **Passy**. — *« Plans des batimens et jardins de Monsieur le Comte de Valentinois à Passy. Levé et dessiné par Guélin, en 1761. »* — Plan géométral lavé à l'aquarelle 82

347. Anonyme. — **Pontoise**. — *« Plan général du château de Sᵗ-Martin de Pontoise, environ 120 arpents. »* — Plan géométral lavé à l'aquarelle 83

348. Anonyme, xviiiᵉ siècle. — **Le Raincy**. — Vue du château du **Raincy** construit en 1652. — Pastel 84

349. Anonyme, xviiiᵉ siècle. — Vue d'un paysage avec une tour et un pont. — Gouache 85

350. Anonyme, commencement du xixᵉ siècle. — **Le Raincy**. — Vue de la porte de Chelles. — Dessin lavé à la sépia 86

351. Anonyme, commencement du xixᵉ siècle. — **Le Raincy**. — Vue du hameau. — Dessin lavé à la sépia 86

352. Sylvestre (I.). — **Saint-Cloud**. — Château et jardin de l'archevêque de Paris. — Dessin à la plume; au revers, on lit : *« Vue et perspective de la maison et parterre de l'Illustrissime archevêque de Paris à Saint-Cloud. Israël Silvestre del. Perrelle sculpsit. »* 86

353. Anonyme. — **Saint-Cloud**. — *« Plan pour servir au projet d'un chemin de Saint-Cloud à Neuilly par Suresne, en suivant le bord de la rivière dans la partie comprise entre le pont de Saint-Cloud et l'entrée des jardins de la grande maison de M. de Chalus, occupée par Mᵐᵉ la comtesse d'Artois, de 345 toises 3 pieds de longueur. Du 17 décembre 1786. »* — Plan géométral lavé à l'aquarelle 87

354. Chapuy. — **Saint-Cloud**. — *« Vue générale de Saint-Cloud, le cours de la Seine, le Mont-Valérien, Montmartre et Paris. »* — Croquis à la mine de plomb 88

355. Anonyme. — **Saint-Cloud.** — Vue prise dans le parc. — Dessin lavé à l'encre de Chine...... 89

356. Contant d'Ivry, architecte. — Parc de **Saint-Cloud.** *«Élévation de la face du cotté de l'entrée (du pavillon) de la gaijeté dans le parc de Saint-Clout. 26 avril 1748.»* — Dessin lavé à l'encre de Chine et légèrement teinté...... 90

357. Gardina. — **Saint-Cloud.** — Vue du château. — Aquarelle...... 91

358. Meunier, 1788. — **Saint-Cloud.** — Vue d'ensemble du parc, du château et de la ville, prise de la rive opposée de la Seine. — Aquarelle gravée par Née pour le *Voyage pittoresque de la France*, t. IV, Paris et ses environs, Saint-Cloud (pl. I)...... 92

359. Meunier, fin du xviiie siècle. — Parc de **Saint-Cloud.** — Vue du bassin avec le grand jet d'eau. — Aquarelle gravée par Née, même ouvrage (pl. III)...... 93

360. Meunier, 1788. — Vue de **Saint-Cloud**, prise des hauteurs de Meudon. — Aquarelle gravée par Née, même ouvrage (pl. V).... 94

361. Anonyme. — **Saint-Cloud.** — Vue du pavillon de la princesse Pauline. — Dessin à la sépia...... 95

362. Anonyme. — **Saint-Cloud.** — Vue de la cascade. — Dessin lavé à la sépia...... 95

363. Ransonnette, 20 août 1841. — **Saint-Cloud.** — Vue prise dans le parc. — Croquis à la mine de plomb...... 96

364. Ransonnette (Ch.). — **Saint-Cloud.** — Vue d'un groupe d'arbres. — Dessin à la mine de plomb...... 97

365. Ransonnette (Ch.). — **Saint-Cloud.** — Vue d'un bouquet d'arbres au bord de l'eau. — Dessin à la mine de plomb...... 97

366. Anonyme, 5 octobre 1838. — Vue prise à **Saint-Cloud.** — Dessin à la mine de plomb...... 97

367. (Régnier). — **Saint-Chéron**, près Baville. — Vue de l'habitation de Cicéri. — Dessin à la mine de plomb reproduit dans les *Habitations des personnages les plus célèbres*, par Régnier et Champin (pl. VIII)...... 97

368. Clerget (H.). — **Saint-Cloud.** — Vue des bords de la Seine et du pont. — Dessin sur papier gris légèrement rehaussé d'aquarelle. 98

369. Anonyme. — **Saint-Cloud.** — Vue du théâtre. — Dessin lavé à la sépia...... 99

370. Gaildrau, 1871. — **Saint-Cloud.** — Vue d'une place après la guerre. Dessin lavé à la sépia...... 99

371. Ransonnette, 9 septembre 1846. — **Saint-Cloud.** — Vue d'un arbre au bord de l'eau. — Croquis à la mine de plomb........... 100

372. Guiraud (?) — Vue du pont de **Suresnes.** — Dessin à la mine de plomb rehaussé d'aquarelle........................ 101

373. Misbach. — **Suresnes.** — Maison de M. Lagarde. — Croquis à la mine de plomb............................. 102

374. Misbach. — **Suresnes.** — *« Vue de le maison de M. Lagarde prise du côté de la cour. »* — Croquis à la mine de plomb........... 102

375. Misbach. — **Suresnes.** — *« Vue de la maison de M. Lagarde prise du côté de la Seine. »* — Croquis à la mine de plomb........... 102

376. Misbach, 1797. — **Suresnes.** — Vue du bac. — Vue de la maison du passeur. — Dessins lavés à la sépia................. 102

377. Anonyme. — Vue prise sur le chemin de **Saint-Denis.** — Dessin à la plume................................. 103

378. Daubigny. — Vue de la plaine **Saint-Denis** prise des Prés Saint-Gervais. — Dessin lavé à l'encre de Chine et gravé sous la direction de Née pour le *Voyage pittoresque de la France*, t. IV, département de la Seine (pl. XLIX)....................... 104

379. Anonyme. — **Saint-Denis.** — *« Plan de l'Abbaye royale de Saint-Denis avec les tombeaux des rois et princes qui y sont inhumés et la date de leur mort. »* — Plan géométral et descriptif, daté de 1752. 105

380. Anonyme. — **Saint-Denis.** — *« Plan de l'église de Saint-Denis avec la disposition des sépultures telles qu'elles étaient avant leur destruction, en 1793. »* — Plan géométral à l'encre de Chine....... 106

381. Anonyme. — Trône de Dagobert autrefois à **Saint-Denis.** — Aquarelle................................. 107

382. Anonyme. — **Saint-Denis.** — Scènes de la première croisade tirées des anciens vitraux du chevet de l'église. — Dessin à la mine de plomb................................. 108

383. Anonyme. — **Saint-Denis.** — Scènes de la vie de saint Louis d'après un vitrail de l'église. — Dessin à la mine de plomb... 108

384. Anonyme, xviiie siècle. — **Saint-Denis.** — *« Vue de Saint-Denis prise du côté de l'ancienne porte de ..... »* — Dessin lavé à la sépia. 109

385. Anonyme, 9 août 1823. — Plaine **Saint-Denis.** — Vue des masures en ruine. — Dessin à la mine de plomb............. 110

386. Anonyme, mai 1839. — **Saint-Denis.** — Vue de l'entrée de la ville. — Croquis à la mine de plomb................. 110

387. **Anonyme. — Saint-Denis.** — Vue de la basilique. — Dessin lavé à la sépia.... 110

388. **A. D. — Saint-Denis.** — Vue de la façade de la basilique. — Dessin lavé à la sépia.... 111

389. **A. D. — Saint-Denis.** — Vue du tombeau de Dagobert. — Dessin lavé à la sépia.... 111

390. Anonyme. — **Saint-Denis.** — Vue de l'église souterraine. — Les douze mois de l'année : détail des montants de la porte latérale de droite du portail principal de l'église. — Dessin à la mine de plomb.... 112

391. Régnier. — Abbaye de **Saint-Denis.** — Vue de l'ancienne porte du cloître abattue en 1779. — Dessin à la mine de plomb.... 112

392. Anonyme. — Abbaye de **Saint-Denis.** — Vue de l'ancienne porte du cloître. — Dessin lavé à la sépia.... 112

393. Anonyme. — Église de **Saint-Denis.** — Vue d'une nef latérale. — Dessin à la plume.... 113

394. Anonyme. — Église de **Saint-Denis.** — Vue de la flèche du clocher. — Dessin à la plume ombré à l'encre.... 114

395. Anonyme, juin 1847. — **Mesnil-Saint-Denis.** — *« Église et village du Mesnil-Saint-Denis, près Dampierre. »* — Dessin lavé à l'encre de Chine.... 115

396. Anonyme, xviiie siècle. — Vue du château du **Mesnil-Saint-Denis.** — Dessin lavé à l'aquarelle.... 116

397. Basire, octobre 1781. — Vue du **Mesnil-Lugny.** — Dessin légèrement teinté à l'aquarelle.... 117

398. Leveau, 1764. — Vue d'une chapelle aux environs de **Saint-Denis.** — Dessin à la sanguine.... 118

399. Anonyme. — Environs de **Saint-Denis.** — Vue de la ferme de Merville, démolie en 1841.... 119

400. Ransonnette (Ch.), 25 septembre 1866. — Vue de la Seine prise à **La Garenne-Saint-Denis.** — Dessin à la mine de plomb rehaussé de blanc.... 120

401. Ransonnette (Ch.), 25 septembre 1866. — Vue de la Seine auprès de **Saint-Denis.** — Dessin à la mine de plomb rehaussé de gouache.... 120

402. Anonyme, juin 1833. — Vue d'un moulin à **Saint-Ouen.** — Dessin à la mine de plomb.... 121

403. Silvestre (Israël). — **Saint-Germain-en-Laye.** — Vue de la terrasse du château. — Dessin à la plume.... 121

404. Régnier. — **Saint-Germain-en-Laye.** — Vue de l'habitation du baron Boucher-Desnoyers, de l'Institut. — Dessin à la mine de plomb reproduit dans les *Habitations des personnages les plus célèbres*, par Régnier et Champin (pl. XII)............... 121

405. Anonyme. — **Saint-Germain-en-Laye.** — Vue des ruines du Château-Neuf vers 1818. — Dessin lavé à l'encre de Chine.... 122

406. Guillaumot père. — **Saint-Germain-en-Laye.** — Vue d'ensemble du Château-Neuf. — Aquarelle........................ 123

407. Attribué à Debucourt, 1792 (?). — Forêt de **Saint-Germain.** — Vue de la fête des Loges. — Aquarelle...................... 124

408. Attribué à Debucourt, 1794 (?). — Forêt de **Saint-Germain.** — Vue de la fête des Loges. — Aquarelle................. 125

409. Anonyme, XVIIIe siècle, — Forêt de **Saint-Germain.** — Vue de la fête des Loges. — Dessin légèrement lavé à la sépia. — Au revers de ce dessin est tracé d'une écriture étrangère, au bas d'un croquis à la mine de plomb figurant des arbres, le nom de Gabriel de Saint-Aubin............................. 126

410. Anonyme, 1829. — **Saint-Germain.** — Vue d'un pavillon. — Croquis à la mine de plomb......................... 127

411. Ransonnette (Ch.), 30 juillet 1855. — **Saint-Mandé.** — Vue d'un pont sur le ru de Montreuil. — Dessin à la mine de plomb.... 128

412. Ransonnette (Ch.), 30 juillet 1855. — **Saint-Mandé.** — Autre vue prise sur le ru de Montreuil. — Dessin à la mine de plomb. 128

413. Anonyme, 1829. — **Saint-Mandé.** — Vue d'une maison située rue Mongenot. — Dessin à la mine de plomb............. 129

414. Anonyme. — **Saint-Maur-les-Fossés.** — Vue de l'église. — Dessin lavé à la sépia................................. 130

415. H. Clerget. — **Saint-Maur-les-Fossés.** — Vue de la façade de l'église. — Dessin au crayon rehaussé d'aquarelle.......... 130

416. Wille (J. G.), 1763. — **Saint-Maur-les-Fossés.** — Ruines de l'abbaye. — On lit dans le coin à gauche : «*Dessinée à l'abbaye de Saint-Maur, par J.-G. Wille, 1763.*» — Dessin à la plume teinté d'aquarelle.................................. 131

417. Anonyme, XVIIIe siècle. — **Saint-Maur-les-Fossés.** — Vue des moulins. — Dessin lavé à la sépia...................... 132

418. Anonyme, XVIIIe siècle. — **Saint-Maur-les-Fossés.** — Vue des ruines de l'Abbaye. — Dessin à la plume ombré à la sépia.... 132

419. Anonyme, xviii° siècle. — Environs de **Saint-Maur-les-Fossés.** — Vue d'un chemin. — Dessin à la mine de plomb........ 132

420. Anonyme, xviii° siècle. — **Saint-Maur-les-Fossés.** — Vue d'un moulin. — Dessin au crayon légèrement teinté........... 133

421. Anonyme, xviii° siècle. — **Saint-Maur-les-Fossés.** — Vue d'un autre moulin. — Dessin à la mine de plomb sur papier jaune.. 133

422. Anonyme, avril 1832. — **Saint-Maur-les-Fossés.** — Vue de carrières et de terrains vagues. — Dessin à la mine de plomb.. 134

423. Ransonnette (Ch.). — **Saint-Maur-les-Fossés.** — Vue des bords de la Marne. — Dessin à la mine de plomb............... 135

424. Ransonnette (Ch.), 14 juillet 1870. — **Saint-Maur-les-Fossés.** — Vue de Port-Créteil. — Dessin à la mine de plomb....... 135

425. Ransonnette (Ch.), 29 août 1866. — **Créteil,** près Saint-Maur. — Vue d'un moulin. — Dessin à la mine de plomb rehaussé de blanc.. 136

426. Ransonnette (Ch.), 14 juillet 1870. — **Saint-Maur.** — Vue prise à Port-Créteil. — Dessin à la mine de plomb............ 136

427. Ransonnette (Ch.), 4 juin 1873. — **Saint-Maur.** — Vue d'un chemin bordé d'arbres. — Dessin à la mine de plomb........ 137

428. Ransonnette (Ch.). — Vue prise à **Saint-Maur.** — Dessin sur papier teinté, à la mine de plomb, rehaussé de blanc......... 138

429. Anonyme, 9 octobre 1863. — Vue prise à **Saint-Maurice.** — Croquis à la mine de plomb........................... 139

430. Lempereur. — **Sceaux.** — Vue d'une ferme. — Dessin à la sanguine................................... 140

431. Anonyme. — **Saint-Ouen.** — Vue du moulin de la Cage, situé dans l'île. — Dessin à la mine de plomb................. 141

432. Anonyme, 28 juillet 1847. — **Saint-Ouen.** — Vue du moulin de la Cage. — Croquis à la mine de plomb................. 142

433. Anonyme, 20 mai 1832. — **Saint-Ouen.** — Vue du moulin de la Cage et du barrage. — Dessin à la mine de plomb.......... 143

434. Guillaumot (Aug.), 1847. — Vue prise à **Saint-Ouen.** — Dessin sur papier bleu, au crayon noir, rehaussé de blanc......... 144

435. Régnier. — **Saint-Ouen.** — Vue de la maison de M. Necker, habitée par M. Ternaux. — Dessin à la mine de plomb reproduit dans les *Habitations des personnages les plus célèbres*, par Régnier et Champin (pl. XXVII)........................... 144

436. Roqueplan (Camille), 1827. — **Saint-Ouen.** — Vue du moulin.
— Dessin à la sépia...................................... 145

437. Guillaumot (A.). — **Saint-Ouen.** — Vue du moulin. — Dessin sur
papier bleu, au crayon noir, rehaussé de blanc............ 145

438. Anonyme, xviiie siècle. — **Paris.** — Vue de masures sur les bords
de la Seine. — Dessin à la mine de plomb, rehaussé de blanc.
— Au revers de ce dessin, un croquis figurant des troncs d'arbres
rabougris.. 146

439. Régnier. — **Seineport,** près Melun. — Vue de l'habitation de
M. Bosio. — Dessin à la mine de plomb, reproduit par Champin
dans les *Habitations des personnages les plus célèbres* (pl. LXXIX). 146

440. Ransonnette (Ch.), 24 juin 1853. — Vue des bords de la Seine,
près **Draveil.** — Croquis à la mine de plomb............ 147

441. Ransonnette (Ch.). — Vue des bords de la Seine, à **Argenteuil.**
— Croquis à la mine de plomb......................... 147

442. Ransonnette, 24 juin 1858. — Vue des bords de la Seine, à **Draveil.**
— Croquis à la mine de plomb......................... 147

443. Ransonnette. — Vue des bords de la Seine, à **Argenteuil.** — Croquis à la mine de plomb............................... 147

444. Anonyme. — Vue des bords de la Seine aux environs de **Sèvres.** —
Dessin à la plume.................................... 148

445. Anonyme. — Vue d'une église avec une allée d'arbres. — Dessin à
la plume.. 149

446. Anonyme. — **Sèvres.** — Vue de la manufacture prise des jardins.
— Aquarelle... 150

447. Anonyme. — **Sèvres.** — Vue des caves impériales. — Aquarelle. 151

448. Michallon, 1817. — **Sèvres.** — Vue de la manufacture. — Dessin lavé à la sépia.................................... 151

449. Ransonnette, août 1847. — Vue panoramique de **Sèvres.** — Dessin
à la mine de plomb................................... 152

450. Clerget (Hubert). — **Sèvres.** — Vue des bords de la Seine. — Dessin à la mine de plomb, rehaussé d'aquarelle............. 153

451. Anonyme, xviiie siècle. — **Sèvres.** — Vue du pont lors de l'incendie. — Dessin à la plume lavé à la sépia.............. 154

452. Chauvet, août 1852. — **Sèvres.** — Vue du pont. — Dessin lavé à
la sépia... 155

453. Anonyme, 13 juin. — Vue prise à **Thiais.** — Aquarelle........ 156

454. Anonyme. — **Thomery**, près de Fontainebleau. — Vue des bords de la Seine. — Dessin à la mine de plomb............... 157

455. Guillaumot (Aug.). — **Tracy-le-Val.** — Vue du château construit par E. Sanson, architecte. — Dessin à la mine de plomb, rehaussé de blanc..................... 157

456. Guillaumot (Aug.). — **Tracy-le-Val.** — Vue de la façade du château. — Dessin à la mine de plomb, rehaussé de blanc....... 158

457. Goblain, 1818. — Vue des ruines du château de **Tourvoye**, près Fresnes-les-Rungis. — Aquarelle inachevée.............. 159

458. Goblain. — Vue d'un château flanqué de deux tourelles. — Aquarelle..................... 160

459. Anonyme, xviii⁰ siècle. — Vue du château de **Trianon**. — Aquarelle..................... 161

460. Anonyme. — **Trianon.** — Élévation de la moitié de la façade du château. — Dessin lavé à l'aquarelle..................... 162

461. Anonyme. — **Trianon.** — Vue du petit temple élevé dans les jardins. — Dessin lavé au bistre..................... 163

462. Anonyme. — **Trianon.** — Vue de la ferme. — Croquis à la plume. 164

463. Anonyme, 10 juillet 1853 et 30 juillet 1856. — Hameau du **Petit-Trianon.** — Vue de la maison du fermier. — Aquarelle..... 165

464. Berthier. — Plan général de **Trianon** et du jardin de la Reine, à **Versailles.** — Plan géométral lavé à l'aquarelle.......... 166

465. Guillaumot (A¹ᵉ). — Cascade des jardins du **Grand-Trianon.** — « Architecture par Mansart, sculpteurs Vancléve, Mazière, Garnier, Poirier, Le Lorrain, Le Moine, Hardi et La Pierre. » — Dessin lavé à l'encre de Chine, rehaussé de blanc.................. 167

466. Delle, géomètre, 1810. — **Triel.** — « Plan du jardin, cour et bâtiment de M. Pécheux de Pisse-Fontaine, hamau (sic) dépendant de la commune de Triel-Bourg, an mil huit cent dix. » — Plan géométral lavé à l'aquarelle..................... 168

467. Anonyme, 20 juin 1853. — Vue prise au **Mont-Valérien.** — Dessin à la mine de plomb..................... 169

468. Anonyme. — Vue d'un moulin sur la butte du **Mont-Valérien.** — Dessin à la mine de plomb, légèrement rehaussé de blanc et de sanguine..................... 170

469. Anonyme. — **Vaux-Praslin.** — Vue des grottes. — Dessin lavé à la sépia..................... 171

470. Anonyme. — Bois de **Verrières**. — Aqueduc de Buc. — Dessin à
la mine de plomb.................................... 172

471. Anonyme. — Vue d'une allée dans les bois de **Verrières**. — Dessin
à la mine de plomb.................................... 172

472. Prieur (P.), 1750. — Plan géométral et descriptif du château et du
parc de **Versailles**. — Plan lavé à l'aquarelle............ 173

473. Lafontaine, xviiᵉ siècle. — **Versailles**. — Vue d'ensemble du palais.
— Aquarelle.................................... 174

474. Le Clerc (S.). — **Versailles**. — Réception des chevaliers de l'ordre
du Saint-Esprit dans l'ancienne chapelle du palais. — Dessin à
l'encre de Chine. 175

475. Moireaux. — **Versailles**. — Vue de la façade du palais du côté du
jardin. — Croquis à la mine de plomb.................. 176

476. Anonyme. — **Versailles**. — Vue du palais et du grand escalier du
côté de l'orangerie. — Dessin à la mine de plomb.......... 177

477. Anonyme. — **Versailles**. — Vue d'une partie de la colonnade. —
Aquarelle.................................... 177

478. Anonyme. — **Versailles**. — Vue du palais prise de la cour des
écuries royales, actuellement magasins d'artillerie. — Aquarelle. 178

479. Toussaint. — **Versailles**. — Vue de la façade du palais du côté de
l'avenue de Paris. — Dessin lavé à la sépia............... 179

480. Guillaumot (A.) père, 1884. — **Versailles**. — Vue intérieure
d'une grotte du parc. — Dessin à la mine de plomb, rehaussé
de blanc.................................... 180

481. Anonyme. — **Versailles**. — Vue du palais prise du Tapis-Vert. —
Aquarelle.................................... 181

482. Anonyme. — **Versailles**. — Vue prise aux abords du parc. —
Dessin légèrement teinté au lavis...................... 181

483. Toussaint. — **Versailles**. — Vue du palais, de l'orangerie et d'une
partie de la pièce d'eau des Suisses. — Dessin lavé à la sépia... 182

484. Anonyme. — **Versailles**. — Vue intérieure de l'orangerie du palais
avec un projet de décoration pour la voûte. — Aquarelle..... 183

485. Perelle. — **Versailles**. — Vue de cascades et d'une partie du palais.
Dessin à la plume.................................... 184

486. Anonyme, xviiᵉ siècle. — **Versailles**. — Projet de bosquet avec les
groupes de Bouchardon placés dans le jardin d'Apollon. — Pièce
exécutée au burin et à la plume...................... 185

487. NORBLIN, 1786. — **Versailles.** — Vue d'une allée du parc. — Dessin au crayon noir rehaussé de blanc................. 186

488. LA FARGUE (Paul-Constantin), 1771. — **Versailles.** — Vue de la colonnade. — Dessin à l'encre de Chine................. 187

489. HUBERT-ROBERT, 1779. — **Versailles.** — Grotte dite «les bains d'Apollon». — Au bas de la feuille, on lit l'inscription suivante : «*Robert invenit et in hortis Versaliensis exequendum curavit anno 1779*». — Aquarelle................. 188

490. RANSONNETTE (Ch.), mai 1856. — **Versailles.** — Vue d'une figure se terminant en gaine, relevée dans le parc. — Croquis à la mine de plomb................. 189

491. RANSONNETTE (Ch.), mai 1856. — **Versailles.** — Vue d'un bassin avec motif relevé dans le parc. — Croquis à la mine de plomb. 189

492. RANSONNETTE (Ch.), 22 août 1856. — **Versailles.** — Vue d'une allée du parc laissant apercevoir le palais. — Croquis à la mine de plomb................. 189

493. Anonyme, 1852. — **Versailles.** — Vue de la rue Saint-Pierre. — Frontispice de l'ouvrage: «*Pochades de Paris et ses environs, année 1852*». — Dessin lavé à la sépia................. 190

494. Anonyme. — Plan de la forêt du **Vésinet** et de ses environs. — Plan géométral lavé à l'aquarelle................. 191

495. MARÉCHAL, 1787. — **Vincennes.** — Vue du donjon. — Dessin lavé au bistre................. 192

496. Anonyme. — **Vallée-aux-Loups.** — Vue de la maison de Châteaubriant. — Dessin lavé au bistre................. 192

497. Anonyme. — **Versailles.** — Vue des ailes du château. — Dessin lavé à la sépia................. 192

498. Anonyme. — **Vincennes.** — Vue du donjon. — Dessin lavé à la sépia................. 193

499. LESPINASSE (Chevalier de). — Vue du château de **Vincennes.** — Dessin lavé à l'encre de Chine................. 193

500. MICHALLON, 1817. — **Vincennes.** — Vue d'ensemble du château. — Dessin lavé à la sépia................. 193

501. LANTARA, 1742. — Vue d'une porte en ruine par laquelle on aperçoit le château de **Vincennes.** — Dessin à la pierre noire...... 194

502. RANSONNETTE, 1787. — **Vincennes.** — Projet d'une colonnade dans la cour du château. — Aquarelle................. 195

503. Saint-Aubin (Gabriel de), 17 août 1765. — Vue de **Vincennes.** — Croquis à la mine de plomb retouché à la plume et légèrement teinté à la gouache................................... 196

504. Gaucherel (Léon). — **Vincennes.** — Vue de la chapelle du château. — Dessin lavé à la sépia................................... 196

505. Anonyme. — **Vincennes.** — Vue des fossés du château. — *«Un saule pleureur indique la place où le duc d'Enghien fut exécuté.»* — Aquarelle................................... 197

506. Anonyme, 14 octobre 1834. — **Vincennes.** — Vue du château. — Dessin à la mine de plomb................................... 197

507. Misbach. — **Vincennes.** — Vue d'ensemble du château. — Dessin rehaussé de sépia................................... 198

508. Pils. — **Vincennes.** — Vue du donjon. — Croquis à la mine de plomb................................... 198

509. Anonyme. — **Vincennes.** — Vue du château. — Aquarelle..... 198

510. Anonyme, juillet 1843. — Vue de **Vitry-sur-Seine.** — Dessin à la mine de plomb................................... 199

511. Clerget (Hubert), 1848. — **Vincennes.** — Vue du donjon. — Dessin à la mine de plomb................................... 199

512. Anonyme, 1830. — **Vincennes.** — Vue d'ensemble du château. — Dessin à la mine de plomb................................... 200

513. Anonyme. — **Vitry-sur-Seine.** — Vue de l'entrée d'une ferme. — Aquarelle................................... 201

TOME III.

ÎLE-DE-FRANCE. — VEXIN. — NORMANDIE.

DÉPARTEMENT DE SEINE-ET-OISE.

Pages.

514. GOBLAIN. — **Auvers**, près Pontoise. — Vue de la chapelle Saint-Nicolas. — Dessin lavé à la sépia 1

515. GOBLAIN. — Vue des bords de l'Oise à **Auvers**. — Dessin lavé à la sépia. 1

516. Anonyme, 10 octobre. — **Auvers**. — Vue des ruines d'une chapelle. — Dessin lavé à la sépia 2

517. (GILBERT aîné), 1800. — **Beaumont**. — Vue de l'église. — Dessin lavé à l'encre de Chine 3

518. GOBLAIN. — L'Oise à **Pontoise**. — Dessin lavé à la sépia 4

519. GOBLAIN. — L'Oise à **Beaumont**. — Dessin lavé à la sépia 4

520. Anonyme, 1831. — **Bougival**. — Entrée des carrières 5

521. GOBLAIN. — Vue de la Seine à **Corbeil**. — Dessin lavé à la sépia 6

522. GOBLAIN. — Vue de la Seine à **Soisy-sous-Étiolles**. — Dessin lavé à la sépia 6

523. (RÉGNIER.) — **Corbeil**. — Vue de l'habitation de Labarpe pendant la Terreur. — Dessin à la mine de plomb reproduit dans les *Habitations des personnages les plus célèbres*, par RÉGNIER et CHAMPIN (pl. XXIII) 6

524. Anonyme. — **Dampierre**. — Vue de l'église. — Dessin à la mine de plomb rehaussé de gouache 7

525. VARIN. — **Essonnes**. — Vierge du xv⁰ siècle provenant de l'abbaye. — Dessin à la mine de plomb 8

526. VARIN. — **Essonnes**. — Pierre tombale du premier abbé fondateur de l'abbaye d'Essonnes. — Dessin à la mine de plomb sur papier gris. 8

527. (RÉGNIER.) — **Essonnes**. — Vue de la maison de Bernardin de Saint-Pierre. — Croquis à la mine de plomb reproduit dans les *Habitations des personnages les plus célèbres*, par RÉGNIER et CHAMPIN (pl. XXII) 8

528. ANDRÉ, 1782. — **L'Isle-Adam**. — *« Vue d'oiseau et perspective des nouvelles écuries de l'Isle Adam prise du côté de la grande allée du milieu*

derrière les écuries, d'où l'on voit les toits, les cours, les trois bras de la rivière d'Oise, le château de l'Isle Adam, le parc, Parmin et la montagne. » — Dessin à l'encre de Chine légèrement teinté d'aquarelle. 9

529. ANDRÉ, 1782. — « *Vues du château de l'Isle et des écuries, du Pont Verd, du Pont du Moulin, des deux Pavillons de la Cour d'honneur, du grand Pont de l'isle de la Cohue, du pont Cabouillet, de la rivière d'Oise qui se divise en trois bras. De l'autre côté de la rivière, l'on voit les écuries neuves qui forment un tableau. Dans le lointain, l'on voit Nogent, la basse forêt, à droite partie du bourg et de l'église de l'Isle Adam. Cette vue prise du sommet de la montagne derrière Parmin.* » — Dessin à l'encre de Chine relevé d'aquarelle. 9

530. Anonyme, 1716. — **Franconville.** — *Vue de la butte des Trois-Moulins.* — Dessin à la mine de plomb. 10

531. Anonyme, 27 avril 1846. — Vue de masures auprès de **l'Isle-Adam.** — Dessin lavé à la sépia. 11

532. Anonyme, 3 août 1846. — **L'Isle-Adam.** — Vue d'une ferme. — Dessin lavé à la sépia. 12

533. CHATEAUVIEUX, 15 mai 1767. — **L'Isle-Adam.** — « *Vue du château de l'Île-Adam prise dessus le grand pont.* » — Dessin lavé à l'encre de Chine. 13

534. GOBLAIN. — Vue de l'Oise au château de **Neuville.** — Dessin lavé à la sépia. 14

535. GOBLAIN. — Vue de l'Oise au château de **l'Isle-Adam.** — Dessin lavé à la sépia. 14

536. CLERGET (H.). — Vue intérieure de l'église **Notre-Dame de la Roche,** commune de Lévy-Saint-Non. — Vallée de Chevreuse. — Dessin à l'encre de Chine, rehaussé de gouache. 14

537. CLERGET (H.). — Vue extérieure de l'église **Notre-Dame de la Roche.** — Aquarelle. 14

538. PÉRIGNON. — **Haute-Isle.** — « *Vue du village de Hautil (Haute-Isle) près la Roche-Guyon.* » — Aquarelle. 15

539. Anonyme, 1820. — **Louvres-en-Parisis.** — Vue d'une porte avec tourelles. — Aquarelle. — Au dos, on lit : « *Ancienne prison du village de Louvre en Parisis, à 25 kilomètres de Paris, sur la route de Sens.* » 16

540. GUILLAUMOT (A^le), 21 octobre 1855. — **Mantes.** — Vue du pont. — Croquis à la mine de plomb. 17

541. Anonyme. — Vue de **Mantes.** — Croquis à la mine de plomb. 17

542. LE VEAU, 10 août 1764. — **Mantes.** — Vue d'ensemble de la ville. — Dessin à la mine de plomb. 18

543. Anonyme, xviiie siècle. — **Mantes.** — Vue du pont. — Dessin à la mine de plomb 19

544. Anonyme, xviiie siècle. — **Mantes.** — Vue du pont et des faubourgs de la ville. — Dessin à la mine de plomb 20

545. Anonyme, xviiie siècle. — **Mantes.** — Vue de l'ancien pont en partie ruiné. — Dessin à la mine de plomb 21

546. Anonyme, xviiie siècle. — **Mantes.** — Vue de l'ancien pont. — Dessin lavé à l'encre de Chine 22

547. Clerget (Hubert). — **Longpont.** — Vue intérieure de Notre-Dame de Bonne-Garde. — Dessin relevé d'aquarelle 22

548. Anonyme, xviiie siècle. — Vue de l'entrée des écuries du château du **Marais.** — Dessin à l'encre de Chine 23

549. Anonyme. — **Le Mesnil-Saint-Denis** entre Trappes et Dampierre. — Vue de l'entrée du village. — Dessin à la mine de plomb . . . 24

550. Clerget (Hubert). — **Mesnil-le-Roi.** — Vue de l'église. — Aquarelle. 25

551. Lemoine, octobre 1818. — **Le Mesnil.** — « Vue du château du Ménil près Mantes, sur le chemin de Magni, prise en dehors du Ah! ah! près la grille du four à chaux, appartenant à M. le marquis de Rosanbo, pair de France. — Fait au mois d'octobre 1818 entre 10 et 11 heures du matin. » — Dessin au crayon légèrement estompé . . 26

552. Lemoine. — Vue d'une pièce d'eau dans le parc du **Mesnil.** — Dessin sur papier bleu au crayon noir 26

553. Anonyme, 1826. — **Poissy.** — Vue du pont. — Dessin à la mine de plomb 27

554. Chauvet, juillet 1847. — **Pontoise.** — Vue de la fontaine de l'ancien hospice située rue Basse. — Aquarelle 28

555. Chauvet, juillet 1847. — **Pontoise.** — Vue des rues de la Coutellerie et de l'Éperon. — Dessin sur papier jaune, à l'encre de Chine et rehaussé de blanc 29

556. Chauvet, juillet 1847. — **Pontoise.** — Vue de la place du Grand-Martroy. — Dessin à l'encre de Chine sur papier jaune 30

557. Mausson, 17 septembre 1847. — **Poissy.** — Vue du clocher de l'église. — Dessin sur papier gris, ombré à l'encre de Chine et rehaussé de gouache 31

558. Misbach, 1797. — Vue de la maison de Condorcet, près **Poissy.** — Croquis à la mine de plomb 32

559. Anonyme, xviiie siècle. — Vue du village de **Port-Mort-en-Vexin** (Eure). — Dessin à la mine de plomb 32

560. Anonyme, 5 août 1871. — Vue de l'arbre de Sully au vieux pont du Pecq, à **Saint-Germain-en-Laye** 32

561. Anonyme, xviiie siècle. — Vue du château de **Queuville**, près la Ferté-Alais, sur la route de Paris à Montargis. — Dessin à la sanguine. 33

562. Anonyme. — Vue du château de **Quincy-sous-Senart**. — Croquis à la mine de plomb 33

563. Michel, 11 août 1826. — Vue du château de **Rosny**. — Croquis à la mine de plomb 34

564. Anonyme, xviiie siècle. — *« Le Bon en Vexin (?) »*. — Vue d'un château avec parterre. — Aquarelle. 35

565. Anonyme, septembre 1856. — **Saint-Leu-d'Esserent**. — Vue des carrières. — Aquarelle 36

566. Leveau. — Vue de **Franconville**. — Dessin à la plume ombré à l'encre de Chine 37

567. Pérignon. — Vue d'une île de la Seine, près la **Roche-Guyon**. — Aquarelle 38

568. Anonyme, fin du xviie siècle. — Vue de **Villeneuve-Saint-Georges**. — Dessin à la plume ombré à l'encre de Chine 38

DÉPARTEMENT DE L'EURE.

569. Rigaud. — Vue d'ensemble du château d'**Anet**. — Dessin à l'encre de Chine, gravé par l'auteur dans son ouvrage des *Maisons royales de France* [1] 39

570. Anonyme, xviie siècle. — **Les Andelys**. — *« Veuc de la ville d'Andelis (des Andelys) en Normandie, à 8 licues au midy de Rouen sur la rivière de Seine. »* — Dessin à la plume 40

571. Anonyme, 1768. — **Grand-Andely**. — Vue de la fontaine Sainte-Clotilde, lieu de pèlerinage qui se tient au mois de juin. — Dessin à la mine de plomb 41

572. Le Veau, 1760. — Vue du **Petit-Andely**. — Dessin à la plume lavé à l'encre de Chine 41

573. Le Veau, 1760. — Vue de **Château-Gaillard**. — Dessin lavé au bistre. 42

574. Le Veau, 1760. — **Les Andelys**. — *« Vue d'Andely. »* — Dessin lavé à l'encre de Chine 42

---

[1] Ce dessin qui figure ici par erreur devrait, en réalité, être placé dans le département d'Eure-et-Loir.

575. Thiénon. — **Les Andelys.** — *« Vue des petits Andelys où est né Nicolas Poussin en 1594. »* — Dessin à la sépia 42

576. Le Veau, 1764. — Vue de **Chouy**, près des Andelys. — Dessin à la plume ombré à la sépia 43

577. Anonyme, xviiie siècle. — **Chouy.** — *« Vue de l'église de Chouy près les Andelys. »* — Dessin à la mine de plomb 43

578. Faure, 1820. — Vue des ruines du **Château-Gaillard**, près des Andelys. — Dessin au trait 44

579. Sagot, 1861. — **Conches** (Eure). — Vue de l'abside de l'église Sainte-Foi. — Dessin à la mine de plomb, rehaussé de pastel . . . 45

580. Pigeon, 1788. — Vue de l'abbaye du **Bec**. — Dessin à la mine de plomb, légèrement estompé 46

581. Anonyme. — Vue prise sur le chemin de **Menneval** à Bernay. — Dessin lavé à la sépia 47

582. Anonyme. — **Brionne.** — Vue des ruines d'une ancienne tour. — Dessin à la mine de plomb 48

583. Anonyme. — Vue panoramique du domaine du **Breuil-Sainte-Geneviève.** — Aquarelle. — Au bas de cette pièce, on lit sur une légende imprimée et accompagnée d'un blason : *« Vue et perspective du château, parc, jardins et site de la terre du Breuil-Ste-Geneviève près Évreux, appartenant à M. Caminade de Castres, officier des ordres du roi, maître des requêtes honoraire de Monsieur, contrôleur général des menus de la chambre de S. A. S. Mgr le duc d'Orléans. »* 49

584. Anonyme, xviiie siècle. — Vue de l'hôpital d'**Harcourt**, près Brionne. — Dessin à la mine de plomb 50

585. Anonyme, xviiie siècle. — Vue du château d'**Harcourt**, près Brionne. — Dessin à la mine de plomb 51

586. Mausson. — **Évreux.** — Vue de la façade de la cathédrale. — Dessin au trait 52

587. Noury (Eugène). — Cathédrale d'**Évreux**. — Vue intérieure du portail latéral de gauche. — Dessin à la mine de plomb 53

588. Chapuy. — Cathédrale d'**Évreux**. — Détails de l'un des croisillons. — Dessin à la mine de plomb 54

589. Anonyme. — Cathédrale d'**Évreux**. — Partie supérieure du portail latéral de gauche. — Colonne torse à gauche du chœur. — Détails relevés sur une même feuille à la mine de plomb 55

590. Mausson (Théo.). — Église de **Bourgachard**. — Élévation d'une stalle à trois sièges datant du xve siècle. — Dessin à la mine de plomb. 56

591. Noury (Eug.). — Cathédrale d'**Évreux**. — Vue d'une porte ajourée conduisant à l'escalier du clocher et de la porte latérale de gauche. — Dessin à la mine de plomb. ... 57

592. Anonyme, 3 août et 21 août 1835. — Vue d'un sacraire dans l'église de **Carentan**. — Vue de la petite porte latérale dans la cathédrale d'**Évreux**. — Dessins à la mine de plomb réunis sur une même feuille. ... 58

593. Anonyme, août 1835. — Margelle du puits autrefois attenant à la cathédrale d'**Évreux**, actuellement dans le jardin du Musée. — Dessin à la mine de plomb. ... 58

594. Anonyme, xviiiᵉ siècle. — Vue du **Château-Gaillard**. — Dessin à la mine de plomb. ... 59

595. Le Veau, 1760. — Vue du **Château-Gaillard** au Petit-Andely. — Dessin au crayon noir. ... 60

596. Le Veau, 1760. — Vue des ruines du **Château-Gaillard**. — Croquis à la mine de plomb. ... 60

597. Dubut, architecte. — **Gaillon**. — *« Plan de l'état actuel des bâtiments de l'ancien château de Gaillon, département de l'Eure, relevé géométriquement. »* — Dessin à la mine de plomb. ... 61

598. Anonyme. — Vue des ruines du château de **Gaillon**. — Aquarelle... 62

599. Anonyme. — Tour et cour intérieure du château de **Gaillon**. — Croquis à la mine de plomb. ... 63

600. Anonyme. — **Graville**. — Vue de l'église. — Croquis à la mine de plomb. ... 64

601-602. Anonyme. — Culs-de-lampe. — Détails du château de **Gaillon**. — Croquis à la mine de plomb. ... 65

603. (Régnier.) — Vue de l'habitation de Brongniart au Vert-Buisson, près **Gisors**. — Croquis à la mine de plomb lithographié dans les *Habitations des personnages les plus célèbres*, par Régnier et Champin (pl. I). ... 65

604. Anonyme. — Vue du donjon de **Gisors**. — Croquis à la mine de plomb. 66

605. Anonyme. — Vue prise à **Gisors**. — Croquis à la mine de plomb... 67

606. Anonyme. — **Louviers**. — Vue intérieure de l'église. — Croquis à la mine de plomb. ... 68

607. Pérignon. — Vue du **Pont de l'Arche**, près Rouen. — Aquarelle.. 69

608. (Leveau.) — Vue de **Pitres**, près de Pont-de-l'Arche. — Au dos, on lit : *« Il s'y est tenu un concile. Dans le fond, en haut, le prieuré des Deux Amants. »* — Dessin à la mine de plomb. ... 70

609. Watelet, 1819. — Ruines du château de Robert-le-Diable, près le village des **Moulineaux**. — Dessin lavé au bistre.............   70

610. Anonyme. — Vue extérieure de l'ancienne église de l'abbaye de **Saint-Georges de Bocherville**. — Croquis à la mine de plomb....   71

611. Anonyme. — Vue de l'ancienne église de l'abbaye de **Saint-Georges de Bocherville**. — Croquis à la mine de plomb...........   72

612. Anonyme. — Vue intérieure de l'église de **Saint-Georges de Bocherville**. — Croquis à la mine de plomb................   73

613. Anonyme. — Vue d'une chapelle de l'église **Saint-Georges de Bocherville**. — Croquis à la mine de plomb.................   74

614. Anonyme. — Vue des ruines de l'église du **Ronceray**. — Croquis à la mine de plomb.........................   75

615. Anonyme. — Vue du village de la **Rivière Thibouville** sur la route de Caen. — Dessin ombré à la sépia.................   76

616. Anonyme. — **Vernon**. — Vue des roches et des carrières. — Aquarelle.........   76

617. Anonyme. — **Louviers**. — Vue du porche de l'église Saint-Pierre. — Dessin à l'encre de Chine.........................   77

618. Anonyme. — Vue des jardins de **Vernon**. — Dessin lavé à la sépia..   77

619. Anonyme. — **Vernon**. — Pierre tombale et inscription funéraire de Guillaume de Vernon dans l'église collégiale de Notre-Dame. — — Dessin à la mine de plomb.........................   78

620. Anonyme, septembre 1843. — **Verneuil**. — Maison du xve siècle. — Dessin sur papier jaune, ombré à l'encre de Chine et rehaussé de gouache.........   79

621. Anonyme, 21 septembre 1842. — **Vernon**. — Vue de l'église et de la place du Marché. — Dessin lavé à la sépia. — Au revers, une vue très sommaire prise sur les bords de la Loire...........   80

622. Anonyme, 20 septembre. — **Vernon**. — Vue d'une habitation avec parc. — Dessin lavé à la sépia.........................   80

DÉPARTEMENT DE LA SEINE-INFÉRIEURE.

623. Anonyme. — Vue du château d'**Arques**. — Croquis à la mine de plomb.........................   81

624. Anonyme. — Vue du château d'**Arques** et des ruines du donjon. —

Croquis à la mine de plomb. — Au revers, vue intérieure d'une nef gothique avec jubé................................... 82

625. Anonyme.—Vue des ruines du château d'**Arques**. —Croquis à la mine de plomb. — Au revers, un croquis figurant les mêmes ruines... 83

626. Anonyme. —Vue d'ensemble des ruines du château d'**Arques**, côté de l'est. — Croquis à la mine de plomb. — Au revers de cette feuille, un autre dessin à la mine de plomb figurant une rue de ville, vraisemblablement de Rouen....................... 84

627. Anonyme. — Vue des ruines du château d'**Arques** du côté du midi. — Relevé de mascarons. — Croquis à la mine de plomb......... 85

628-629-630. Anonyme. — Détails de cartouches et de mascarons relevés dans l'église et au château d'**Arques**. — Croquis à la mine de plomb........................... 86

631. Ottin (L.). — **Criquebeuf.** — Vue de la tour de l'église en 1839. — Aquarelle......................... 87

632. Alaux, 1822. — **Darnetal.** — Vue du clocher. — Dessin lavé à la sépia.................... 88

633. Michallon, 1817. —Vue de **Saint-Valery-en-Caux.**— Dessin lavé à la sépia.................... 89

634. Michallon, 1817. — Vue du port de **Fécamp.**—Dessin lavé à la sépia. 89

635. Michallon, 1817.— Vue de **Dieppe.** — Dessin lavé à la sépia..... 89

636. Anonyme. — **Dieppe.** — Vue de la tour du château. — Dessin à la mine de plomb....................... 90

637. Anonyme. — Église de **Dieppe.** — Détails d'une fenêtre et corbelets à l'extérieur de la nef. — Dessin à la mine de plomb........... 90

638. Perignon. — **Dieppe.** — Vue de falaises. — Aquarelle........... 91

639. Isabey (Eug.).— **Dieppe.** — Vue de falaises. — Dessin à la mine de plomb....................... 92

640. Durand-Brager, 1840.— **Dieppe.** — Vue de rochers. — Dessin à la mine de plomb....................... 94

641. Anonyme.— **Dieppe.** — Vue de l'église Saint-Jacques. — Dessin à la mine de plomb....................... 94

642. Anonyme. — **Dieppe.** — Vue de l'église Saint-Jacques. — Croquis à la mine de plomb....................... 94

643. Anonyme. — **Dieppe.** — Vue de l'église Saint-Remy. — Croquis à la mine de plomb....................... 95

644. Anonyme. — **Dieppe**. — Vue de l'église Saint-Jacques. — Dessin à la mine de plomb... 95

645. Jolimont. — **Dieppe**. — Détails de la clôture du trésor de l'église Saint-Remi. — Relevé à la mine de plomb............... 96

646. Jolimont. — **Dieppe**. — Détails de la clôture du trésor de l'église Saint-Remi. — Croquis à la mine de plomb.............. 97

647-648. Jolimont. — **Dieppe**. — Frises et détails de la clôture du trésor de l'église Saint-Remi. — Croquis à la mine de plomb....... 98

649. Jolimont. — **Dieppe**. — Motifs de décoration et d'architecture relevés à l'église Saint-Remi. — Croquis à la mine de plomb........ 99

650. Jolimont. — **Dieppe**. — Fragments de chapiteaux et détails du tombeau de M. de Montigny, gouverneur du château. Ce tombeau est placé dans la chapelle de la Vierge de l'église Saint-Remi. — Croquis à la mine de plomb........................ 100

651-652. Jolimont. — **Dieppe**. — Chapiteaux relevés dans l'église Saint-Remi. — Dessins à la mine de plomb................. 101

653. Anonyme. — **Dieppe**. — Vue du château. — Aquarelle......... 102

654. De la Tremblais. — **Dieppe**. — Vue du port. — Dessin à la mine de plomb... 102

655. De la Tremblais. — **Dieppe**. — Vue de la statue de Duquesne. — Dessin à la mine de plomb............................ 102

656. De la Tremblais. — **Dieppe**. — Vue du château. — Dessin à la mine de plomb:.. 103

657. De la Tremblais. — **Dieppe**. — Vue du port à marée basse. — Dessin à la mine de plomb............................. 103

658. De la Tremblais. — **Dieppe**. — Vue du casino et des bains. — Dessin à la mine de plomb............................ 103

659. Daman? — **Dieppe**. — Vue des falaises. — Aquarelle non terminée. 104

660. Anonyme. — **Elbeuf**. — Vue de vieilles maisons. — Dessin à la mine de plomb.. 105

661. De la Tremblais, mai 1856. — **Dieppe**. — Vue du départ des bateaux de pêche. — Dessin à la mine de plomb............ 105

662. Anonyme. — **Dieppe**. — Vue du château. — Croquis à la mine de plomb... 106

663. Anonyme. — **Eu**. — Façade de la chapelle du collège. — Dessin à la mine de plomb....................................... 106

664. Anonyme. — **Eu.** — Vue du tombeau des Guise. — Dessin à la mine de plomb.. 106

665. Legrand (E.). — **Étretat.** — Vue des falaises. — Dessin à la mine de plomb.. 107

666. Anonyme. — **Fécamp.** — Vue de l'abbaye. — Dessin lavé à la sépia.. 108

667. Anonyme. — **Fécamp.** — Vue de l'abbaye. — Dessin à la mine de plomb.. 109

668. (Fragonard, 1820.) — **Graville.** — Vue d'un escalier conduisant à l'église. — Voir le *Voyage pittoresque en Normandie*, par Taylor et Nodier (t. I, pl. LIII). — Croquis à la mine de plomb.. 110

669. Anonyme. — **Graville-Sainte-Honorine.** — Vue de l'église. — Aquarelle.. 111

670. Anonyme, 6 mai 1817. — **Le Havre.** — Vue du port. — Dessin lavé à la sépia.. 112

671. Anonyme, 6 mai 1817. — **Le Havre.** — Vue du port avec la tour dite *de François I^r^*. — Dessin lavé à la sépia.............. 113

672. Anonyme. — **Le Havre.** — Vue prise dans le port. — Croquis à la plume.. 114

673. Enfantin (A.). — Vue du **Havre.** — Dessin au crayon noir...... 115

674. Anonyme. — Souvenir du **Havre.** — Paysage conventionnel à l'encre de Chine.. 116

675. Anonyme. — Vue des bords de la Seine. — Dessin à l'encre de Chine, sur lequel on lit l'inscription : «*Souvenir d'Houtot à M. de la Martelle, maire de Rouen.*».. 117

676. Attribué à Hubert-Robert. — **Le Havre.** — «*Vue prise à l'intérieur de la citadelle du Havre de Grâce.*» — Dessin à la sanguine.... 118

677. Anonyme. — **Le Havre.** — Vue d'une rosace et d'une balustrade historiée au-dessus d'une porte de l'église Notre-Dame. — Dessin en partie lavé au bistre.. 119

678. Anonyme. — Vue du moulin de **Sagence** (?), près d'Hautot. — Dessin au crayon noir et rehaussé de blanc sur papier gris......... 120

679. Bernier, 1795. — **Harfleur.** — Vue du clocher. — Dessin à la mine de plomb.. 121

680. Chapuy. — **Le Havre.** — «*Vue du bassin de la Seine prise au-dessus du Havre à Ingouville.*» — Croquis à la mine de plomb...... 122

681. Anonyme, juillet 1845. — **Jumièges.** — Vue des ruines de l'église abbatiale. — Croquis à la mine de plomb 123

682. Anonyme, 1849. — **Jumièges.** — Autre vue des ruines de l'église abbatiale. — Aquarelle 123

683. Anonyme. — **Jumièges.** — Vue intérieure des ruines de l'église abbatiale. — Dessin lavé au bistre 124

684. Anonyme. — Vue de la cour du château de **Mesnières.** — Dessin légèrement relevé d'aquarelle 125

685. Anonyme. — Même vue du château de **Mesnières.** — Relevé à la mine de plomb 126

686. Jolimont, 1834. — Vue du château de **Mesnières,** côté du jardin. — Relevé à la mine de plomb 127

687. Jolimont, 1834. — Vue du château de **Mesnières,** façade est. — Relevé à la mine de plomb 128

688. Jolimont. — Vue du château de **Mesnières.** — Relevé à la mine de plomb 129

689. Ciceri. — **Montivilliers.** — Vue de vieilles maisons et du clocher. — Dessin au crayon noir sur papier jaune 130

690. Fragonard, 1821. — **Montivilliers.** — Vue de l'abside de l'église. — Dessin à la mine de plomb, lithographié par Engelmann pour le *Voyage pittoresque en Normandie,* par Taylor et Nodier, tome I (pl. LX) 131

691. Gardien, 1852. — **Montivilliers.** — Vue d'un édicule gothique élevé dans le cimetière. — Dessin à la mine de plomb rehaussé de blanc 132

692. Joly. — Vue des ruines de l'abbaye de **Mortemer.** — Croquis à la mine de plomb reproduit par Ingelmann (*Voyage en Normandie,* pl. CCXX) 133

693. Anonyme. — **Oissel.** — Vue du clocher. — Dessin à la mine de plomb 134

694. Lemoine. — Vue du village d'**Oissel,** près Rouen. — Dessin au crayon noir rehaussé de blanc sur papier bleu 135

695. Lemoine. — « *Vue du jardin de M. Hennequin à* **Asnières.** » — Dessin au crayon noir sur papier bleu rehaussé de blanc 135

696. Anonyme. — Plan de **Rouen,** des environs et d'une partie du cours de la Seine. — Plan géométral lavé à l'aquarelle 136

697. Lallemand. — **Rouen**. — *« Vue d'une partie de la ville de Rouen et des promenades du vieux palais prise du faubourg Saint-Sever. »* — Aquarelle gravée par Née pour le *Voyage pittoresque de la France*, tome VI, Normandie (pl. VI).................. 137

698. Lallemand. — **Rouen**. — *« Vue de la ville, du port et de la cathédrale de Rouen prise de l'autre côté de la rivière. »* — Aquarelle gravée par Née, même ouvrage (pl. V)...................... 138

699. Lallemand. — **Rouen**. — *« Vue de la ville et du port de Rouen prise du faubourg Saint-Sever. »* — Aquarelle gravée par Née, même ouvrage (pl. II)...................... 139

700. Lallemand. — **Rouen**. — *« Vue de la porte Saint-Maclou, des anciennes caves et du cours près le Jardin des plantes. »* — Aquarelle gravée par Née, même ouvrage (pl. III)................ 140

701. Lallemand. — **Rouen**. — *« Vue du pont de bateaux et de la cathédrale de la ville de Rouen, prise de la descente du port Saint-Ouen. »* — Dessin lavé à l'encre de Chine...................... 141

702. Ozanne, 1796. — **Rouen**. — Vue du pont de bateaux et du port prise de l'île de la Croix. — Dessin lavé à l'encre de Chine.... 142

703. Gudin, 1836. — **Rouen**. — Vue du port. — Dessin à la mine de plomb relevé d'aquarelle..................... 143

704. Anonyme, 21 juillet 1842. — **Rouen**. — Vue des quais. — Dessin à la mine de plomb..................... 144

705. Lallemand. — **Rouen**. — Vue de la bourse. — Aquarelle gravée par Née pour le *Voyage pittoresque de la France*, tome VI, Normandie (pl. VI)..................... 145

706. Lallemand. — **Rouen**. — Autre vue de la bourse. — Aquarelle gravée par Née, même ouvrage (pl. VII)................ 145

707. Lallemand. — **Rouen**. — *« Vue de la porte du Bac. »* — Aquarelle gravée par Née, même ouvrage (pl. IX)................ 146

708. Lallemand. — **Rouen**. — Vue de l'entrée et des tours du vieux palais. — Aquarelle gravée par Née, même ouvrage (pl. VIII). 146

709. Leveau. — **Rouen**. — *« Vieux palais de Rouen dont le bas est changé depuis que l'on a fait un quai pavé. »* — Dessin à l'encre de Chine. 147

710. Leveau, 1766. — **Rouen**. — Vue de l'église Saint-Gervais. — Dessin à l'encre de Chine..................... 147

711. Anonyme. — **Rouen**. — Vue du vieux palais. — Dessin lavé à la sépia. 148

712. Leveau. — **Pont-Saint-Pierre**. — Vue prise aux *« environs du pont Saint-Pierre première baronie de Normandie ».* — Dessin à la pierre noire..................... 148

50   COLLECTION DE DESSINS   [T. III.]

713. Lecarpentier (Ch.), 1778. — **Rouen.** — Vue du vieux palais. — Dessin à la sépia.. 149

714. Anonyme, xviiie siècle. — **Rouen.** — Vue de la porte Saint-Hilaire. — Dessin à la mine de plomb........................... 150

715. Anonyme, xviiie siècle. — **Rouen.** — Vue des ruines de la porte Cauchoise. — Dessin à la mine de plomb................. 151

716. Anonyme. — **Rouen.** — Vue de la porte Martainville du côté du boulevard. — Dessin lavé à l'encre de Chine............... 152

717. Anonyme. — **Rouen.** — Vue de la porte Martainville prise de l'intérieur de la ville. — Dessin lavé à l'encre de Chine......... 153

718. Anonyme, xviiie siècle. — **Rouen.** — Autre vue de la porte Martainville. — Dessin lavé à l'encre de Chine................ 154

719. Anonyme, xviiie siècle. — **Rouen.** — Vue de la porte Beauvoisine. — Dessin à la pierre noire et au pinceau................. 155

720. Anonyme. — **Rouen.** — Vue des ruines de la porte Beauvoisine. — Dessin à la mine de plomb............................. 156

721. Ramée (Daniel), architecte. — **Rouen.** — Plan de Notre-Dame, église cathédrale du xiiie siècle. — Plan à l'encre de Chine......... 157

722. Anonyme. — **Rouen.** — Vue de la façade de la cathédrale. — Dessin à la mine de plomb.............................. 158

723. Anonyme. — **Rouen.** — Portail gauche de la façade de la cathédrale. — Relevé à la mine de plomb..................... 159

724. Anonyme. — **Rouen.** — Vue du tombeau des cardinaux d'Amboise dans la cathédrale. — Dessin ombré à la sépia............. 160

725. Anonyme. — **Rouen.** — Statue de la Justice. — Détail du tombeau des cardinaux d'Amboise dans la cathédrale. — Relevé à la mine de plomb.. 161

726. Anonyme. — **Rouen.** — Vue d'un escalier dans la cathédrale. — Aquarelle... 162

727. Ramée (Daniel), architecte. — **Rouen.** — Plan de l'église Saint-Ouen. — Plan géométral à l'encre de Chine.............. 163

728. H. Hintze, 1826. — **Rouen.** — Vue du cloître de l'église Saint-Ouen. — Dessin à la mine de plomb........................ 164

729. Ramée (Daniel). — Travée du chœur de Saint-Pierre de **Beauvais.** — Travée de Saint-Ouen de **Rouen.** — Relevés au trait réunis sur une même feuille.................................... 165

730. Anonyme. — **Rouen**. — Vue de la tour de Saint-Ouen. — Dessin à la mine de plomb.................................... 166

731. Anonyme. — **Rouen**. — Vue de la tour de l'église Saint-Ouen. — Relevé d'architecture à la mine de plomb................. 167

732. Anonyme, 26 juin 1835. — **Rouen**. — Vue prise à l'intérieur de l'église Saint-Ouen. — Croquis à la mine de plomb......... 168

733. Hyacinthe Langlois. — **Jumièges**. — Vue intérieure des ruines de l'église abbatiale. — Croquis à la mine de plomb........... 168

734. V.-J. Nicolle. — **Rouen**. — Vue intérieure de l'église Saint-Vincent. — Aquarelle..................................... 169

735. Anonyme. — **Rouen**. — Vue de la fontaine Saint-Maclou. — Dessin lavé à la sépia. — Au revers de cette feuille, deux têtes esquissées l'une à la mine de plomb, l'autre à la sépia.............. 170

736. Anonyme. — **Rouen**. — Vue du palais de justice du côté de la rue Saint-Lô. — Dessin au trait............................ 171

737. Anonyme. — **Rouen**. — Vue de la cour du palais de justice. — Dessin à la mine de plomb.............................. 172

738. V.-J. Nicolle. — **Rouen**. — Vue intérieure de l'église Saint-Vivien. — Aquarelle..................................... 173

739. Anonyme. — **Rouen**. — Vue de la grande salle des procureurs au palais de justice. — Dessin ombré à la sépia.............. 174

740. Anonyme. — **Rouen**. — Vue d'un escalier tournant à Saint-Maclou. — Dessin ombré à la sépia........................... 174

741-742. Anonyme. — **Rouen**. — Détails de frises relevées au palais de justice. — Croquis à la mine de plomb.................. 175

743. Anonyme. — **Rouen**. — Vue de la façade de l'église Saint-Maclou. — Dessin à la mine de plomb......................... 176

744. Anonyme. — **Rouen**. — Monument élevé à Jeanne d'Arc au lieu même de son supplice, tel qu'il existait au xve siècle. — Dessin à la mine de plomb.................................... 177

745. Anonyme (initiales A. D.) — **Rouen**. — Vue du monument de Saint-Romain. — Dessin lavé à la sépia.................. 178

746. Anonyme (initiales A. D.) — **Harfleur**. — Vue de la flèche du clocher. — Dessin lavé à la sépia...................... 178

747. Anonyme. — **Rouen**. — Vue de la rue de la Grosse Cloche. — Dessin à la mine de plomb.............................. 179

748. Anonyme, juillet 1845. — **Rouen**. — Vue du boulevard Saint-Hilaire. — Dessin à la mine de plomb...................... 180

749. Anonyme, 1ᵉʳ juillet 1843. — **Rouen**. — Vue du boulevard Beauvoisine. — Dessin à la mine de plomb.................. 180

750. Prignot (E.), 1839. — **Rouen**. — Vue d'une rue. — Dessin à la mine de plomb rehaussé de blanc.................. 181

751. Anonyme, juillet 1845. — **Rouen**. — Vue de la rue des Boucheries-Saint-Ouen. — Dessin à la mine de plomb.............. 182

752. Anonyme. — **Rouen**. — Autre vue de la rue des Boucheries-Saint-Ouen. — Dessin à la mine de plomb.................. 183

753. Anonyme. — **Rouen**. — Vue de la place Vieille-Tour. — Dessin à la mine de plomb.................. 184

754. Anonyme, juillet 1844. — **Rouen**. — Vue des restes de l'ancienne église Saint-Georges. — Dessin à la mine de plomb......... 184

755. J. V. — **Rouen**. — Vue de l'intérieur d'une cour. — Aquarelle... 185

756. Anonyme. — Vue prise à **Rouen**. — Dessin à la mine de plomb... 186

757. Henry Morris. — **Rouen**. — Vue de l'île du Petit-Gué. — Dessin à la plume... 187

758. Anonyme. — **Rouen**. — Vue de terrains vagues. — Dessin à la mine de plomb.................. 188

759. Anonyme. — Vue d'une ancienne porte à **Dieppedale**, près Rouen. — Dessin à la mine de plomb.................. 188

760. Anonyme. — **Rouen**. — Vue du cours de la Seine non loin de Rouen. — Dessin à la sépia.................. 189

761. Anonyme. — Vue du clocher de l'église de **Sotteville**, près Rouen. — Dessin lavé à la sépia.................. 190

762. Anonyme. — Vue des ruines du château de **Tancarville**. — Dessin lavé au bistre.................. 191

763. Anonyme. — Vue du château de **Tancarville**. — Dessin lavé à la sépia.................. 192

764. Pérignon. — Vue du **Tréport** aux environs d'Eu en Normandie. — Aquarelle.................. 193

765. A. D. — **Le Tréport**. — Vue du portail de l'église. — Dessin à la mine de plomb légèrement ombré à la sépia.............. 194

766. Anonyme. — **Elbeuf**. — Vue du clocher de l'église Saint-Jean. — Dessin lavé à la sépia.................. 194

767. Anonyme. — Vue du dolmen de **Truy** (Eure). — Dessin à la mine de plomb...... 194

768. Anonyme. — **Sahurs.** — Vue d'habitations rustiques. — Dessin à la sépia, sur lequel on lit : *Souvenir de (Sahue) à M. de Trémoville.* 195

769. Anonyme. — Vue prise sur les côtes de **Normandie** (?). — Dessin lavé à l'encre de Chine...... 196

770. Pérignon (N.). — Vue de la côte de **Saint-Valery-en-Caux.** — Aquarelle...... 197

771. Mausson (Théod.). — Porte du réfectoire de l'abbaye de **Saint-Wandrille.** — Dessin lavé à l'encre de Chine...... 198

DÉPARTEMENT DU CALVADOS.

772. Anonyme. — **Bayeux.** — Plan de la cathédrale. — Plan géométral à l'encre de Chine...... 199

773. Thorigny. — **Bayeux.** — Vue du portail latéral de la cathédrale. — Dessin lavé à l'encre de Chine...... 200

774. Anonyme. — **Bayeux.** — Vue intérieure de la cathédrale. — Dessin à la mine de plomb...... 201

775. Thorigny. — **Bayeux.** — Vue des stalles de la cathédrale. — Dessin à la mine de plomb ombré à l'encre de Chine...... 202

776. Anonyme. — Cathédrale de **Bayeux.** — Motifs en bas-reliefs qui séparent les pleins cintres de la nef et clef de voûte de la porte d'Artenay. — Relevés à la mine de plomb...... 203

777. Chapuy. — **Bayeux.** — Chapiteaux et bases des colonnes de la crypte et du maître-autel de la cathédrale. — Relevés à la mine de plomb...... 204

778. Anonyme. — **Bayeux.** — Vue extérieure du transept de la cathédrale. — Dessin à la mine de plomb...... 205

779. Anonyme. — **Bayeux.** — Détails des travées de la cathédrale. — Dessin à la mine de plomb...... 206

780-781-782-783. Anonymes. — Reproduction en quatre feuilles de la tapisserie de **Bayeux.** — Dessins au trait ombrés au bistre, accompagnés d'une notice historique et de notices explicatives. 207 à 211

784. Anonyme. — Plan de la ville de **Caen** et des environs. — Cours de l'Orne depuis Caen jusqu'à la mer. — Plan géométral lavé à l'aquarelle...... 212

54   COLLECTION DE DESSINS   [T. III.]

785. Prignot (E.), 1839. — Vue prise à **Caen**. — Dessin à la mine de plomb rehaussé de gouache 213

786. Anonyme. — **Caen**. — Façade de l'église de la Sainte-Trinité. — Dessin à la mine de plomb 214

787. Anonyme. — **Caen**. — Vue de la tour des *Gens d'armes*. — Dessin à la mine de plomb 214

788. Anonyme. — **Caen**. — Ancienne abbaye de la Sainte-Trinité. — Intérieur du chœur et tombeau de la reine Mathilde. — Dessin au trait 215

789. Anonyme. — **Caen**. — Ancienne abbaye de la Sainte-Trinité. — Vue intérieure de l'église. — Dessin au crayon noir rehaussé de blanc 216

790. Anonyme. — **Caen**. — Ancienne abbaye de la Sainte-Trinité. — Vue intérieure de l'église. — Croquis à la mine de plomb 217

791. Anonyme. — **Caen**. — Vue de l'abside de l'église Saint-Pierre. — Dessin à la mine de plomb 218

792-793. Anonyme. — **Caen**. — Clefs de voûte relevées dans l'église Saint-Pierre. — Dessins à la mine de plomb 218

794. Anonyme. — **Caen**. — Vue intérieure de l'église Saint-Pierre. — Dessin lavé à la sépia 219

795. Anonyme. — **Caen**. — Restes du palais ducal. — Dessin à la mine de plomb 219

796. Thorigny. — **Caen**. — Vue intérieure de l'église Saint-Pierre. — Dessin inachevé à la mine de plomb rehaussé de gouache 220

797. Anonyme. — **Caen**. — Vue intérieure de l'église Saint-Jean, prise du transept. — Dessin à la mine de plomb rehaussé de blanc. 221

798. Anonyme. — **Caen**. — Vue de l'Abbaye-aux-Hommes et de l'église Saint-Étienne. — Croquis à la mine de plomb 223

799. Jolimont. — **Caen**. — Détails et vues diverses de l'Abbaye-aux-Hommes et de l'église Saint-Étienne. — Croquis à la mine de plomb. — Sur le revers de la même feuille, un autre dessin figurant des ruines 223

800. Anonyme. — **Caen**. — Vue de l'abside de l'église Saint-Étienne. — Dessin à la mine de plomb 224

801. Anonyme. — **Caen**. — Détails d'ornements relevés dans l'église Saint-Étienne. — Croquis à la mine de plomb 224

802. Anonyme. — **Caen**. — Abbaye-aux-Hommes. — Vue des clochers de l'église Saint-Étienne. — Dessin à la mine de plomb 225

803. Anonyme. — **Caen**. — Abbaye de la Sainte-Trinité. — Vue d'une arcade en plein cintre. — Dessin à la plume et à la mine de plomb... 225

804. Anonyme. — **Caen**. — Vue de la sacristie de l'Abbaye-aux-Hommes. — Croquis à la mine de plomb... 226

805. Anonyme, 1842. — Vue d'ensemble du prieuré de **Saint-Gabriel** et détail des fenêtres. — Croquis à la mine de plomb... 227

806-807. Anonyme. — **Caen**. — Détails d'architecture relevés dans l'église Saint-Étienne. — Croquis à la mine de plomb... 228

808. Anonyme. — **Caen**. — Abbaye-aux-Hommes. — Statues de Guillaume le Conquérant, de la reine Mathilde et de leur fils Robert. — Dessins au trait... 229

809. Jolimont. — **Caen**. — Fac-similé de l'inscription gravée sur le mur du chevet de l'église Saint-Étienne. — Spécimen des pavés de la salle des États de l'Abbaye-aux-Hommes. — Dessins à la mine de plomb... 230

810. Anonyme. — **Caen**. — Vue de la crypte de l'Abbaye-aux-Dames. — Dessin à l'encre et à la mine de plomb... 230

811-812-813. Anonyme, 1834. — **Caen**. — Culs-de-lampe relevés dans l'église Saint-Julien. — Dessins à la mine de plomb... 231

814. A. Dauzats. — **Caen**. — Vue de l'ancien hôtel de ville. — Dessin à la mine de plomb ombré à la sépia... 232

815. A. Dauzats. — Vue d'édifices gothiques situés à **Caen** et à **Omerville** (Seine-et-Oise). — Dessins à la mine de plomb relevés de sépia et réunis sur une même feuille... 232

816. Anonyme. — **Caen**. — Vue de la maison des *Gens d'armes*. — Croquis à la mine de plomb... 233

817. Anonyme, 1820. — **Caen**. — Médaillons qui décorent la maison dite *des Gens d'armes*. — Dessins à la mine de plomb... 233

818-819. Anonyme, 1822. — **Caen**. — Église Saint-Sauveur. — Chapiteau d'un pilier et médaillon sculpté sur un pilier d'arc-boutant derrière le chœur de l'église. — Dessins à la mine de plomb... 234

820. Anonyme. — **Caen**. — Médaillons sculptés sur la façade d'une maison en pierre sise rue Saint-Jean. — Dessin à la mine de plomb... 234

821. Anonyme. — **Caen**. — Vue d'un édifice gothique. — Dessin à la mine de plomb... 235

822. Hervier, 1865. — **Caen**. — Vue de vieilles maisons. — Dessin à la mine de plomb rehaussé de sépia... 235

823. Anonyme, 20 juin 1842. — **Caen.** — Porte de l'aumônerie de Saint-Blaise. — Dessin à l'encre de Chine rehaussé de blanc.... 235

824. Anonyme. — **Caen.** — Cour de l'ancien hôtel de ville. — Dessin au trait. 236

825. Anonyme. — **Caen.** — Détail d'une fenêtre de la maison où naquit Malherbe. — Croquis à la mine de plomb. 237

826. Anonyme. — **Caen.** — Inscriptions et armoiries relevées sur la maison de Malherbe. — Croquis à la plume. 237

827. Anonyme. — **Caen.** — Vue de la maison où naquit Malherbe en 1555. — Dessin inachevé à la mine de plomb. 238

828. Anonyme. — **Caen.** — Vue des ruines de l'ancienne église de Sainte-Paix bâtie par Guillaume le Conquérant et située dans l'un des faubourgs. — Dessin à la mine de plomb. 239

829. Anonyme. — **Caen.** — Tombeau de la reine Mathilde dans l'église de l'Abbaye-aux-Dames. — Croquis à la mine de plomb. 240

830. Anonyme. — **Caen.** — Vue de la tour Machart. — Dessin à la mine de plomb. 241

831. Anonyme. — **Caen.** — Vue de la tour Guillaume-le-Roi. — Dessin à la mine de plomb. 241

832. Anonyme. — **Caen.** — Plan de l'ancien château de Guillaume le Conquérant. — Dessin au trait. 242

833. Anonyme. — **Caen.** — Ruines du château de Guillaume le Conquérant. — Dessin à la mine de plomb. 243

834. Anonyme. — **Caen.** — Vue du pont-levis du château. — Croquis à la mine de plomb. 244

835. Anonyme. — Vue prise à **Douville.** — Dessin à la mine de plomb. 245

836. Anonyme. — **Dampierre.** — Vue de l'église. — Dessin à la mine de plomb. 245

837. Anonyme. — **Falaise.** — Vue de l'église Saint-Gervais. — Dessin à la mine de plomb. 246

838. Anonyme. — Costumes des religieuses de l'ordre de Saint-Augustin (Hôtel-Dieu de **Caen**). — Dessin à l'encre de Chine rehaussé de gouache. 246

839. De Vèze, juin 1813. — **Falaise.** — Vue du château. — Croquis à la mine de plomb. 247

840. De Vèze. — **Falaise.** — Autre vue du château. — Croquis à la mine de plomb. 248

841. De Vèze. — **Falaise.** — Autre vue du château. — Croquis à la mine de plomb.. 249

842. Anonyme. — **Falaise.** — Vue du château prise de la campagne. — Croquis à la mine de plomb............................. 250

843. Anonyme, 1817. — **Falaise.** — Tour et donjon du château, côté du val d'Ante. — Dessin à la mine de plomb.............. 250

844. Anonyme. — **Falaise.** — Vue de la porte des Cordeliers. — Dessin à la mine de plomb..................................... 250

845. Nangué (D.) [?]. — Vue du château de **Fontaine-Henri.** — Croquis à la mine de plomb.................................. 251

846. Anonyme. — Vue du château de **Fontaine-Henri.** — Dessin à la mine de plomb..................................... 252

847. Anonyme. — Vues extérieure et intérieure de la chapelle de **Formigny.** — Dessins à la mine de plomb réunis sur une même feuille. 253

848. Anonyme, juin 1842. — **Douvres.** — Vue de la porte de la Baronnie. — Dessin à la mine de plomb..................... 253

849. Anonyme. — Vue d'un dolmen à **Frenay**, à deux lieues de Falaise. — Dessin lavé au bistre............................ 254

850. Anonyme. — Vue du château de **Creully.** — Dessin lavé à l'encre de Chine et rehaussé de gouache................... 255

851. Anonyme. — Vue des salles basses du château de **Creully.** — Dessin à la mine de plomb............................ 256

852. Anonyme. — Vue du château de **Creully.** — Dessin à la mine de plomb.. 256

853. Anonyme. — **Caen.** — Vue des quais. — Dessin lavé à l'encre de Chine et rehaussé de gouache....................... 257

854. Anonyme. — **Honfleur.** — Vue prise à l'intérieur du château. — Dessin lavé à l'encre de Chine....................... 258

855. Anonyme. — Vue des ruines du château de **Grandchamp.** — Dessin à la mine de plomb............................ 258

856. Anonyme. — Vue de **Notre-Dame de Grâce** près de Honfleur. — Croquis à la mine de plomb.......................... 259

857. Anonyme. — Détails d'architecture et d'ornements relevés au château de **Lasson.** — Dessins à la mine de plomb............ 260

858. Anonyme. — Détails d'architecture et inscription relevés au château de **Lasson.** — Croquis à la mine de plomb............ 261

859. Anonyme. — **Caen.** — Vue d'un pressoir à l'abbaye de Saint-Ga-briel. — Dessin à la mine de plomb et à l'encre de Chine..... 261

860. Anonyme. — **Lisieux.** — Vue panoramique de la ville. — Croquis à la mine de plomb.................... 262

861. Anonyme. — **Lisieux.** — Vue intérieure du transept de la cathé-drale. — Dessin à la mine de plomb.................... 263

862. F. T. — **Lisieux.** — Vue intérieure du transept de la cathédrale. — Dessin au crayon rehaussé de gouache............... 264

863. Anonyme. — **Lisieux.** — Vue intérieure de l'église Saint-Pierre. — Croquis à la mine de plomb.................... 265

864. Anonyme. — **Lisieux.** — Détails de travées et de chapiteaux re-levés dans l'église Saint-Pierre. — Croquis à la mine de plomb. 266

865. Anonyme. — Corbeaux de l'église de **Vieux.** — Croquis à la mine de plomb.................... 266

866. Anonyme. — Porte du château de la **Houblonnière** près Lisieux. — Dessin à la mine de plomb rehaussé de gouache........ 267

867. Anonyme. — Vue de la source du **Lison.** — Croquis à la mine de plomb.................... 268

868. Anonyme. — **Lion-sur-Mer.** — Vue du château. — Dessin à la mine de plomb.................... 269

869. Anonyme. — **Lion-sur-Mer.** — Vue du château pris d'un autre côté. — Dessin à la mine de plomb.................... 269

870. Anonyme. — **Vire.** — Vue intérieure des ruines du château. — Dessin sur papier gris à la mine de plomb rehaussé de gouache. 270

871. Anonyme. — **Caen.** — Détails de l'hôtel de la Monnaie et types po-pulaires. — Dessins à l'encre de Chine................. 271

872. Jolimont, 1818. — **Caen.** — Vue de l'église du Vieux-Saint-Sauveur. — Dessin à l'encre de Chine.................... 272

873. Anonyme. — **Caen.** — Détails de l'église du Vieux-Saint-Sauveur. — Croquis à la mine de plomb.................... 273

874. Anonyme. — **Caen.** — Vue de l'abside de l'église Saint-Nicolas. — Dessin à la mine de plomb.................... 274

875. Anonyme. — **Caen.** — Vue d'un hôtel du xvᵉ siècle. — Dessin à la mine de plomb.................... 274

876. Anonyme. — **Caen.** — Détail d'une porte romane............ 275

877. Anonyme. — **Trouville-sur-Mer.** — Vue de la villa Guizot. — Aquarelle.................... 276

878. Anonyme, 1825. — **Vienne.** — Vue de la tour et du porche de l'église. — Dessin ombré à l'encre de Chine. — Au revers de cette feuille, un dessin également à l'encre de Chine et figurant un château, avec la mention : « *Château de Vienne, à gauche allant au village le Manoir.* » 277

879. Anonyme, 8 juin 1842. — **Caen.** — Vue de la porte au Berger. — Dessin à l'encre de Chine sur papier jaune rehaussé de blanc. . 278

880. Anonyme, 21 juin 1842. — **Caen.** — Vue de l'église Saint-Nicolas et du cimetière environnant. — Dessin sur papier jaune à l'encre de Chine et rehaussé de gouache. 279

881-882-883. Anonyme. — Dessin d'un puits et divers types normands. — Dessins sur trois feuilles à la mine de plomb. 280

884. Anonyme. — Vue d'un puits. — Dessin à la mine de plomb. 281

885. Bevat (E.), juillet 1844. — Type normand. — Dessin à la mine de plomb. 281

886. Anonyme. — Vue d'un puits. — Dessin à la mine de plomb. 281

DÉPARTEMENT DE L'ORNE.

887. Anonyme, 24 septembre 1842. — **Laigle.** — Vue intérieure de l'église Saint-Martin. — Dessin inachevé ombré à l'encre de Chine et rehaussé de gouache. 282

888. Anonyme, septembre 1842. — **Laigle.** — Détail d'une fenêtre des bas côtés de l'église Saint-Martin. — Croquis à la mine de plomb. 283

889. Anonyme, novembre 1842. — **Alençon.** — Détails des nervures de la voûte de l'église Notre-Dame. — Dessin lavé à l'encre de Chine 283

890. Anonyme. — Vue du château d'O. — Aquarelle inachevée. 284

891. Anonyme. — **Courgeon.** — Vue de l'église. — Dessin à la mine de plomb. 284

892. Guillaumot (A^te), [d'après de Caumont]. — Ruines du donjon de la **Pommeraie.** — Dessin à la mine de plomb sur papier bleu. 285

893. Anonyme, 6 octobre 1842. — **Alençon.** — Vue de l'entrée de l'ancien château des ducs. — Dessin inachevé à l'encre de Chine. 286

894. Anonyme, 2 octobre 1842. — **Sées.** — Vue de l'église Saint-Gervais. — Dessin inachevé à l'encre de Chine. 287

895. Anonyme, 27 octobre. — **Sées.** — Vue intérieure de l'église Saint-Gervais. — Dessin ombré à l'encre de Chine et rehaussé de gouache. 288

896. Anonyme. — **Sées.** — Vue de la façade de l'église Saint-Gervais. — Dessin inachevé, ombré à l'encre de Chine. 289

897. Anonyme. — **Sées.** — Élévation d'une travée du chœur et du rond-point de l'église Saint-Gervais. — Dessin ombré à l'encre de Chine et rehaussé de blanc. 290

898. Anonyme. — **Sées.** — Élévation d'une travée de la nef de l'église Saint-Gervais. — Dessin inachevé à l'encre de Chine. 291

899. Anonyme. — **Sées.** — Ornementation du portail du midi de l'église Saint-Gervais. — Dessin inachevé à l'encre de Chine. 292

900. Anonyme. — **Sées.** — Chapiteaux et base des colonnes de la nef de l'église Saint-Gervais. — Croquis à la mine de plomb. 293

901. Anonyme. — **Sées.** — Chapiteaux du chœur de l'église Saint-Gervais. — Croquis à la mine de plomb. 293

902. Anonyme. — **Sées.** — Escalier dans le bâtiment de la mairie. — Dessin lavé à l'encre de Chine. 294

DÉPARTEMENT DE LA MANCHE.

903. Anonyme, 20 août 1842. — **Mont-Saint-Michel.** — Base des piliers de la crypte. — Dessin à l'encre de Chine. 294

904. Anonyme, août 1842. — **Mont-Saint-Michel.** — Porte du cloître. — Croquis à la mine de plomb ombré d'encre de Chine. 294

905. Anonyme. — **Mont-Saint-Michel.** — Chapiteaux et base des colonnes de la salle des Chevaliers. — Dessin à l'encre de Chine. . 295

906-907. Anonyme. — **Mont-Saint-Michel.** — Vue générale et détails du cloître. — Dessins à la mine de plomb et à l'encre de Chine. 296

908. Anonyme. — Partie supérieure du clocher de **Sainte-Marie-du-Mont,** près Carentan. — Croquis à la mine de plomb. 297

909. Sagot (Émile), 1861. — **Carentan.** — Vue de l'église. — Dessin à la mine de plomb rehaussée de crayons de couleurs. 298

910. Anonyme. — **Carentan.** — Vue intérieure de l'église. — Croquis à la mine de plomb. 299

911. Anonyme. — **Coutances.** — Vue prise à l'intérieur du dôme de la cathédrale. — Dessin à la mine de plomb. 300

912. Anonyme. — **Coutances.** — Vue prise du pourtour du chœur de la cathédrale. — Dessin à la mine de plomb. 301

913. Anonyme. — **Coutances.** — Détails des chapiteaux du chœur de la cathédrale. — Dessin à la mine de plomb.................... 3o2

914. Anonyme. — Vue prise aux environs de **Coutances.** — Dessin à la plume.................... 3o3

915. Anonyme. — Vue des ruines du château de **Montaigu.** — Croquis à la mine de plomb.................... 3o3

916. Anonyme. — **Cherbourg.** — «*Plan de la rade de Cherbourg projetée par M. de Cessard, ingénieur des ponts et chaussées.*» — Plan géométral lavé à l'aquarelle.................... 3o4

917. Griel (L'abbé). — **Cherbourg.** — «*Carte du nouveau port et rade de Cherbourg levée en 1786 par l'abbé Griel.*» — Plan lavé à l'aquarelle.................... 3o5

918. Anonyme. — **Cherbourg.** — «*Ancienne ville de Cherbourg et le château démoli en 1689.*» — Plan lavé à l'aquarelle.................... 3o6

919. Anonyme. — **Cherbourg.** — Vue d'ensemble de la ville. — Aquarelle.................... 3o7

920. Anonyme. — **Cherbourg.** — Napoléon Iᵉʳ visitant le port. — Dessin à la mine de plomb.................... 3o8

921. Anonyme, août 1832. — Vue prise à **Saint-Lô.** — Dessin à la mine de plomb.................... 3o9

922. Ciceri (E.). — **Trouville.** — Vue d'un bouquet d'arbres. — Dessin sur papier gris au crayon noir, rehaussé de blanc.................... 31o

923. Anonyme. — **Mont-Saint-Michel.** — Vue de l'abbaye. — Dessin à la mine de plomb.................... 311

924. Anonyme. — **Mont-Saint-Michel.** — Vue de la salle des Chevaliers. — Croquis à la mine de plomb.................... 312

925. Anonyme, juillet 183o. — Vue prise au **Mont-Saint-Michel.** — Dessin à la mine de plomb.................... 313

926. Anonyme, 1832. — **Mont-Saint-Michel.** — Vue prise sur les remparts. — Dessin à la mine de plomb.................... 314

927. Anonyme. — **Mont-Saint-Michel.** — Vue d'une ruelle. — Dessin à la mine de plomb.................... 315

928. Anonyme, août 1842. — **Mont-Saint-Michel.** — Vue d'ensemble. Côté du nord. — Dessin sur papier gris lavé à l'encre de Chine.................... 316

929. Anonyme. — **Mont-Saint-Michel.** — Entrée de l'abbaye. — Dessin inachevé à la mine de plomb rehaussé de gouache.................... 317

930. Anonyme, 27 août 1842. — **Mont-Saint-Michel.** — Vue prise sur les remparts. — Dessin sur papier gris ombré à l'encre de Chine et rehaussé de blanc.............................. 318

931. Anonyme, 14 août 1842. — **Mont-Saint-Michel.** — Vue de l'église et du cimetière. — Dessin lavé à l'encre de Chine sur papier gris rehaussé de blanc........................... 319

932. Anonyme. — **Mont-Saint-Michel.** — Vue de l'escalier des cachots. — Dessin lavé à l'encre de Chine..................... 320

933. Anonyme, 25 août 1842. — **Mont-Saint-Michel.** — Vue des fonts baptismaux de l'église. — Dessin ombré à l'encre de Chine.... 321

TOME IV.

ÎLE-DE-FRANCE. — PICARDIE.

Pages.

934. Tavernier de Jonquières. — **Beauvais.** — Vue générale de la ville prise de la terrasse du séminaire. — Dessin légèrement teinté à l'aquarelle, gravé par Née pour le *Voyage pittoresque de la France*, t. VI, Dép. de l'Oise (pl. XIX)...................... 1

935. Tavernier de Jonquières. — **Beauvais.** — Vue générale des manufactures prise de la galerie de la cathédrale. — Dessin lavé à l'encre de Chine et rehaussé de gouache, gravé par Née, même ouvrage (pl. XXXVI)...................... 2

936. Tavernier de Jonquières. — **Beauvais.** — Vue de la porte de Paris. — Dessin lavé à l'encre de Chine et rehaussé de gouache, gravé par Née, même ouvrage (pl. XXXVII)...................... 3

937. Tavernier de Jonquières. — **Beauvais.** — Vue d'un moulin situé dans les fortifications à la porte qui conduit aux manufactures. — Dessin lavé à l'encre de Chine et rehaussé de gouache, gravé par Née, même ouvrage (pl. XXXVIII)...................... 4

938. Tavernier de Jonquières. — **Beauvais.** — « *Vue de la grande place de Beauvais du côté de la salle de spectacle projetée.* » — Aquarelle gravée par Née, même ouvrage (pl. XXI)...................... 5

939. Tavernier de Jonquières. — **Beauvais.** — Vue de la grand'place du côté de l'Hôtel de ville. — Aquarelle gravée par Née, même ouvrage (pl. XX)...................... 6

940. Roberts (J.). — **Beauvais.** — Vue de la place de l'Hôtel-de-Ville. — Aquarelle...................... 7

941. Goblain. — **Beauvais.** — Vue de la place du marché et de la cathédrale. — Aquarelle...................... 8

942. Anonyme. — **Beauvais.** — Vue d'un canal. — Aquarelle...................... 9

943. Goblain. — **Beauvais.** — Détails des colonnes de l'ancien hôpital sur la place du marché. — Dessin à la plume...................... 10

944. Anonyme. — **Beauvais.** — Plan du chœur de la cathédrale. — Plan lavé à l'encre de Chine...................... 11

945. Tavernier de Jonquières. — **Beauvais.** — Vue intérieure du chœur de la cathédrale (de 157 pieds d'élévation sous clef). — Aquarelle

gravée par Née pour le *Voyage pittoresque de la France*, t. VI, Dép. de l'Oise (pl. XXVI)........................ 12

946. Chapuy. — **Beauvais.**— Porte méridionale de la cathédrale, donnée par François Ier. — Dessin à la mine de plomb............ 13

947. Anonyme. — **Beauvais.** — Porte méridionale de la cathédrale, panneau de gauche. — Dessin à la mine de plomb............ 14

948. Anonyme. — **Beauvais.** — *« Élévation du grand clocher de la cathédrale de Beauvais, construit en 1568 par Jean Waast fils et François Maréchal, écroulé en 1573. »* — Dessin lavé à l'encre de Chine... 15

949. Anonyme. — **Beauvais.** — Consoles et frises de maisons de bois. — Dessins à la mine de plomb........................ 16

950. Anonyme. — **Beauvais.** — Console d'une maison de bois. — Dessin à la mine de plomb........................ 17

951. Durand (Hippolyte). — **Beauvais.** — Chapiteaux relevés en divers endroits et ornements extraits d'un manuscrit du xiie siècle, conservé à la bibliothèque. — Dessins à la mine de plomb........ 18

952. Tavernier de Jonquières. — **Beauvais.** — Vue d'une procession sortant de la cathédrale et des monuments voisins. — Aquarelle gravée par Née pour le *Voyage pittoresque de la France*, t. VI, Dép. de l'Oise (pl. XXIII)........................ 19

953. A. Dauzats. — **Beauvais.** — Vue de la tour de l'horloge. — Dessin légèrement lavé à la sépia........................ 20

954. A. Dauzats. — **Beauvais.** — Porte de la préfecture. — Dessin légèrement lavé à la sépia........................ 20

955. Anonyme. — **Beauvais.** — Détail d'un ancien cloître. — Dessin à la mine de plomb........................ 21

956. Anonyme. — **Beauvais.** — Vue de l'église de la Basse-OEuvre. — Dessin à la mine de plomb........................ 21

957. Tavernier de Jonquières. — Vue de l'abbaye bénédictine de Saint-Lucien aux environs de **Beauvais.** — Dessin lavé à l'encre de Chine et rehaussé de gouache, gravé par Née pour le *Voyage pittoresque de la France*, t. VI, Dép. de l'Oise (pl. XXX)................. 22

958. Tavernier de Jonquières. — **Bresles.** — *« Vue du château de Brêles, maison de campagne de l'évêque de Beauvais. »* — Dessin lavé à l'encre de Chine, gravé par Née, même ouvrage (pl. XL)........... 23

959. Tavernier de Jonquières. — **Carlepont.** — *« Vue du château de Carlepont, résidence ordinaire de l'évêque de Noyon. »* — Aquarelle gravée par Pillement, même ouvrage (pl. VII)................. 24

960. Anonyme. — **Chantilly.** — Plan du rez-de-chaussée du château. — Plan géométral lavé à l'encre de Chine................... 25

961. Anonyme. — **Chantilly.** — Plan du premier étage du château. — Plan géométral lavé à l'encre de Chine................... 26

962. Anonyme. — **Chantilly.** — Plan du second étage du château. — Plan géométral lavé à l'encre de Chine................... 27

963. Anonyme. — **Chantilly.** — Vue de l'entrée du château (telle qu'elle existait à la fin du xvie siècle). — Dessin au trait teinté d'aquarelle.................................. 28

964. Anonyme. — **Chantilly.** — *«Face du grand château du côté du midi, levée en* ..... » — Dessin au trait teinté d'aquarelle......... 29

965-966. Anonyme. — **Chantilly.** — *«Face du dedans du costé de l'horloge.»* — *«Face du dedans du château du costé de l'église.»* — Dessins ombrés à l'encre de Chine et teintés d'aquarelle.......... 30

967. Anonyme. — **Chantilly.** — Vue des remparts du château. — Dessin au trait teinté d'aquarelle........................... 31

968-969. Anonyme. — **Chantilly.** — *«Face du dedans qui regarde l'entrée du château.»* — *«Face du dedans du château en entrant à main droite.»* — Dessins au trait légèrement teintés d'aquarelle...... 32

970. Filleul (A.). — **Chantilly.** — Vue du château prise de la pelouse. — Aquarelle gravée par Née pour le *Voyage pittoresque de la France*, t. V, Île-de-France, Chantilly (pl. I)............... 33

971. Lacombe. — **Chantilly.** — Vue du château et du parc prise sur les bords du canal. — Aquarelle gravée par Duparc, même ouvrage (pl. II)... 34

972. Filleul (A.). — **Chantilly.** — Autre vue du parc et du château prise du haut du vertugadin. — Aquarelle gravée par Née, même ouvrage (pl. III)...................................... 35

973. Filleul (A.). — **Chantilly.** — Vue de constructions rustiques dans le parc anglais. — Aquarelle gravée par Née, même ouvrage (pl. VII)... 36

974. Filleul (A.). — **Chantilly.** — Vue de la grange du parc anglais. — Aquarelle gravée par Née, même ouvrage (pl. VI)......... 37

975. Filleul (A.). — **Chantilly.** — Vue de la ménagerie. — Aquarelle gravée par Née, même ouvrage (pl. IV).................. 38

976. Lacombe. — **Chantilly.** — Vue de la tête du grand canal. — Aquarelle gravée par Née, même ouvrage (pl. IX)............... 39

977. Lacombe. — **Chantilly.** — Vue des grottes du jardin anglais. — Aquarelle gravée par Née, même ouvrage (pl. VIII)........... 40

978. Boucher. — **Chantilly.** — Vue d'une partie des écuries. — Dessin lavé à la sépia...................... 41

979. Anonyme. — **Chantilly.** — Vue du petit château de la reine Blanche construit dans la forêt. — Dessin lavé à la sépia............ 42

980. Clerget (H.). — Vue des étangs de **Commelles** et du château des Loges, dit *Château de la Reine Blanche*, dans la forêt de **Chantilly.** — Croquis à la mine de plomb.................... 42

981. Clerget (H.). — Vue de l'étang de **Commelles** dans la forêt de **Chantilly.** — Croquis à la mine de plomb................... 42

982. De Laval. — Vue du château des Loges ou château de la reine Blanche aux étangs de **Commelles** dans la forêt de **Chantilly.** — Dessin à l'encre de Chine..................... 43

983. Anonyme. — **Compiègne.** — Vue du château. — Dessin lavé à la sépia..................................... 43

984. Clerget (H.). — Vue du château de la reine Blanche dans la forêt de **Chantilly.** — Croquis à la mine de plomb............... 43

985. Anonyme. — Vue des ruines de l'abbaye de Saint-Pierre dans la forêt de **Compiègne.** — Dessin lavé à la sépia............... 44

986. Anonyme. — Vue des ruines de l'abbaye des Célestins de Saint-Pierre dans la forêt de **Compiègne.** — Dessin à la mine de plomb.... 45

987. Tavernier de Jonquières. — Vue de **Compiègne.** — Aquarelle gravée par Duparc pour le *Voyage pittoresque de la France*, tome V, Compiègne (pl. XI)...................... 46

988. Anonyme, 23 août 1840. — **Compiègne.** — Vue du pont prise en dehors de la ville. — Croquis à la mine de plomb............ 47

989. Tavernier de Jonquières. — **Compiègne.** — Vue de la prison de l'abbaye de Saint-Corneille. — Aquarelle gravée par Née, même ouvrage (pl. VI)..................... 48

990. Tavernier de Jonquières. — **Compiègne.** — Vue de l'hôtel de ville. Aquarelle gravée sous la direction de Née, même ouvrage (pl. V). 49

991. Tavernier de Jonquières. — **Compiègne.** — Vue de l'église Saint-Jacques. — Aquarelle gravée par Fessard le jeune, même ouvrage (pl. X)..................... 50

992. Anonyme, 23 janvier 1849. — **Compiègne.** — Vue de l'abside de l'église Saint-Antoine. — Croquis à la mine de plomb........ 51

993. Tavernier de Jonquières. — **Compiègne.** — Vue intérieure de l'église Saint-Antoine. — Aquarelle gravée sous la direction de Née, même ouvrage (pl. IX)..................................... 52

994. Tavernier de Jonquières. — **Compiègne.** — Vue de l'église paroissiale de Saint-Antoine. — Aquarelle gravée sous la direction de Née, même ouvrage (pl. III)..................................... 53

995. Tavernier de Jonquières. — **Compiègne.** — Vue de l'église Saint-Corneille. — Aquarelle gravée par Née, même ouvrage (pl. VII). 54

996. Tavernier de Jonquières. — **Compiègne.** — Vue de la porte Chapelle. — Aquarelle gravée par Fessard l'aîné, même ouvrage (pl. XII)..................................... 55

997. Guillaumot. — **Compiègne.** — Vue de la porte Chapelle. — Aquarelle..................................... 56

998. Daubigny (J.). — Vue de la ville de **Clermont-en-Beauvaisis** et de ses environs. — Dessin à l'encre de Chine..................................... 57

999. Anonyme. — Vue de **Clermont-en-Beauvaisis** prise des environs de Liancourt. — Aquarelle..................................... 58

1000. Tavernier de Jonquières. — Vue du château de **Clermont.** — Dessin lavé à l'encre de Chine et gravé par Née pour le *Voyage pittoresque de la France*, t. VI, Dép. de l'Oise (pl. XLI)..................................... 59

1001. Guillaumot (A.), 2 août 1847. — **Clermont.** — Vue de la façade postérieure de l'hôtel de ville fortifié. — Croquis à la mine de plomb..................................... 60

1002. Anonyme. — **Creil.** — Vue du château. — Dessin à la mine de plomb..................................... 61

1003. Anonyme, 1820. — **Creil.** — Vue du château de Charles VI (manufacture de faïence). — Aquarelle..................................... 62

1004. Tavernier de Jonquières. — **Crépy-en-Valois.** — Vue de la porte du Pont. — Aquarelle gravée par Née pour le *Voyage pittoresque de la France*, t. V, Île-de-France, Valois et comté de Senlis (pl. II)..................................... 63

1005. Tavernier de Jonquières. — **Crépy-en-Valois.** — Vue de la porte du beffroi et du boulevard. — Aquarelle gravée sous la direction de Née, même ouvrage (pl. III)..................................... 64

1006. Tavernier de Jonquières. — **Crépy-en-Valois.** — Vue de l'intérieur de l'église de Saint-Thomas. — Aquarelle gravée par Caquet, même ouvrage (pl. VI)..................................... 65

1007. Anonyme. — **Crépy-en-Valois.** — Vue d'anciennes fortifications. — Dessin à la mine de plomb..................................... 66

1008. Anonyme, mars 1876. — **Crépy-en-Valois.** — Vue de l'église Saint-Aubin. — Dessin à la plume...................... 66

1009. Anonyme. — Vue du moulin d'**Ermenonville.** — Dessin à la plume. 67

1010. Anonyme. — Entrée d'**Ermenonville.** — Dessin à la plume. — Au revers de la feuille un arbre également dessiné à la plume.. 68

1011. Anonyme. — Vue prise dans le parc d'**Ermenonville.** — Dessin lavé à la sépia...................... 69

1012. Anonyme, 11 juillet 1846. — **Ermenonville.** — *Tombeau de J.-J. Rousseau, à Ermenonville et temple de la Philosophie.* — Croquis à la mine de plomb...................... 70

1013. Anonyme. — **Ève.** — Vue de l'église. — Dessin légèrement lavé à l'encre de Chine. — Au revers de cette feuille est figuré, à la mine de plomb, le chevet de l'église de **Spire**............. 71

1014. Chassevent, 1758. — **Froidmont.** — *«Plan de l'abbaye de Froidmont fait par les soins de Monseigneur Louis-Jacques d'Audibert de Lussan, conseiller du roi en tous ses conseils, archevêque de Bordeaux et abbé commandataire de la dite abbaye.»* — Plan géométral lavé à l'aquarelle...................... 72

1015. Tavernier de Jonquières. — Vue de l'abbaye des Bernardins de **Froidmont.** — Dessin lavé à l'encre de Chine et rehaussé de blanc, gravé par Née pour le *Voyage pittoresque de la France,* t. VI, département de l'Oise (pl. XLII)................. 73

1016. Silvestre (I.), 1655. — Vue du château de **Liancourt** du côté du jardin des fleurs. — Dessin à la plume................. 74

1017. Silvestre (I.). — Vue du château de **Liancourt** du côté du jardin. — Dessin à la plume...................... 74

1018. Vivart. — Vue du château de **Mello.** — Gravure de Pâris, coloriée à la gouache...................... 75

1019. Chauvet, décembre 1862. — Le château de **Mello** vu du village. — Dessin à la mine de plomb rehaussé de blanc............. 76

1020. Chauvet, 1862. — Vue du château de **Mello** prise de la pièce d'eau. — Dessin à la mine de plomb rehaussé de blanc........... 77

1021. Chauvet, 1862. — Façade du château de **Mello.** — Vue du parc et de la maison du garde. — Dessin à la mine de plomb rehaussé de blanc...................... 78

1022. Georges (J.), 1833. — Vue prise aux environs de **Méry-sur-Oise.** Aquarelle...................... 79

1023. Anonyme. — **Montagny.** — Vue de l'église Sainte-Félicité. — Dessin légèrement teinté à la sépia...................... 80

1024. Anonyme. — **Montagny.** — Vue de l'abside de l'église Sainte-
Félicité. . . . .　81

1025. Tavernier de Jonquières. — Vue du château de **Mont-Lévêque,**
maison de campagne des évêques de Senlis dans le Valois. —
Aquarelle gravée pour le *Voyage pittoresque de la France*, t. V,
Valois et comté de Senlis (pl. XV). . . . .　82

1026. Georges. — Vue des ruines de l'abbaye de la Victoire à **Mont-
Lévêque,** près Senlis. — Aquarelle. . . . .　83

1027. Tavernier de Jonquières. — **Mont Renaud.** — *Vue de la chartreuse
du mont Renault prise du lac de Sempigny.* — Aquarelle gravée
par Née pour le *Voyage pittoresque de la France*, t. VI, Dép. de
l'Oise (pl. XVIII). . . . .　84

1028. Soulès, 1829. — Vue du château de **Montataire.** — Aquarelle. .　85

1029. Lantara, 1808. — Vue de l'entrée du château de **Montepilloy,**
près Senlis. — Dessin à la pierre noire et à l'encre de Chine. .　86

1030. Tavernier de Jonquières. — **Noyon.** — Vue de la cathédrale prise
du jardin du chanoine de Sinety. — Aquarelle gravée par Née
pour le *Voyage pittoresque de la France*, t. VI, Dép. de l'Oise
(pl. IX). . . . .　87

1031. Tavernier de Jonquières. — **Noyon.** — Vue de l'abside de la cathédrale et d'une partie des ruines de l'église Saint-Pierre. — Aquarelle gravée par Née, même ouvrage (pl. X). . . . .　88

1032. Ramée (Daniel). — Travée de Notre-Dame de **Noyon** et travée de
l'église Saint-Leu d'Esserent. — Relevés au trait. . . . .　89

1033. Tavernier de Jonquières. — **Noyon.** — Vue intérieure de la cathédrale prise d'une croisée de la sacristie. — Aquarelle gravée par
Née, même ouvrage (pl. XII). . . . .　90

1034. Tavernier de Jonquières. — **Noyon.** — Vue de la châsse de saint
Éloi et du maître-autel de la cathédrale. — Dessins lavés à
l'encre de Chine, gravés par Née, même ouvrage (pl. XI). . . . . .　91

1035. Tavernier de Jonquières. — **Noyon.** — Vue de l'église et de l'abbaye bénédictine de Saint-Éloi. — Aquarelle gravée par Née,
même ouvrage (pl. XVIII). . . . .　92

1036. Tavernier de Jonquières. — **Noyon.** — Vue de l'intérieur de l'église
Saint-Éloi. — Aquarelle gravée par Née, même ouvrage
(pl. XIV). . . . .　93

1037. Tavernier de Jonquières. — **Noyon.** — Vue de la place de l'Hôtel-
de-Ville. — Aquarelle gravée par Née, même ouvrage (pl. XVII).　94

1038. Anonyme. — **Noyon**. — Détails relevés dans un escalier et sur la façade extérieure de l'hôtel de ville. — Dessins à la mine de plomb. 95

1039. Tavernier de Jonquières. — Vue de la façade principale de l'abbaye d'**Ourscamp** aux environs de Noyon. — Aquarelle gravée en 1791, par Pillement fils, même ouvrage (pl. I). 96

1040. Tavernier de Jonquières. — Vue extérieure de la salle des Morts de l'abbaye d'**Ourscamp**. — Aquarelle gravée par Née, même ouvrage (pl. II). 97

1041. Tavernier de Jonquières. — Vue de l'intérieur de la salle des Morts de l'abbaye d'**Ourscamp**. — Aquarelle gravée par Caquet, même ouvrage (pl. III). 98

1042. Anonyme. — Vue des ruines de l'abbaye d'**Ourscamp**, près Noyon. — Croquis à la mine de plomb. 99

1043. Tavernier de Jonquières. — Vue d'une colonne marquant l'emplacement d'un camp de César et des étangs de Bailli, à l'extrémité de la forêt d'**Ourscamp**. — Dessin lavé à l'encre de Chine, gravé par Niquet aîné, même ouvrage (pl. VI). 100

1044. Tavernier de Jonquières. — **Pierrefonds**. — Vue des ruines du château du côté de l'étang. — Aquarelle gravée sous la direction de Née, même ouvrage, t. V, Valois et comté de Senlis (pl. XI). 101

1045. Tavervier de Jonquières. — Vue des ruines du château de **Pierrefonds** du côté de la forêt de Villers-Cotterets. — Aquarelle gravée sous la direction de Née, même ouvrage (pl. XII). . . . 102

1046. Tavernier de Jonquières. — **Pierrefonds**. — Autre vue des ruines du château. — Aquarelle gravée par Fessard aîné, même ouvrage (pl. XII *bis*). 103

1047. Tavernier de Jonquières. — **Pierrefonds**. — Vue prise à l'intérieur des ruines du château. — Aquarelle gravée par Duparc, même ouvrage (pl. XII *ter*). 104

1048. Tavernier de Jonquières. — **Pierrefonds**. — Vue de l'entrée des souterrains du château. — Aquarelle gravée par Fessard aîné, même ouvrage (pl. XIII). 105

1049. Nolau. — **Pierrefonds**. — Vue des ruines du château. — Aquarelle. 106

1050. Anonyme. — **Pierrefonds**. — Vue des ruines de la chapelle du château. — Dessin inachevé à la mine de plomb. 107

1051. Anonyme, 1824. — **Pierrefonds.** — Vue des ruines de la chapelle et du château du côté de l'est. — Croquis à la mine de
plomb sur une même feuille.   108

1052. Tavernier de Jonquières. — Vue de **Salency,** où se tient la céré-
monie de la rosière. — Aquarelle gravée par Née pour le
Voyage pittoresque de la France, t. VI, Dép. de l'Oise (pl. XVI).   109

1053. Tavernier de Jonquières. — **Senlis.** — Vue de la porte de Meaux.
— Aquarelle gravée sous la direction de Née, même ouvrage,
t. V, Valois et comté de Senlis (pl. XXXII).   110

1054. Tavernier de Jonquières. — **Senlis.** — Vue de la cathédrale. —
Aquarelle gravée sous la direction de Née, même ouvrage
(pl. XXXII).   111

1055. Tavernier de Jonquières. — **Senlis.** — Vue de l'église Saint-Pierre.
— Aquarelle gravée sous la direction de Née, même ouvrage
(pl. XXXII).   112

1056. Anonyme. — **Senlis.** — Vue du transept méridional de la cathédrale. — Dessin à la mine de plomb.   113

1057. Anonyme. — **Senlis.** — Vue du portail de la cathédrale. — Dessin
à la mine de plomb.   114

1058. Chapuy, 1830. — **Senlis.** — Chapiteaux et détails d'architecture
relevés à la cathédrale. — Dessins à la mine de plomb.   115

1059. Anonyme. — **Senlis.** — Détails de balustrades relevés dans la cathédrale. — Dessins à la mine de plomb.   116

1060. Tavernier de Jonquières. — Vue du tombeau de Gaspard de Schomberg, maréchal de France, dans l'église Notre-Dame de **Nanteuil,** près Senlis. — Aquarelle gravée sous la direction de Née
pour le *Voyage pittoresque de la France,* t. V, Valois et comté
de Senlis (pl. XXXIV *bis*).   117

1061. Tavernier de Jonquières. — Vue d'une chapelle à l'intérieur de la
tour de **Vez.** — Aquarelle gravée sous la direction de Née,
même ouvrage (pl. XXXIII *ter*).   118

1062. Tavernier de Jonquières. — Vue de la tour de **Vez.** — Aquarelle
gravée par Née, même ouvrage (pl. XXXIII *bis*).   119

1063. Anonyme. — **Gerberoy.** — Vue de la porte Saint-Martin. —
Aquarelle.   120

1064. Clerget (H.). — **Granvilliers.** — Vue de l'église. — Aquarelle.   120

1065. Picot, 1826. — Vue de l'entrée du village de **Méry.** — Aquarelle.   121

1066. Clerget (H.). — Vue de la tour de la reine Blanche dans la forêt
de **Chantilly.** — Croquis à la mine de plomb.   122

1067. Clerget (H.). — Vue de l'église Notre-Dame de **Montmélian.** — Croquis à la mine de plomb 122

DÉPARTEMENT DE LA SOMME.

1068. Harding. — Vues d'**Abbeville,** de **Beauvais** et d'**Amiens,** en onze croquis lavés à la sépia et destinés à *l'Ancienne France,* du baron Taylor. — Au revers de cette feuille, trois autres croquis reproduisant la cathédrale d'Amiens. 123

· 1069. Anonyme. — **Abbeville.** — Façade de l'église Saint-Wulfran. — Dessin à l'encre de Chine. 124

1070. Ramée (Daniel). — **Abbeville.** — Travées septentrionales de l'église Saint-Wulfran. — Dessin au trait 125

1071. Beaudoin (Eugène). — **Abbeville.** — Bas-relief dans l'église Saint-Wulfran. — Dessin à la mine de plomb 126

1072. Poirot (A.), 1836. — **Abbeville.** — Vue d'une rue et de la tour de l'église Notre-Dame. — Dessin à la mine de plomb 127

1073. Clerget (H.). — **Abbeville.** — Vue de l'église Saint-Wulfran. — Dessin à la mine de plomb. 127

1074. Anonyme. — Vue de l'église de l'abbaye de **Saint-Riquier,** près Abbeville. 128

1075. Lespinasse (Chevalier de), 1739. — Vue d'**Ailly-sur-Noye.** — Aquarelle. 129

1076. Beaudoin (E.), juin 1844. — Ruines du château d'**Airaines,** près Camps. — Vue de la porte d'entrée. — Dessin à la mine de plomb rehaussé de blanc. 130

1077. Lallemand. — **Amiens.** — Vue générale de la ville prise du bastion le plus élevé de la citadelle. — Gouache gravée par Duparc pour le *Voyage pittoresque de la France,* t. VI, Picardie (pl. I). 131

1078. Lallemand. — **Amiens.** — Vue prise de la descente du rempart au port. — Gouache gravée sous la direction de Née, même ouvrage (pl. III). 132

1079. Lallemand. — **Amiens.** — Vue du cours. — Gouache gravée sous la direction de Née, même ouvrage (pl. V). 133

1080. Lallemand. — **Amiens.** — Vue prise de la maison de M. Jacquin. — Gouache gravée sous la direction de Née, même ouvrage (pl. IV) 134

1081. Lallemand. — **Amiens.** — «Environs d'Amiens. — Vue de la borne de Camons, le jour de la fête dite *la Chasse au cygne.*» — Gouache gravée par Née, même ouvrage (pl. VI).......... 135

1082. Limozin, 1792. — **Amiens.** — Vue de l'hôtel de l'Élection du côté de la maison commune. — Dessin légèrement teinté d'aquarelle.................................... 136

1083. Clerget (H.). — Vue prise à **Amiens.** — Dessin au trait...... 136

1084. Ramée (Daniel). — **Amiens.** — Plan géométral et détails de Notre-Dame d'Amiens. — Dessin à l'encre de Chine............... 137

1085. Anonyme. — **Amiens.** — Vue de la façade de la cathédrale. — Dessin inachevé au trait.......................... 138

1086. A. D. — **Amiens.** — Vue de la façade de la cathédrale. — Dessin ombré à la sépia.............................. 139

1087. Anonyme. — Cathédrale d'**Amiens.** — Vue du portail de la Vierge, près du cloître Saint-Nicolas. — Dessin inachevé, ombré à la sépia.......................... 140

1088. Anonyme. — **Amiens.** — Vue intérieure de la cathédrale. — Dessin au trait................................ 141

1089. Anonyme. — **Amiens.** — Vue d'un transept de la cathédrale. — Dessin lavé à la sépia.......................... 142

1090. Bonhommé. — **Amiens.** — Bas-reliefs du pourtour du chœur de la cathédrale reproduisant la vie de saint Jean-Baptiste. — Dessin lavé à la sépia.......................... 143

1091. Bonhommé. — **Amiens.** — Bas-relief du pourtour du chœur de la cathédrale reproduisant un épisode de la vie de saint Saulve. — Dessin lavé à la sépia.......................... 144

1092. Bonhommé. — **Amiens.** — Bas-reliefs du pourtour du chœur de la cathédrale reproduisant deux épisodes de la vie de saint Firmin. — Dessin à la mine de plomb.......................... 145

1093. Bonhommé. — **Amiens.** — Bas-relief du pourtour du chœur de la cathédrale figurant un épisode de la vie de saint Firmin. — Dessin à la mine de plomb.......................... 146

1094. Bonhommé. — **Amiens.** — Bas-relief du pourtour du chœur de la cathédrale figurant un épisode de la vie de saint Firmin. — Dessin à la mine de plomb.......................... 147

1095. Bonhommé (?), 1835. — **Amiens.** — Vue du tombeau de l'évêque Ferry de Beauvoir, mort en 1472, à l'intérieur de la cathédrale. — Dessin lavé à l'encre de Chine.................... 148

1096. Anonyme. — **Amiens.** — Vue du tombeau du doyen Adrien de Héuencourt, mort en 1530, à l'intérieur de la cathédrale, au-dessous des bas-reliefs figurant la vie de saint Saulve. — Dessin lavé à l'encre de Chine................................... 149

1097. Anonyme. — **Amiens.** — Vue du tombeau en bronze de l'évêque Évrard de Fouilloy à l'intérieur de la cathédrale. — Dessin légèrement ombré à la sépia.......................... 150

1098. Anonyme. — **Amiens.** — Anciens fonts baptismaux existant à la bibliothèque et pierre sépulcrale dite *des escholiers*. — Croquis à la mine de plomb................................... 151

1099. Clerget (H.). — Vue prise à **Amiens.** — Dessin au trait...... 151

1100. Anonyme. — **Amiens.** — Triptyque en ivoire et sceaux de divers seigneurs. — Dessin lavé à la sépia.................... 152

1101. Anonyme. — **Amiens.** — Détail d'une niche gothique dans la cathédrale. — Dessin lavé à la sépia..................... 153

1102. Anonyme. — **Amiens.** — Vue du tombeau du chanoine Pierre Mifry, mort le 25 avril 1504. — Dessin lavé à la sépia..... 153

1103. Limozin. — **Amiens.** — Vue intérieure des ruines de l'église des Carmes. — Dessin lavé à l'encre de Chine.............. 154

1104. Limozin. — **Amiens.** — Images de six princes ou princesses de la maison de France. — Dessin à l'encre de Chine.......... 155

1105. Anonyme. — Sacre de saint Louis. — Statues de saint Louis et de Marguerite de Provence, sa femme. — Dessin à l'encre de Chine.. 156

1106. Limozin. — **Amiens.** — Vue du tombeau en bronze de l'évêque Godefroy ou Geoffroy à l'intérieur de la cathédrale. — Dessin lavé à l'encre de Chine................................... 157

1107. Limozin. — **Amiens.** — Vue du tombeau en bronze de l'évêque Évrard de Fouilloy. — Dessin lavé à l'encre de Chine....... 158

1108. Anonyme. — **Amiens.** — Vue du tombeau de Pierre Sabatier, évêque d'Amiens. — Dessin à l'encre de Chine........... 159

1109. Limozin. — **Amiens.** — Détail d'un orgue relevé sur une tombe en cuivre de la cathédrale. — Dessin à l'encre de Chine..... 160

1110. Limozin. — **Amiens.** — Tombe en cuivre à double effigie dans la cathédrale. — Dessin à l'encre de Chine................. 161

1111. Limozin, 1793. — **Amiens.** — Vue de la pierre tombale d'un évêque dans la cathédrale d'Amiens. — Dessin à l'encre de Chine.. 162

1112. Limozin, 1793. — **Amiens.** — Vue de la pierre tombale d'un évêque, sur laquelle est gravée la devise *patere et vinces*, à l'intérieur de la cathédrale. — Dessin à l'encre de Chine....... 163

1113. Limozin, 1793. — **Amiens.** — Vue de la pierre tombale d'un ecclésiastique, sur laquelle est gravée la devise *tolle moras*, à l'intérieur de la cathédrale. — Dessin à l'encre de Chine....... 164

1114. Limozin, 1792. — **Amiens.** — Vue de l'église Saint-Firmin-en-Castillon du côté de la maison commune. — Dessin legèrement teinté d'aquarelle................................. 165

1115. Limozin, 1792. — **Amiens.** — Vue extérieure de l'église de Saint-Remy du côté de la place. — Dessin légèrement teinté d'aquarelle................................. 166

1116. Limozin, 1792. — **Amiens.** — Tympan de la porte principale de l'église Saint-Remy. — Dessin lavé à l'encre de Chine....... 167

1117. Duthoit (Louis). — Vue de **Boves.** — Dessin à la mine de plomb et à la plume........................... 168

1118. Duthoit (A.). — Vue d'un calvaire à **Castel.** — Dessin à la mine de plomb et à la plume........................... 169

1119. Beaudoin (Eugène), septembre 1844. — **Conty.** — Vue de l'église. — Dessin à la mine de plomb relevé de gouache.......... 170

1120. Demus. — **Doullens.** — Plan de la ville *relatif au projet de 1730.* — Plan géométral lavé à l'aquarelle.................... 171

1121. Anonyme, 1820. — **Ham.** — Vue générale du château prise de la route de Flandre. — Aquarelle...................... 172

1122. Anonyme. — **Ham.** — Vue de la salle d'armes et du magasin de l'artillerie dans la tour de l'ouest du château. — Aquarelle... 173

1123. Anonyme. — **Ham.** — Vue du château prise de la ville. — Aquarelle................................. 173

1124. Aquarelle, 1820. — **Ham.** — Vue de la grosse tour du château. — Aquarelle................................. 174

1125. Peyronnet, 2 janvier 1859. — **Ham.** — Vue du château. — Dessin lavé à l'encre de Chine. — Au revers de cette feuille, un autre dessin sans indication........................ 175

1126. Peyronnet, 3 janvier 1859. — **Ham.** — Vue du château. — Dessin lavé à l'encre de Chine et à la sépia................. 176

1127. Peyronnet, 2 janvier 1859. — **Ham.** — Autre vue du château prise du bord de l'eau. — Dessin lavé à l'encre de Chine et à la sépia................................. 177

1128. Peyronnet, 2 janvier 1859. — **Ham**. — Vue du château. — Dessin à l'encre de Chine et à la sépia 178

1129. Anonyme. — Vue d'ensemble du château d'**Heilly**. — Croquis à la mine de plomb 179

1130. Anonyme. — Vue du château d'**Heilly**. — Façade méridionale. — Croquis à la mine de plomb 180

1131. Anonyme. — **La Neuville**. — Bas-relief relevé dans l'église et figurant la Nativité. — Croquis à la mine de plomb 181

1132. Anonyme. — **La Neuville**. — Cul-de-lampe figurant un joueur de vielle relevé dans l'église. — Dessin à la mine de plomb . . . 181

1133. Anonyme. — **La Neuville**. — Diptyque en ivoire figurant le crucifiement et le meurtre de saint Thomas de Cantorbéry. — Croquis à la mine de plomb 181

1134. Anonyme. — **Mailly**. — Vue de l'église. — Dessin à l'encre de Chine 182

1135. Anonyme. — Pierre d'Oblicamp près de **Bavelincourt**. — Dessin à l'encre de Chine 183

1136. Anonyme, 1820. — **Montdidier**. — Vue de la porte de Paris. — Aquarelle 184

1137. Beaurain (Chevalier de). — **Péronne-la-Pucelle**. — Vue d'ensemble de la ville. — Dessin à la plume 185

1138. Anonyme, 1820. — **Péronne**. — Vue de la porte d'entrée du château. — Aquarelle 186

1139. Anonyme. — **Péronne**. — Vue du château et du beffroi. — Aquarelle 187

1140. Anonyme. — **Péronne**. — Vue de la porte conduisant à la route de Flandres. — Aquarelle 188

1141. Goblain. — Vue des ruines du château de **Picquigny**. — Dessin lavé au bistre 189

1142. Goblain. — **Montreuil-sur-Mer**. — Vue de la principale église. — Dessin lavé à la sépia 189

1143. Duthoit (A.). — Vue des ruines du château de **Picquigny**. — Dessin à la plume et à la mine de plomb 190

1144. Anonyme. — **Rue**. — Vue de la chapelle du Saint-Esprit. — Dessin à la mine de plomb 191

1145. Beaudoin (Eug.). — **Rue**. — Vue des restes de l'ancien beffroi. — Dessin à la mine de plomb rehaussé de blanc 192

1146. Pérignon (N.). — **Saint-Valery-sur-Somme.** — Vue de maisons de pêcheurs situées au bord de la mer. — Aquarelle........ 193

1147. Pérignon (N.). — **Saint-Valery-sur-Somme.** — Vue de maisons du faubourg donnant sur la mer. — Aquarelle......... 194

1148. Guillaumot, 29 août 1882. — Vue prise à **Saint-Valery-sur-Somme.** — Dessin à la mine de plomb................ 195

1149. Anonyme. — **Wailly-sur-Aisne.** — Vue de la porte Saint-Vincent. — Aquarelle................................. 196

1150. Legrand (Anatole). — **Wailly-sur-Aisne.** — Vue des ruines d'une chapelle. — Dessin à la mine de plomb............ 197

1151. Anonyme. — Élévation du château de **Villers-Bocage.** — Dessin lavé à l'aquarelle................................. 198

TOME V.

PICARDIE.

—

DÉPARTEMENT DE L'AISNE.

Pages.

1152. Tavernier de Jonquières. — Vue du cloître de la chartreuse de **Bourgfontaine**. — Aquarelle gravée sous la direction de Née, pour le *Voyage pittoresque de la France*, t. V, Valois et comté de Senlis (pl. XLI)   1

1153. Tavernier de Jonquières. — Vue du château de **Braine**. — Aquarelle gravée sous la direction de Née, même ouvrage (pl. XXXIV *quinto*)   2

1154. Tavernier de Jonquières. — Autre vue du château de **Braine** prise sur le penchant de la colline. — Aquarelle gravée sous la direction de Née, même ouvrage (pl. XXXIV *sexto*)   3

1155. Tavernier de Jonquières. — Vue de l'église de Saint-Yved de **Braine**. Aquarelle gravée par Née, même ouvrage (pl. XXXIV *quater*). .   4

1156. Letellier. — **Clastres**. — Vue des restes du château du Burguet.   5

1157. Baillargé (Alphonse), architecte. — **Condé-sur-Aisne**. — Élévation de la façade de l'église. — Dessin à la mine de plomb.   6

1158. Baillargé (Alphonse). — **Condé-sur-Aisne**. — Plan coupe et détails de l'église. — Dessins à la mine de plomb   7

1159. Tavernier de Jonquières. — Vue d'ensemble du château de **Coucy-le-Château** et de la vallée. — Aquarelle gravée par Née pour le *Voyage pittoresque de la France*, t. VI, Dép. de l'Aisne (pl. XLIV).   8

1160. Tavernier de Jonquières. — **Coucy-le-Château**. — Vue d'une partie de l'enceinte qui environne la grosse tour du château. — Aquarelle gravée par Née, même ouvrage (pl. XLVI).   9

1161. Tavernier de Jonquières. — **Coucy-le-Château**. — Vue de la grosse tour et des ruines qui l'environnent. — Aquarelle gravée par Née, même ouvrage (pl. XLVII).   10

1162. Anonyme, 1820. — **Coucy-le-Château**. — Vue partielle des ruines. — Aquarelle.   11

1163. Durany (?). — **Coucy-le-Château**. — Vue prise de la galerie supérieure de la grosse tour. — Dessin à la mine de plomb. . .   12

1164. Tavernier de Jonquières. — **Coucy-le-Château.** — Bas-relief dominant la porte d'entrée du château. — Dessin lavé à l'encre de Chine, gravé par Née pour le *Voyage pittoresque de la France,* t. VI, Dép. de l'Aisne (pl. XLVII).................... 13

1165. Tavernier de Jonquières. — **Coucy.** — Cheminée des Neuf-Preux. — Inscription et sceau relevés au château. — Dessin lavé à l'encre de Chine, gravé par Née, même ouvrage (pl. XLVIII).. 14

1166. Lacauchie (Alexandre). — **Coucy.** — Vue du château prise de la vallée. — Dessin à la mine de plomb.................... 15

1167. Lalanne (Maxime), 1867. — **Coucy.** — Vue du château. — Fusain.................... 15

1168. E. B.... — **Coucy.** — Façade de l'église. — Dessin ombré à la sépia.................... 16

1169. E. B..... — **Coucy.** — Détail de la frise des fonts baptismaux en marbre noir existant à l'église.................... 17

1170. Jolivard (A.), 1839. — **Coucy.** — Vue d'ensemble de la ville. — Dessin à la mine de plomb.................... 18

1171. Tavernier de Jonquières. — **Coucy.** — Vue de l'hôtel de ville. — Aquarelle gravée par Née pour le *Voyage pittoresque de la France,* tome VI, Dép. de l'Aisne (pl. XLIX).................... 19

1172. Deroy, 1823. — **Coucy.** — Vue du château prise de la vallée. — Dessin lavé à la sépia.................... 20

1173. Deroy, 1823. — **Soissons.** — Vue des ruines du couvent de Saint-Jean-des-Vignes. — Dessin lavé à la sépia.................... 20

1174. Tavernier de Jonquières. — **Guise.** — Vue de l'entrée de la ville du côté de Paris. — Aquarelle gravée par Née, même ouvrage (pl. XXXIV).................... 21

1175. Tavernier de Jonquières. — **Guise.** — Vue d'une autre entrée de la ville. — Aquarelle gravée par Née, même ouvrage (pl. XXXV). 22

1176. Tavernier de Jonquières. — **Guise.** — Vue de la première cour d'entrée du château fort. — Aquarelle gravée par Née, même ouvrage (pl. XXXVI).................... 23

1177. Tavernier de Jonquières. — **Guise.** — Vue du beffroi et de deux moulins situés au centre de la ville. — Aquarelle gravée par Née, même ouvrage (pl. XXXVI).................... 24

1178. Cochin (C.-N.) le fils, 1744. — **La Fère.** — Vue de l'église paroissiale prise de la campagne. — Dessin à la pierre noire....... 25

1179. Cochin (C.-N.) le fils, 1734. — **La Fère.** — Vue prise dans un faubourg. — Dessin à la pierre noire.................... 25

1180. Tavernier de Jonquières. — **La Ferté-Milon.** — Vue de la porte de la ville du côté de Paris, et des ruines du château. — Aquarelle gravée sous la direction de Née, même ouvrage, tome V, Valois et comté de Senlis (pl. VIII)..................... 26

1181. Tavernier de Jonquières. — **La Ferté-Milon.** — Vue de l'entrée de la ville du côté de la rivière. — Aquarelle gravée sous la direction de Née, même ouvrage (pl. IX)................. 27

1182. Tavernier de Jonquières. — **La Ferté-Milon.** — Vue de la ville. — Aquarelle gravée sous la direction de Née, même ouvrage (pl. VII).................... 28

1183. Tavernier de Jonquières. — **La Ferté-Milon.** — Vue de la grande promenade et des ruines de l'ancien château. — Aquarelle gravée sous la direction de Née, même ouvrage (pl. IX)........... 29

1184. Tavernier de Jonquières. — **Laon.** — Vue générale. — Aquarelle gravée par Née pour le *Voyage pittoresque de la France*, tome VI, Dép. de l'Aisne (pl. I)..................... 30

1185. Tavernier de Jonquières. — **Laon.** — Vue de la porte de la ville du côté de Paris. — Aquarelle gravée par Née, même ouvrage (pl. X)..................... 31

1186. Tavernier de Jonquières. — **Laon.** — Vue de la porte de la ville du côté de la route de Meaux. — Aquarelle gravée par Née, même ouvrage (pl. VIII)..................... 32

1187. Tavernier de Jonquières. — **Laon.** — Vue d'un abreuvoir situé près de la route de Meaux. — Aquarelle gravée par Née, même ouvrage (pl. IX)..................... 33

1188. Tavernier de Jonquières. — **Laon.** — Façade de la cathédrale. — Aquarelle gravée par Née, même ouvrage (pl. II)........... 34

1189. Tavernier de Jonquières. — **Laon.** — Vue extérieure de la cathédrale. — Aquarelle gravée par Née, même ouvrage (pl. IV)... 35

1190. Chapuy. — **Laon.** — Vue de la façade de la cathédrale. — Aquarelle..................... 36

1191. Tavernier de Jonquières. — **Laon.** — Vue intérieure de la cathédrale. — Aquarelle gravée par Née, même ouvrage (pl. III)........ 37

1192. Tavernier de Jonquières. — **Laon.** — Vue d'une nef latérale de la cathédrale. — Aquarelle gravée par Née, même ouvrage (pl. V). 38

1193. Anonyme. — **Laon.** — Chapiteaux et bases de colonnes relevés dans la cathédrale. — Dessin à la mine de plomb.............. 39

1194. Tavernier de Jonquières. — **Laon.** — Vue du palais épiscopal adossé à la cathédrale. — Aquarelle gravée par Née, même ouvrage (pl. XVII).. 40

1195. Tavernier de Jonquières. — **Laon.** — Vue de la principale place. — Aquarelle gravée par Née, même ouvrage (pl. XXI)...... 41

1196. Tavernier de Jonquières. — **Laon.** — Vue du portail de l'église et entrée de l'abbaye de Saint-Martin. — Aquarelle gravée par Née, même ouvrage (pl. XV)............................ 42

1197. Anonyme. — **Laon.** — Vue de l'église Saint-Martin. — Dessin lavé au bistre.. 43

1198. Anonyme. — **Laon.** — Vue de l'abbaye de Saint-Martin. — Dessin à la mine de plomb.. 44

1199. Anonyme. — **Laon.** — Vue de la chapelle du palais de la justice. — Dessin lavé au bistre.................................... 45

1200. Tavernier de Jonquières. — Vue de l'abbaye de **Prémontré** situé à trois lieues de Laon. — Aquarelle gravée par Née, pour le *Voyage pittoresque de la France*, tome VI, Dép. de l'Aisne (pl. XII).. 46

1201. Tavernier de Jonquières. — **Laon.** — Intérieur de l'église de l'abbaye de Saint-Martin de l'ordre des Prémontrés. — Aquarelle gravée par Née, même ouvrage (pl. XVI)................. 47

1202. Tavernier de Jonquières. — Laonnais. — Vue de l'escalier de l'abbaye de **Prémontré**. — Aquarelle gravée par Née, même ouvrage (pl. XIII)... 48

1203. Tavernier de Jonquières. — **Laon.** — Vue générale de l'abbaye bénédictine de Saint-Vincent, prise du jardin de l'Arquebuse. — Aquarelle gravée par Née, même ouvrage (pl. XVIII)........ 49

1204. Tavernier de Jonquières. — **Laon.** — Vue du portail et d'une partie de l'abbaye de Saint-Vincent. — Aquarelle gravée par Née, même ouvrage (pl. XIX)................................. 50

1205. Tavernier de Jonquières. — **Laon.** — Vue intérieure de l'église de l'abbaye de Saint-Vincent. — Aquarelle gravée par Née, même ouvrage (pl. XX).. 51

1206. Tavernier de Jonquières. — **Laon.** — Vue de l'entrée de la citadelle. — Aquarelle gravée par Née, même ouvrage (pl. VI)........ 52

1207. Tavernier de Jonquières. — **Laon.** — Vue de ruines existant dans l'enceinte de la citadelle. — Aquarelle gravée par Née, même ouvrage (pl. VII).. 53

1208. Tavernier de Jonquières. — Vue de l'église de **Notre-Dame-de-Liesse**, célèbre lieu de pèlerinage. — Aquarelle gravée par Née, même ouvrage (pl. LXII)...................... 54

1209. Tavernier de Jonquières. — Vue de l'entrée de l'abbaye de **Long-pont**. — Aquarelle gravée par Née, même ouvrage, t. V, Valois et comté de Senlis (pl. XXXVIII)...................... 55

1210. Tavernier de Jonquières. — Vue de l'abbaye de **Valsery**. — Aquarelle gravée sous la direction de Née, même ouvrage (pl. XXXVI). 56

1211. Tavernier de Jonquières. — Vue intérieure de l'église de **Long-pont**. — Aquarelle.................... 57

1212. Clerget (H.). — Vue intérieure de l'église de **Notre-Dame-de-Liesse**. — Croquis à la mine de plomb.................. 57

1213. Anonyme. — **Lémé**. — Vue extérieure de l'église. — Aquarelle... 58

1214. Tavernier de Jonquières. — **Marle**. — Vue de l'entrée de la ville. — Aquarelle gravée par Née, même ouvrage, t. VI, Dép. de l'Aisne (pl. XL) 59

1215. Tavernier de Jonquières. — **Marle**. — Vue du château où a résidé Jeanne d'Albret. — Aquarelle gravée par Née, même ouvrage (pl. XLI)........................ 60

1216. Anonyme. — **Nouvion-le-Vineux**. — Vue extérieure de l'église. — Dessin à la mine de plomb...................... 61

1217. Tavernier de Jonquières. — Vue des ruines du château de **Presle**, ancienne forteresse des Templiers. — Au revers, un croquis au crayon reproduisant probablement les mêmes ruines. — Aquarelle gravée par Née, même ouvrage (pl. XXII)............ 62

1218. Cochin (C.-N.), 1744. — Vue de la manufacture de glaces de **Saint-Gobain**. — Dessin à la mine de plomb................ 63

1219. Tavernier de Jonquières. — **Laon**. — Vue de l'entrée de l'abbaye bénédictine de Saint-Jean. — Aquarelle gravée par Née, même ouvrage (pl. XIV)...................... 64

1220. Tavernier de Jonquières. — **Saint-Quentin**. — Vue d'ensemble de la ville. — Aquarelle gravée par Née, même ouvrage (pl. XXIII)...................... 65

1221. Tavernier de Jonquières. — Vue de la grande place de **Saint-Quentin**. — Aquarelle gravée par Née, même ouvrage (pl. XXIV). 66

1222. Tavernier de Jonquières. — Vue de la collégiale de **Saint-Quentin**. — Aquarelle gravée par Née, même ouvrage (pl. XXV).. 67

1223. Anonyme. — **Saint-Quentin.** — Vue de l'extrémité méridionale du grand croisillon de la collégiale. — Dessin à la mine de plomb. 68

1224. Anonyme. — **Saint-Quentin.** — Couronnement de l'autel dans la chapelle des fonts baptismaux de la collégiale. — Dessin à la mine de plomb 69

1225. Dauzats (A.). — **Saint-Quentin.** — Vue de l'hôtel de ville. — Dessin ombré à la sépia. 69

1226. Anonyme. — **Saint-Quentin.** — Détails de la clôture du chœur et de frises relevés à l'intérieur de la collégiale. — Dessins à la mine de plomb. 70

1227. Anonyme. — **Saint-Quentin.** — Sculpture placée à l'intérieur de la collégiale au-dessus d'une petite porte conduisant aux galeries. — Dessin à la mine de plomb 70

1228. Tavernier de Jonquières. — **Saint-Quentin.** — Vue de la porte de Paris et d'une partie des fortifications. — Aquarelle gravée par Née, pour le *Voyage pittoresque de la France*, t. VI, Dép. de l'Aisne (pl. XXVI). 71

1229. Tavernier de Jonquières. — « *Vue d'une blanchirie de linon, appelée Burie* », située auprès de **Saint-Quentin.** — Aquarelle gravée par Née, même ouvrage (pl. XLIII). 72

1230. Tavernier de Jonquières. — **Saint-Quentin.** — Vue prise dans les fossés des anciennes fortifications. — Aquarelle gravée par Née, même ouvrage (pl. XXVII). 73

1231. Tavernier de Jonquières. — Vue des ruines du château de **Septmonts** ayant appartenu à l'évêque de Soissons. — Aquarelle gravée par Niquet l'aîné, même ouvrage, Soissonnais (pl. XXIV) 74

1232. Tavernier de Jonquières. — Vue de l'entrée du château de **Septmonts.** — Aquarelle gravée par Née, même ouvrage, Soissonnais (pl. XXV). 75

1233. Anonyme. — Vue de la grosse tour du château de **Septmonts.** — Dessin à la mine de plomb. 76

1234. Anonyme. — **Soissons.** — Vue à vol d'oiseau de l'abbaye de Saint-Médard, « fondée en 560 avec le château des Rois ». — Dessin lavé à l'encre de Chine. 77

1235. Tavernier de Jonquières. — **Soissons.** — Vue d'ensemble de la ville, prise des bords de la rivière. — Aquarelle gravée par Née, pour le *Voyage pittoresque de la France*, tome VI, Soissonnais (pl. I). 78

1236. Bonhommé (J.), 28 octobre 1837. — **Soissons.** — Vue des ruines d'un cloître gothique. — Aquarelle...... 79

1237. Bonhommé, 29 octobre 1837. — **Soissons.** — Vue de l'intérieur d'un cloître gothique. — Dessin à la plume relevé d'encre de Chine et de gouache...... 80

1238. Tavernier de Jonquières. — **Soissons.** — Abbaye de Saint-Médard. — «Vue intérieure de l'entrée principale de la maison abbatiale.» — Aquarelle gravée sous la direction de Née, même ouvrage (pl. IX)...... 81

1239. Tavernier de Jonquières. — Vue de la tour d'**Ambleny** à trois lieues de Soissons. — Aquarelle gravée par Née, même ouvrage, tome V, Valois et comté de Senlis (pl. XXXIV ter)...... 82

1240. Tavernier de Jonquières. — **Soissons.** — Vue du petit temple de Saint-Pierre. — Aquarelle gravée par Née, même ouvrage, tome VI, Soissonnais (pl. VII)...... 83

1241. Guyot. — **Crépy-en-Valois.** — Vue de la porte fortifiée. — Dessin lavé à la sépia...... 84

1242. Bourgeois. — **Soissons.** — Vue de Saint-Pierre-à-l'Assaut. — Dessin lavé à la sépia...... 84

1243. Tavernier de Jonquières. — **Soissons.** — Vue de la cathédrale. — Aquarelle gravée sous la direction de Née, même ouvrage, Soissonnais (pl. II)...... 85

1244. Tavernier de Jonquières. — **Soissons.** — Vue intérieure de la cathédrale. — Aquarelle gravée sous la direction de Née, même ouvrage (pl. III)...... 86

1245. Tavernier de Jonquières. — **Soissons.** — Vue de la place de l'Hôtel-de-Ville. — Aquarelle gravée par Née, même ouvrage (pl. IV). 87

1246. Tavernier de Jonquières. — **Soissons.** — Vue de l'hôtel de ville. — Aquarelle gravée par Née, même ouvrage (pl. V)...... 88

1247. Tavernier de Jonquières. — **Soissons.** — Vue du pont. — Aquarelle gravée par Née, même ouvrage (pl. VI)...... 89

1248. Tavernier de Jonquières. — **Soissons.** — Vue de l'abbaye de Saint-Jean-des-Vignes. — Aquarelle gravée par Née, même ouvrage (pl. XXII)...... 90

1249. Tavernier de Jonquières. — **Soissons.** — Vue du portail de Notre-Dame-des-Vignes. — Vue du portail des cordeliers. — Aquarelle gravée par Née, même ouvrage (pl. XXI)...... 91

1250. Tavernier de Jonquières. — **Soissons.** — Vue intérieure de l'église Saint-Jean-des-Vignes. — Aquarelle gravée sous la direction de Née, même ouvrage (pl. XXIII) 92

1251. Tavernier de Jonquières. — **Soissons.** — Vue d'une partie des ruines de l'abbaye de Saint-Médard. — Aquarelle gravée par Née, même ouvrage (pl. XXXI) 93

1252. Tavernier de Jonquières. — **Soissons.** — Vue de l'église de l'abbaye de Saint-Médard. — Aquarelle gravée par Née, même ouvrage (pl. XXIX) 94

1253. Tavernier de Jonquières. — **Soissons.** — Vue intérieure de la cour de l'abbaye de Saint-Médard. — Aquarelle gravée par Niquet l'aîné, même ouvrage (pl. XXX) 95

1254. Tavernier de Jonquières. — **Soissons.** — Vue des souterrains de l'abbaye de Saint-Médard. — Aquarelle gravée par Née, même ouvrage (pl. XVIII) 96

1255. Tavernier de Jonquières. — **Soissons.** — Autre vue des souterrains de l'église Saint-Médard. — Aquarelle gravée sous la direction de Née, même ouvrage (pl. XIX) 97

1256. Tavernier de Jonquières. — **Soissons.** — Bas-reliefs de sarcophages antiques existant à l'abbaye de Saint-Médard et à l'église Notre-Dame. — Aquarelle gravée sous la direction de Née, même ouvrage (pl. XX) 98

1257. Tavernier de Jonquières. — **Soissons.** — Vue prise dans les jardins de l'abbaye de Saint-Médard. — Aquarelle gravée par Née, même ouvrage (pl. XXXIII) 99

1258. Tavernier de Jonquières. — **Soissons.** — Vue principale du palais des Rois à l'abbaye de Saint-Médard. — Aquarelle gravée sous la direction de Née, même ouvrage (pl. XXXII) 100

1259. Tavernier de Jonquières. — **Soissons.** — Vue de la place Saint-Pierre. — Aquarelle gravée par Née, même ouvrage (pl. XIV). 101

1260. Tavernier de Jonquières. — **Soissons.** — Vue de l'église Saint-Waast. — Aquarelle gravée par Née, même ouvrage (pl. XVI). 102

1261. Tavernier de Jonquières. — **Soissons.** — Vue intérieure de Saint-Waast. — Aquarelle gravée par Née, même ouvrage (pl. XVII). 103

1262. Tavernier de Jonquières. — **Soissons.** — «Vue d'une porte de la ville à l'extrémité du faubourg de Saint-Waast.» — Aquarelle gravée sous la direction de Née, même ouvrage (pl. X) 104

1263. Tavernier de Jonquières. — **Soissons.** — Vue d'une partie de l'abbaye de Notre-Dame. — Aquarelle gravée sous la direction de Née, même ouvrage (pl. VIII) 105

1264. Tavernier de Jonquières. — **Soissons.** — Vue intérieure de l'église Notre-Dame. — Aquarelle gravée sous la direction de Née, même ouvrage (pl. XV)............ 106

1265. Tavernier de Jonquières. — **Soissons.** — Vue du palais de l'Arquebuse bâti sous Louis XIV. — Aquarelle gravée par Née, même ouvrage (pl. XI)............ 107

1266. Tavernier de Jonquières. — **Soissons.** — «Ancien tournoi de Jacques, bâtard du duc de Vendôme.» — Aquarelle gravée par Née, même ouvrage (pl. XXIV)............ 108

1267. Tavernier de Jonquières. — Vue du château de **Villeneuve**, près Soissons. — Aquarelle gravée par Niquet l'aîné, même ouvrage (pl. XXVIII)............ 109

1268. Tavernier de Jonquières. — Vue de l'abbaye bénédictine de **Saint-Crespin.** — Aquarelle gravée sous la direction de Née, même ouvrage (pl. XII)............ 110

1269. Tavernier de Jonquières. — Vue intérieure de l'église de l'abbaye de **Saint-Crespin.** — Aquarelle gravée sous la direction de Née, même ouvrage (pl. XIII)............ 111

1270. Tavernier de Jonquières. — Vue d'ensemble de la manufacture des glaces de **Saint-Gobain** en Picardie. — Aquarelle............ 112

1271. Tavernier de Jonquières. — **Laon.** — Vue de la porte de Vaux qui conduit à Notre-Dame-de-Liesse. — Aquarelle gravée par Née, même ouvrage, Dép. de l'Aisne (pl. XI)............ 113

1272. Tavernier de Jonquières. — Vue de **Saint-Remy-aux-Nonnains.** — Aquarelle gravée sous la direction de Née, même ouvrage, tome V, Valois et comté de Senlis (pl. XXXIX)............ 114

1273. Anonyme, 1820. — Vue d'une fontaine à **Vailly**, près Soissons. — Aquarelle............ 115

1274. Anonyme, xviiie siècle. — **Villers-Cotterets.** — Vue du château. — Aquarelle............ 116

1275. Tavernier de Jonquières. — Vue des mausolées d'Adée, comtesse de Crépy, et de Pierre de Pacy dans l'église de **Nanteuil.** — Vue de la fontaine de **Villers-Cotterets.** — Aquarelle gravée sous la direction de Née, même ouvrage (pl. XXXIVbis)............ 117

1276. Tavernier de Jonquières. — Vue de six monuments funéraires dans les églises de **Crépy**, de **Villers-Cotterets** et de **Nanteuil.** — Aquarelle gravée sous la direction de Née, même ouvrage (pl. XXXIV)............ 118

1277. Anonyme. — Vue des restes du château de **Vauxbrun**, côté de la chapelle et de la chambre d'Henri IV. Dessin à la mine de plomb rehaussé de blanc 119

1278. Tavernier de Jonquières. — Vue d'un pont-levis construit sur le canal de Picardie. — Aquarelle gravée par Née, pour le *Voyage pittoresque de la France*, tome IV, Dép. de l'Aisne (pl. XXXI) . 120

1279. Tavernier de Jonquières. — Vue d'un pont en pierre construit sur le canal de Picardie. — Aquarelle gravée par Née, même ouvrage (pl. XXX) 121

1280. Drevet. — Vue à vol d'oiseau de la chartreuse du **Val-Saint-Pierre**, près de Vervins-en-Tiérache. — Gravure sur parchemin rehaussée d'aquarelle 122

1281-1282. Anonyme. — **Coucy-le-Château.** — Vue du château. — Aquarelle 123

1283-1284. Anonyme. — **Coucy.** — Vue des portes du château 124

1285-1286. Anonyme. — **Coucy.** — Vue de la porte de Chauny. — Aquarelles 125

1287. Anonyme. — **Coucy.** — Vue de la porte de Laon. — Dessin teinté au lavis 126

1288. Anonyme. — **Coucy.** — Vue de la porte de Soissons. — Aquarelle. 126

1289. Anonyme. — **Coucy.** — Vue du château prise du bas des étangs. — Dessin lavé à la sépia 127

1290. Anonyme. — **Gernicourt.** — Vue d'une porte. — Aquarelle . . . 127

1291. Boilly, 3o juin 1824. — **Château-Thierry.** — Vue des ruines du château. — Dessin à la plume 128

1292. Boilly. — **Château-Thierry.** — Autre vue des ruines du château. — Dessin à la plume 129

1293. Anonyme. — Vue d'une porte de l'abbaye de **Saint-Lambert,** près la Fère. — Aquarelle 130

1294. Anonyme. — Vue de l'abbaye de **Saint-Lambert**, près la Fère. — Dessin inachevé au lavis 130

1295. Anonyme, 1821. — Vue des restes du **Tordoir**, ancien couvent situé entre la Fère et Laon. — Aquarelle 131

1296. Anonyme, 1821. — Autre vue des restes du **Tordoir.** — Aquarelle inachevée 131

1297. Anonyme, 1821. — Vue des ruines de **Saint-Nicolas-au-Bois,** près la Fère. — Aquarelle 132

1298. Anonyme. — Vue des ruines du **Tordoir.** — Dessin lavé à la sépia. 132

1299. Anonyme. — Autre vue des restes du couvent du **Tordoir.** — Dessin lavé en couleurs............................... 133

1300. Anonyme. — Autre vue des ruines du **Tordoir.** — Aquarelle... 133

1301. Anonyme. — Vue des tours de **Saint-Nicolas-aux-Bois**, près la Fère. — Aquarelle................................. 133

TOME VI.

BEAUCE. — VENDÔMOIS.

Pages.

1302. CHAUVET (J.), 13 juillet 1893. — **Briis** (Seine-et-Oise). — Vue d'une tour située rue de l'Orme-Maillard. — Dessin ombré à la sépia.. 1

1303. CHAUVET (J.), 13 septembre 1893. — **Briis.** — Vue de l'église. — Dessin ombré à la sépia et rehaussé de blanc................ 2

1304. CHAUVET (J.), 15 septembre 1893. — **Cernay-la-Ville.** — Vue de la grande place en arrivant de Chevreuse. — Dessin ombré à la sépia et rehaussé de blanc............................... 3

1305. CHAUVET (J.), 15 septembre 1893. — **Cernay-la-Ville.** — Vue de l'église et de la mairie. — Dessin ombré à la sépia et rehaussé de gouache... 3

1306. CHAUVET (J.), 15 septembre 1893. — **Cernay-la-Ville.** — Vue prise sur la route de Rambouillet. — Dessin ombré à la sépia et rehaussé de gouache....................................... 4

1307. CHAUVET (J.), 15 septembre 1893. — Vue des moulins de la vallée de **Cernay-la-Ville.** — Dessin rehaussé de sépia et de gouache... 4

1308. DURAND, 1789. — **Rambouillet.** — Vue du château. — Aquarelle reproduite en couleurs par JANINET......................... 5

1309. CLERGET (H.). — Vue du château de **Grandménil** (Seine-et-Oise). — Croquis à la mine de plomb......................... 5

1310. CHAUVET (J.), 2 septembre 1893. — **Moret.** — Vue des murs de la ville sur le Loing et de l'église prise du pont. — Dessin à la mine de plomb.. 6

1311. CHAUVET (J.), 2 septembre 1893. — **Moret.** — Vue de la porte d'entrée. — Dessin à la mine de plomb........................ 6

1312. CHAUVET (J.), 2 septembre 1893. — **Moret.** — Vue de la porte d'entrée donnant sur le pont du Loing. — Dessin à la mine de plomb.. 7

1313. CHAUVET (J.), 14 septembre 1893. — **Limours.** — Vue de l'entrée de la ville. — Dessin rehaussé de sépia et de gouache......... 7

1314. Anonyme, 1800. — **Rambouillet.** — Vue du château. — Dessin lavé à l'encre de Chine................................. 8

1315. Fontaine. — **Rambouillet.** — Vue du château et du canal en 1791. — Aquarelle 9

1316. Fontaine. — **Rambouillet.** — Autre vue prise dans le parc en 1791. — Aquarelle 10

1317. Dunouy, octobre 1828. — **Rambouillet.** — Vue de la Louvière, faubourg de la ville. — Dessin lavé à la sépia 11

1318. Dunouy. — **Rambouillet.** — Vue d'une porte du parc à Moque-Souris. — Dessin lavé à la sépia 12

1319. Dunouy, 18 août 1815. — **Rambouillet.** — Vue d'une maison de garde dans les jardins. — Aquarelle 13

1320. Dunouy. — **Rambouillet.** — Vue du château. — Dessin lavé à la sépia 14

1321. Dunouy. — **Rambouillet.** — Vue de la faisanderie. — Dessin lavé à l'encre de Chine 14

1322. Dunouy. — **Rambouillet.** — Vue prise dans le parc. — Dessin ombré à l'encre de Chine 15

1323. Dunouy. — **Rambouillet.** — Vue prise auprès de l'ermitage du parc. — Dessin ombré à la sépia 15

1324. Dunouy. — **Rambouillet.** — Vue du lavoir de Moque-Souris dans le jardin anglais. — Dessin lavé au bistre 16

1325. Anonyme. — Vue prise à la **Roche-Guyon.** — Dessin à la mine de plomb 17

1326. Benoit, septembre 1837. — **Saint-Cyr.** — Vue d'une ferme. — Dessin à la mine de plomb relevé de pastel 18

1327. Clerget. — **Vetheuil.** — Vue intérieure de l'église Notre-Dame. — Croquis à la mine de plomb 19

1328. Clerget. — **Vetheuil.** — Vue de l'église Notre-Dame. — Croquis à la mine de plomb 19

DÉPARTEMENT DU LOIRET.

1329. Guillaumot père. — **Beaugency.** — Vue du donjon. — Dessin lavé à l'encre de Chine et rehaussé de gouache 20

1330. Pensée (C.), 1836. — Entrée de **Briare** par la vallée de Briare. — Aquarelle 21

1331. Anonyme. — **Gien.** — Vue d'ensemble de la ville. — Croquis à la mine de plomb 22

1332. Clerget.—Habitation du maréchal Mac-Mahon, près de **Montargis.**
— Croquis à la mine de plomb...................................   23

1333. Clerget (Hubert). — Vue prise à **Olivet**, près Orléans.—Dessin à
la mine de plomb rehaussé de blanc.............................   24

1334. Anonyme. — **Orléans.** — Vue d'ensemble de la ville. — Dessin à
la mine de plomb..   25

1335. Régnier. — Vue de l'habitation de Raoul Rochette au Marais, près
de **Meung-sur-Loire.** — Dessin à la mine de plomb, lithographié par Champin dans les *Habitations des personnages les plus
célèbres* (pl. LXXXVI)...   26

1336. Clerget (Hubert). —Vue d'un château près d'**Orléans.**—Croquis
à la mine de plomb..   26

1337. Anonyme. — **Orléans.** — Vue latérale de la cathédrale. — Croquis à la mine de plomb.......................................   27

1338. Anonyme. — **Orléans.** — Détails d'architecture relevés à l'église
Sainte-Croix. — Croquis à la mine de plomb....................   28

1339. Anonyme. — **Orléans.** — Vue de l'église Saint-Jacques. — Croquis à la mine de plomb.......................................   29

1340-1341. Nicolle. — **Orléans.** — Vues intérieures de l'église Saint-
Aignan. — Aquarelles...   30

1342. Nicolle. — **Orléans.** — Vues d'un escalier au palais de justice. —
Aquarelle..   31

1343. Nicolle. — **Orléans.** — Vue intérieure de l'église Saint-Paul. —
Aquarelle..   31

1344. Anonyme. — **Orléans.** — Vue du cloître de la maison d'Agnès
Sorel. — Dessin à la mine de plomb...........................   32

1345. Desfriches, 1760. — Vue d'une partie des ruines de l'église Saint-
Mesmin, aux environs d'**Orléans.** — Dessin à la pierre noire..   33

1346. Clerget. — Vue de la **Ferté-Saint-Aubin**, près d'Orléans. —
Croquis à la mine de plomb...................................   34

1347. Anonyme.— Vue prise à la **Ferté-Saint-Aubin** sur la route d'Orléans à Limoges. — Croquis à la mine de plomb...............   35

DÉPARTEMENT D'EURE-ET-LOIR.

1348. Nicolle. — **Bonneval.** — Vue intérieure de l'église. — Aquarelle.   36

1349. Delorme (V.), 1817. — **Bonneval.** — Vue de la crypte de l'abbaye. — Dessin lavé à l'encre de Chine et rehaussé de gouache.   37

1350. Jolimont. — **Chartres.** — Vue de l'Eure. — Dessin à la mine de plomb. 38

1351. Anonyme, 1682. — **Chartres.** — Vue d'ensemble de l'abbaye de Saint-Pierre. — Plan lavé à l'encre de Chine. 39

1352. Jolimont. — **Chartres.** — Vue d'une ruelle. — Dessin à la mine de plomb. 40

1353. Anonyme. — **Chartres.** — Vue prise dans la basse ville. — Dessin à la mine de plomb. 40

1354-1355. Jolimont. — **Chartres.** — Vues prises dans la basse ville. — Dessins à la mine de plomb 41

1356. Deroy (Auguste), 1849. — **Chartres.** — Vue de façades de vieilles maisons. — Dessin à la mine de plomb. 42

1357. Clerget (H.). — **Chartres.** — Vue de l'autel de Notre-Dame-Sous-Terre. — Croquis à la mine de plomb 42

1358. Anonyme. — **Chartres.** — Vue d'une maison du xiiie siècle. — Croquis à la mine de plomb. — Détail du même édifice. — Dessin à la plume. 43

1359. Anonyme. — **Chartres.** — Relevé de la fenêtre d'une maison située rue de Chantaul. — Tracé à l'encre de Chine. 44

1360. Anonyme. — **Chartres.** — Chapiteau et base du pilier central de la même fenêtre. — Dessin à la mine de plomb. 45

1361. Anonyme. — **Chartres.** — Vue d'une maison romane. — Croquis à la mine de plomb. 46

1362. Ramée (Daniel), architecte. — **Chartres.** — Plan de la cathédrale. — Dessin à l'encre de Chine. 47

1363. Dauzats. — **Chartres.** — Vue extérieure de la cathédrale. — Dessin lavé à la sépia. 48

1364-1365. Anonyme. — **Chartres.** — Détails de sculpture relevés au porche nord de la cathédrale. — Dessins à la mine de plomb. . 48

1366. Guillaumot (A^{te}). — **Chartres.** — Vue du portail latéral de la cathédrale. — Aquarelle. 49

1367. Anonyme. — **Chartres.** — Vue de la cathédrale. — Dessin lavé à la sépia. 50

1368. Anonyme. — **Chartres.** — Vue du portail latéral de la cathédrale. — Dessin lavé à la sépia. 50

1369. Anonyme. — **Chartres.** — Détails de sculpture relevés au porche nord de la cathédrale. — Dessin à la mine de plomb. 51

1370. Anonyme. — **Chartres.** — Coupe sur le transept de la cathédrale. — Dessin à l'encre de Chine...................... 51

1371. Anonyme. — **Chartres.** — Détails de sculpture relevés au porche nord de la cathédrale. — Dessins à la mine de plomb........ 51

1372. Anonyme. — **Chartres.** — Détail d'une fenêtre de la nef de la cathédrale. — Dessin à l'encre de Chine.................. 52

1373. Anonyme. — **Chartres.** — Détails d'architecture relevés au porche nord de la cathédrale. — Dessin à la mine de plomb........ 52

1374. Anonyme. — **Chartres.** — Relevé et coupe des colonnes du triforium de la nef de la cathédrale. — Dessin à l'encre de Chine et au lavis.. 53

1375. Anonyme. — **Chartres.** — Bases et chapiteaux des piliers de la nef de la cathédrale. — Dessin à la mine de plomb légèrement ombré à l'encre de Chine.................................. 54

1376. Anonyme. — **Chartres.** — Chapiteaux relevés au vieux clocher de la cathédrale. — Dessin à la mine de plomb.............. 55

1377. Anonyme. — **Chartres.** — Détails de sculpture relevés au porche nord de la cathédrale. — Dessin à la mine de plomb........ 56

1378. Anonyme. — **Chartres.** — Statue d'ange supportant un cadran solaire à l'un des angles de la cathédrale. — Dessin à la mine de plomb... 56

1379-1381. Anonyme. — **Chartres.** — Sculptures relevées au porche nord de la cathédrale. — Dessins à la mine de plomb....... 56

1382. Anonyme. — **Chartres.** — Ensemble et détail de la crosse de l'évêque Ragenfroi. — Dessin ombré à la sépia............. 57

1383. Anonyme. — **Chartres.** — Détail d'une châsse en cuivre émaillé. — Dessin ombré à la sépia............................. 57

1384. Anonyme. — **Chartres.** — Vue de verrières dans la cathédrale. — Aquarelle inachevée................................ 58

1385. Anonyme. — **Chartres.** — Saint Denis et Henri seigneur de Metz, d'après une verrière de la cathédrale. — Dessin ombré à l'encre de Chine.. 59

1386. Guillaumot — **Chartres.** — Tête d'une statue de la sainte Vierge au porche nord de la cathédrale. — Dessin ombré à l'estompe.. 59

1387. Clerget. — **Chartres.** — Notre-Dame-du-Pilier ou la Vierge Noire dans la cathédrale. — Croquis à la mine de plomb.......... 60

1388. Anonyme. — **Chartres**. — Pierre de Dreux, duc de Bretagne, d'après une verrière de la cathédrale. — Dessin lavé à l'encre de Chine...... 61

1389-1390. Soulacroix? — **Chartres**. — Détails des colonnes du porche nord de la cathédrale. — Dessins à la mine de plomb....... 61

1391. C. V. — **Chartres**. — Saint Louis d'après une verrière de la cathédrale. — Dessin à la mine de plomb...... 62

1392. Anonyme. — **Chartres**. — Statues du porche nord de la cathédrale de Chartres. — Dessin à la mine de plomb...... 62

1393. Guillaumot (A**). — **Chartres**. — Un prélat entre deux diacres. — Statues du porche sud de la cathédrale. — Dessin à la mine de plomb...... 63

1394. Anonyme. — **Chartres**. — L'évêque Fulbert et deux diacres au porche sud de la cathédrale. — Dessin à la mine de plomb.... 63

1395-1396. Anonyme. — **Chartres**. — Statues du xiiᵉ siècle figurant des rois et des reines de France, au portail de la cathédrale. — Dessins à la mine de plomb...... 64

1397-1398. Jolimont. — **Chartres**. — Chapiteaux relevés à l'église Saint-André. — Dessins à la mine de plomb...... 65

1399. Anonyme. — **Chartres**. — Cage d'escalier d'une maison du xvᵉ siècle. — Dessin à la mine de plomb...... 65

1400. C. V. — **Chartres**. — Amauri VI, comte de Montfort, d'après un vitrail de la cathédrale. — Dessin lavé à la sépia...... 66

1401. Anonyme. — Vue de la propriété de M. de La Martraye aux environs de **Chartres**. — Dessin à la mine de plomb...... 66

1402. Jorand, 1848. — **Châteaudun**. — Vue de l'église de la Madeleine. — Dessin lavé à la sépia...... 67

1403. Anonyme, 1827. — **Châteaudun**. — Vue de la chapelle du Champdé. — Dessin lavé au bistre...... 68

1404-1408. Anonyme. — **Châteaudun**. — Treize statues relevées dans l'église de l'abbaye royale de la Magdelaine...... 69 à 72

1409. Clerget (Hubert). — Vue de **Courville**, près Chartres. — Dessin à la mine de plomb rehaussé de blanc...... 73

1410. Parizeau (L.), 1779. — **Dreux**. — Vue des ruines du château. — Aquarelle...... 74

1411. Parizeau (L.). — **Dreux**. — Autre aspect des ruines du château. — Aquarelle...... 75

1412. Anonyme. — **Dreux.** — Vue des ruines du château. — Dessin à la sanguine.... 76

1413. Anonyme, 1813. — **Dreux.** — Vue des ruines du château. — Dessin à la mine de plomb.... 77

1414. Anonyme. — **Dreux.** — Vue du grand portail de l'église Saint-Pierre. — Dessin à la mine de plomb.... 78

1415. Anonyme. — **Dreux.** — Vue de la porte latérale de gauche du grand portail de l'église Saint-Pierre. — Croquis à la mine de plomb.... 79

1416. Anonyme. — **Dreux.** — Détail de la façade de l'église Saint-Pierre. — Croquis à la mine de plomb.... 80

1417. Anonyme. — **Dreux.** — Détail du transept nord de l'église Saint-Pierre. — Dessin à la mine de plomb.... 81

1418. Anonyme. — **Dreux.** — Détail du clocher nord de l'église Saint-Pierre. — Croquis à la mine de plomb.... 82

1419. Anonyme. — **Dreux.** — Détail de la façade principale de l'église Saint-Pierre. — Croquis à la mine de plomb. — Au revers de cette feuille, divers autres croquis également à la mine de plomb. 83

1420. Anonyme. — **Dreux.** — Pilier central de la porte principale de l'église Saint-Pierre. — Croquis à la mine de plomb.... 84

1421. Anonyme. — **Dreux.** — Détails de la porte principale de l'église Saint-Pierre. — Croquis au crayon.... 85

1422. Anonyme. — Vue du château de **Maintenon.** — Dessin au trait.. 86

1423. Anonyme. — Entrée du château de **Maintenon.** — Dessin à la mine de plomb.... 87

1424. Anonyme. — **Montigny-le-Gannelon.** — Vue de la porte de Roland. — Dessin ombré à la sépia.... 88

1425. Anonyme. — **Nogent-le-Rotrou.** — Vue du château. — Dessin à la mine de plomb.... 89

1426. Anonyme. — **Nogent-le-Rotrou.** — Vue du château prise de dessous la grande porte du jardin de l'hôpital. — Dessin à la mine de plomb.... 90

1427. Anonyme. — **Nogent-le-Rotrou.** — Vue de l'église Saint-Laurent. — Dessin à la mine de plomb.... 91

1428. Anonyme. — **Nogent-le-Rotrou.** — Vue du château. — Dessin à l'encre de Chine.... 91

1429. Clerget (Hubert). — **Nogent-le-Rotrou.** — Vue d'une rue. — Croquis à la mine de plomb. — Au verso, un croquis à peu près identique. 91

DÉPARTEMENT DE LOIR-ET-CHER.

1430. Anonyme. — **Blois.** — Vue de la façade du château bâti par François Ier. — Dessin à la mine de plomb. 92

1431. Anonyme. — **Beaugency.** — Détail d'une porte à l'église Notre-Dame. — Relevé à la mine de plomb. 93

1432. Anonyme. — **Beaugency.** — Façade et détails de chapiteaux de la maison dite *des Templiers.* — Relevé à la mine de plomb. . . 94

1433. Anonyme. — **Beaugency.** — Fenêtre de la maison dite *des Templiers.* — Relevé à la mine de plomb. 95

1434. Anonyme, 27 juin 1838. — **Blois.** — Escalier du château. — Dessin à la mine de plomb. 96

1435. Van der Meulen. — Vue du château de **Chambord.** — Dessin lavé à l'aquarelle. 97

1436. Goblain (L.), 1821. — Vue du château de **Chambord.** — Dessin lavé à la sépia. 98

1437. Anonyme. — Vue du château de **Villebon.** — Dessin lavé à la sépia. 98

1438. Anonyme. — Vue du château de **Chambord.** — Pièce de forme ronde lavé à la sépia. 99

1439. Anonyme. — **Chambord.** — Lanterne du château. — Relevé à la plume. 100

1440-1441. Anonyme. — **Chambord.** — Détails de la lanterne et d'une porte du château. — Relevés à l'encre de Chine. 101

1442-1443. Anonyme. — **Chambord.** — Détails de la lanterne du château. — Relevés à l'encre de Chine. 102

1444. Anonyme. — **Chambord.** — Plans de la lanterne du château. — Relevés à l'encre de Chine. 103

1445. Dauzats. — **Chambord.** — Vue intérieure de la chapelle du château. — Dessin lavé à la sépia. 104

1446. Dauzats. — **Chambord.** — Oratoire de la reine. — Dessin lavé à la sépia. 104

1447. Anonyme. — Vue du château de **Chaumont.** — Dessin relevé d'aquarelle et de gouache. 105

1448. Jorand. — Vue de la tour de **Fréteval** et de la forêt de la Godinière. — Dessin lavé à la sépia...................... 106

1449. Jorand, 1846. — Vue du village et de la tour de **Fréteval**. — Dessin à la mine de plomb.................... 107

1450. Jorand. — Vue des ruines de la tour de **Fréteval**. — Dessin lavé à la sépia........................ 108

1451. Jorand, 1836. — Vue des ruines du château de **Montoire** (tour de Lavardin). — Dessin lavé à la sépia.................. 109

1452. Anonyme. — **Lavardin**. — Élévation, plan et détails d'une maison Renaissance (façade sur la cour). — Dessin à l'encre de Chine.................... 110

1453. Anonyme. — **Lavardin**. — Détails d'architecture d'une maison Renaissance. — Dessin à l'encre de Chine.............. 111

1454. Anonyme. — **Lavardin**. — Détail d'un plafond d'une maison Renaissance. — Dessin à l'encre de Chine.............. 112

1455. Jorand. — **Montoire**. — Vue de l'ancienne chapelle Saint-Gilles. — Dessin lavé à la sépia...................... 113

1456. Jorand, 1846. — **Montoire**. — Peintures relevées sur une archivolte de la chapelle Saint-Gilles. — Dessin à la mine de plomb. 114

1457. Jorand. — **Montoire**. — Détail d'architecture et peintures relevées sur les archivoltes à l'intérieur de la chapelle Saint-Gilles. — Dessin à la mine de plomb. 115

1458. Jorand. — **Montoire**. — Le Christ dans une gloire elliptique, d'après une peinture à fresque relevée dans la chapelle Saint-Gilles. — Dessin à la mine de plomb.................. 116

1459. Jorand. — **Montoire**. — Le Christ tenant un livre, d'après une peinture à fresque relevée dans la chapelle Saint-Gilles. — Dessin à la mine de plomb.................. 117

1460. Jorand. — **Montoire**. — La Sainte Trinité, d'après une peinture à fresque relevée dans la chapelle Saint-Gilles. — Dessin à la mine de plomb.................. 118

1461. Jorand. — **Montoire**. — Le Christ ouvrant les bras, d'après une peinture à fresque relevée dans la chapelle Saint-Gilles. — Dessin à la mine de plomb.................. 119

1462. Jorand. — **Montoire**. — Anges et attributs de deux évangélistes, d'après les peintures relevées au cul-de-four du maître-autel de la chapelle Saint-Gilles. — Dessin à la mine de plomb....... 120

1463. Jorand, 1846. — **Montoire.** — Anges et attributs des deux autres évangélistes, d'après les peintures relevées au cul-de-four de la chapelle Saint-Gilles. — Dessin à la mine de plomb...... 121

1464. Jorand, 1846. — **Montoire.** — Peintures des archivoltes de la chapelle Saint-Gilles. — Dessins à la mine de plomb.......... 122

1465. Jorand. — Vue de la tour de la prison de **Montdoubleau.** — Dessin lavé à la sépia.......................... 123

1466. Jorand, 1846. — Vue de la tour en ruine de **Montdoubleau.** — Dessin lavé à la sépia.......................... 124

1467. Jorand, 1846. — Vue des ruines du prieuré de **Guériteau,** près de Montdoubleau. — Dessin à la mine de plomb.......... 125

1468. Anonyme. — Vue prise à **Montrichard.** — Dessin à la mine de plomb.......................... 126

1469. Jorand, 1846. — Vue de la porte de l'église de **Pézou.** — Dessin à la mine de plomb.......................... 127

1470. Jorand, 1846. — Détail d'une tapisserie du château de **Saint-Agil.** — Dessin à la mine de plomb.................... 128

1471. Jorand, 1846. — Vue du château de **Saint-Agil.** — Dessin ombré à la sépia.......................... 129

1472. Anonyme, novembre 1843. — Vue d'un pont romain aux environs de **Blois.** — Dessin au crayon noir relevé de pastel........ 130

1473. Dauzats. — **Vendôme.** — Vue de l'hôtel de ville. — Dessin ombré à la sépia.......................... 131

1474. Ottin, 27 septembre 1839. — Vue des murs de **Vendôme.** — Aquarelle.......................... 132

1475. Anonyme, xviie siècle. — Vue du château de **Vendôme,** du côté de la ville. — Dessin à l'encre de Chine rehaussé d'aquarelle.... 133

1476. Jorand. — **Vendôme.** — Vue prise dans les ruines du château. — Dessin lavé à la sépia.......................... 134

1477. Jorand. — **Vendôme.** — Vue de la tour de Poitiers dans les ruines du château. — Dessin lavé à la sépia.................... 135

TOURAINE. — INDRE ET INDRE-ET-LOIRE.

1478. Régnier. — Vue du château du prince de Talleyrand à **Valençay.** — Croquis à la mine de plomb, reproduit dans les *Habitations des personnages les plus célèbres,* par Régnier et Champin (pl. LXXXVIII).......................... 136

1479. Jacquemin, 20 juin 1807. — **Amboise.** — Plan géométral du château. — Dessin à l'encre de Chine...................... 137

1480. Rigaud. — **Amboise.** — Vue de l'intérieur du château. — Dessin lavé à l'encre de Chine, gravé par l'auteur dans son ouvrage : *Les Maisons royales de France*...................... 138

1481. Anonyme, xviiie siècle. — **Amboise.** — Vue de la ville et du château. — Dessin à la sanguine...................... 139

1482. Anonyme, xviiie siècle. — **Amboise.** — Vue d'ensemble de la ville, prise de la rive opposée de la Loire. — Dessin à l'encre de Chine relevé d'aquarelle...................... 140

1483. Sarbazin, 1775. — **Amboise.** — « *Vue du château d'Amboise en descendant la Loire.* » — Dessin lavé à l'encre de Chine..... 141

1484. Anonyme. — **Amboise.** — Vue d'une porte découverte en 1832 sur la terrasse du château. — Dessin à la mine de plomb ombré à la sépia...................... 141

1485. Sarrazin, 1775. — **Amboise.** — Vue de l'entrée du château. — Dessin lavé à l'encre de Chine...................... 142

1486. Anonyme, 1789. — **Amboise.** — Vue d'ensemble du château. — Dessin lavé à l'encre de Chine...................... 143

1487. Anonyme, 1789. — **Amboise.** — Vue prise du haut des remparts du château. — Dessin à la mine de plomb.......... 144

1488. Anonyme, 1789. — **Amboise.** — Vue de l'entrée principale du château. — Dessin à la mine de plomb...................... 145

1489. Anonyme, 24 septembre 1842. — **Amboise.** — Vue de la chapelle du château dédiée à saint Hubert. — Dessin lavé à la sépia. 146

1490. Anonyme. — **Amboise.** — Couronnement de la porte d'une des tours et détails de la chapelle du château. — Dessins ombrés à la sépia...................... 147

1491. Anonyme, 24 septembre 1842. — **Amboise.** — Vue du Mail et de la rue du Marché. — Dessin lavé à la sépia........... 148

1492. Anonyme, 24 septembre 1842. — **Amboise.** — Vue de la grosse tour du château. — Dessin lavé à la sépia.............. 148

1493. Anonyme, 23 septembre 1842. — **Amboise.** — Vue du château, prise de la terrasse. — Dessin lavé à la sépia............. 149

1494. Anonyme, 24 septembre 1842. — **Amboise.** — Vue du château, prise du parterre. — Dessin lavé à la sépia.............. 150

1495. Anonyme, 24 septembre 1842. — **Amboise.** — Vue du vieux pont. — Dessin lavé à la sépia...................... 151

1496. Anonyme. — **Bléré.** — Vue d'une chapelle funéraire existant au cimetière. — Dessin ombré à la sépia et rehaussé de gouache . . . 152

1497. Anonyme. — **Chanteloup.** — *« Vue générale en perspective de la maison, cour, basse-cour, jardins, bois, vignes et parc de Chanteloup du costé de l'entrée avec les environs, le tout situé près Amboise et vue sur la rivière de Loire, 1708. »* — Dessin lavé à l'encre de Chine 153

1498. Anonyme, xviiie siècle. — Élévation des deux ailes en arrière-corps du château de **Chanteloup.** — Dessins lavés à l'encre de Chine. 154

1499. Anonyme, xviiie siècle. — Vue de la façade du château de **Chanteloup.** — Aquarelle. 155

1500. Anonyme. — Vue du château de **Chanteloup,** côté du jardin. — Dessin à la mine de plomb 156

1501. Anonyme. — Vue de la pagode de **Chanteloup,** prise du grand salon du château. — Dessin à la mine de plomb 157

1502. Anonyme, 23 septembre 1845. — Vue de la pagode construite dans le parc de **Chanteloup** du 25 septembre 1775 au 30 août 1776. — Dessin lavé à la sépia 158

1503. Anonyme. — **Chenonceaux.** — Vue du château de *« Chenonceau du côté du Cher avant la construction de la galerie de Philibert Delorme »*. — Dessin lavé à l'encre de Chine. 159

1504. Anonyme. — Vue partielle du château de **Chenonceaux.** — Aquarelle 160

1505. Anonyme. — Vue du château de **Chenonceaux** sur le Cher, côté du levant. — Dessin à la mine de plomb 161

1506. Anonyme. — Vue du château de **Chenonceaux,** côté du couchant. — Dessin à la mine de plomb 162

1507. Anonyme. — Vue de l'entrée du château de **Chenonceaux.** — Dessin à la mine de plomb 163

1508. Anonyme, 5 août 1848. — Vue du clocher de l'abbaye de **Cormery.** — Dessin ombré à la sépia 163

1509. Anonyme. — **Loches.** — Vue générale de la ville. — Dessin à la mine de plomb 164

1510. Anonyme. — **Loches.** — Vue du château. — Dessin au trait 165

1511. Anonyme. — **Loches.** — Autre vue du château. — Dessin à la mine de plomb 166

1512. Anonyme, 28 septembre 1842. — Vue de constructions rustiques à la colonie de **Mettray.** — Dessin lavé à la sépia 167

1513. Anonyme, xviii° siècle. — Vue du château du **Plessis-les-Tours**, du côté du nord. — Dessin lavé à l'encre de Chine........ 168

1514. Anonyme, 24 septembre 1842. — Vue du château de **Pocé-les-Forges**. — Dessin lavé à la sépia..................... 169

1515. Anonyme, 18 septembre 1842. — **Tours.** — Vue de la poterne de la porte Rouline. — Dessin lavé à la sépia.............. 170

1516. Anonyme, 18 septembre 1842. — **Tours.** — Vue de la porte Rouline. — Dessin lavé à la sépia...................... 171

1517. Anonyme, 25 septembre 1842. — **Tours.** — Vue de l'ancienne église Saint-Clément servant de halle aux blés. — Dessin lavé à la sépia................................... 172

1518. Anonyme, 24 septembre 1842. — **Tours.** — Vue d'une chapelle et de vieilles maisons. — Dessin lavé à la sépia........... 173

1519. Soulés. — **Chinon.** — Vue d'une rue. — Dessin à la mine de plomb................................... 174

1520. Anonyme, 25 septembre 1842. — **Tours.** — Vue d'un four à briques. — Dessin lavé à la sépia..................... 175

1521. Anonyme, 19 septembre. — «*Vue d'une closerie à la Reveillerie, près Vernon.*» — Dessin lavé à la sépia.................. 176

TOME VII.

PERCHE. — MAINE. — ANJOU. — BRETAGNE.

DÉPARTEMENT DE LA SARTHE.

Pages.

1522. Jorand, 18 septembre 1811 (?). — Vue de la principale entrée du château de **Bonnétable**, dans la province du Maine. — Aquarelle.   1

1523. Jorand, 1846. — Vue de l'entrée du château de **Bonnétable** (Sarthe). — Dessin lavé à la sépia.   2

1524. Jorand, 1846. — Vue de la cour du château de **Bonnétable**. — Dessin lavé à la sépia.   3

1525. Jorand. 1846. — Vue d'ensemble du château et de l'église de **Boulloire**. — Dessin lavé à la sépia.   4

1526. Jorand, 1846. — Vue d'une tour du château de **Boulloire**. — Dessin lavé à la sépia.   5

1527. Jorand, 1846. — **Le Breil**. — Vue d'une chapelle de l'église. — Dessin lavé à la sépia.   6

1528. Jorand (?). — **Connerré**. — Vue du clocher. — Dessin lavé à la sépia.   7

1529. Clerget. — **Château-du-Loir**. — Vue de Notre-Dame-de-la-Feigne. — Dessin lavé à l'encre de Chine.   7

1530. Jorand (?). — **Connerré**. — Vue de la cour d'une ancienne maison. — Dessin lavé à la sépia.   8

1531. Jorand. — **La Ferté-Bernard**. — Vue de la porte fortifiée. — Dessin lavé à la sépia.   9

1532. Anonyme. — **La Ferté-Bernard**. — Vue de la porte de la ville, du côté de Saint-Germain. — Croquis à la mine de plomb. . . .   10

1533. Anonyme. — Vue de la **Ferté-Bernard**. — Aquarelle.   11

1534. Jorand, 1846. — Vue des ruines du château de **Lavardin** aux environs de Vendôme. — Dessin lavé à la sépia.   12

1535. Jorand, 1846. — Vue de la tour de **Lavardin**. — Dessin lavé à la sépia.   13

1536. Jorand, 1846. — Vue des ruines de la salle des gardes du château de **Lavardin**. — Dessin lavé à la sépia.   14

1537-1542. Jorand. — Armoiries de Robert de Dreux, de Raoul de Clermont, de Jean de Bourbon, de Sourdis, d'Escoubleau, de Charles de la Rivière, de Ingerger d'Amboise, de Jean et de Guillaume de Flandre, relevées au château de **Lavardin**. — Dessins à la mine de plomb 15

1543. Jorand, 1846. — Diverses armoiries relevées au château de **Lavardin** et autres lieux. — Dessins ombrés au bistre 16

1544. Jorand, 1846. — Vue d'une fenêtre de l'église de **Lavardin**. — Dessin à la mine de plomb 17

1545. Anonyme. — **Le Mans**. — Vue de l'abside de la cathédrale. — Dessin à la mine de plomb 18

1546. Anonyme. — **Le Mans**. — Vue d'une porte latérale de la cathédrale. — Dessin au trait 19

1547. Anonyme. — **Le Mans**. — Vue de l'abside de la cathédrale. — Dessin à la plume 20

1548. Clerget. — **Le Mans**. — Trois vues prises dans cette ville. — Croquis lavés à l'encre de Chine 20

1549. Clerget. — Vue du château de **Sablé**. — Croquis à la mine de plomb. 20

1550. Ledru et Maulny, 1811. — **Le Mans**. — Vue de dix statues figurant des saints et des princes et princesses de la dynastie mérovingienne et placées à l'une des portes de la cathédrale. — Dessin lavé à l'encre de Chine 21

1551. (Signature illisible.) — **Le Mans**. — Vue de l'escalier des Pangourrons (Pans de Gourrons) et de l'église Saint-Julien. — Dessin à la mine de plomb 22

1552. Jorand, 1846. — Vue du château de **Pescheré**. — Dessin lavé à la sépia 23

1553. Jorand, 1846. — **Saint-Calais**. — Vue d'une chapelle de l'église. — Dessin à la mine de plomb 24

1554. Mousin. — **Montfort**. — Vue du château de M. de Nicolay. — Dessin relevé d'aquarelle 25

1555. Anonyme. — **La Ferté-Bernard**. — Vue d'une porte fortifiée. — Dessin à la mine de plomb 25

1556. Clerget. — **Le Mans**. — Vue d'une partie de la ville. — Croquis à la mine de plomb 26

1557. Clerget. — Vue du château du **Lude**. — Dessin à la mine de plomb et à la plume 27

DÉPARTEMENT DE LA MAYENNE.

1558. Anonyme. — **Château-Gontier.** — Vue de la ville. — Dessin à la mine de plomb 28

1559. Jorand, 1846. — **Mayenne.** — Vue prise à l'intérieur d'une cour. — Dessin lavé à la sépia 29

1560. Jorand, 1846. — Vue du château de **Sainte-Suzanne** (Mayenne). — Dessin lavé à la sépia 30

1561. Jorand, 1846. — Tronc d'arbre supportant une petite chapelle. — Dessin lavé à la sépia 31

1562. Anonyme. — Vue du manoir de **Saint-Ouen,** près de Château-Gontier. — Dessin ombré à la sépia 32

1563. Clerget. — **Laval.** — Vue de la ville. — Dessin à la mine de plomb. 32

1564. Clerget. — Vue de l'église de **Notre-Dame-de-Pontmain.** — Dessin à la mine de plomb. 33

1565. Meynier, 1834. — Vue du pont de **Trans.** — Dessin à la mine de plomb. 33

DÉPARTEMENT DE MAINE-ET-LOIRE.

1566. Anonyme. — **Angers.** — Vue du portail de l'église Saint-Maurice. — Dessin à la mine de plomb 34

1567. Anonyme. — **Angers.** — Détails de sculpture relevés au cloître de Saint-Aubin. — Dessins à la mine de plomb 35

1568. Anonyme. — Vue de l'église de **Savenières** et de l'église Saint-Martin d'**Angers.** — Dessins à la mine de plomb réunis sur une même feuille 36

1569. Soulés, 1848. — **Le Toureil.** — Vue du Toureil sur les bords de la Loire. — Aquarelle 36

1570. Clerget. — Vue d'une église en Maine-et-Loire. — Dessin à la mine de plomb. 36

1571. Vauzelle, 1816. — **Angers.** — Détails de sculpture et d'architecture relevés à la cathédrale. — Dessins à la plume et à l'encre de Chine. 36

1572. Vauzelle, 1816. — **Angers.** — Détails de sculpture et d'architecture relevés à la cathédrale. 37

1573. Anonyme, août 1834. — **Angers.** — Vue de la maison dite *du roi René.* — Dessin à la mine de plomb. 38

1574. Anonyme. — Vue de l'église **Saint-Julien-du-Pré**. — Dessin à la mine de plomb.................................... 39

1575. Anonyme. — Vue de la tour du Diable au château d'**Angers**. — Dessin à la mine de plomb........................... 39

1576. Anonyme. — **Chaumont**. — Vue du prieuré de Saint-Martin. — Aquarelle... 40

1577. Anonyme. — Vue d'une tour en ruine située dans le cloître de l'abbaye des Dames de **Fontevrault**. — Dessin à la plume et à la pierre noire. — Les notes explicatives sont de la main de M. de Caylus.. 41

1578. Vauzelle, 1816. — Vue prise dans les ruines de l'abbaye de **Fontevrault**. — Dessin au trait........................ 42

1579. Anonyme. — **Saumur**. — Vue du château et de la ville. — Dessin à la mine de plomb............................... 43

1580. Vauzelle, 1816. — **Saumur**. — Vue de la ville. — Dessin au trait. 44

1581. (Régnier.) — Vue de l'habitation de M. Bodin père, membre de l'Institut, à **Launay**. — Ce dessin à la mine de plomb a été reproduit dans les *Habitations des personnages les plus célèbres*, par Régnier et Champin (pl. LXXXIV)....................... 45

1582. Anonyme. — **Trélazé**. — Inondation des ardoisières en juin 1856. — Aquarelle...................................... 45

1583. Clerget (Hubert). — **Le Boucher-aux-Corneilles**. — Ruine située sur la route du Mans à Saumur. — Dessin à la mine de plomb.. 46

1584. Clerget (Hubert). — **Saumur**. — Vue de la ville et du château. — Dessin à la mine de plomb.......................... 47

DÉPARTEMENT DU FINISTÈRE.

1585. Anonyme. — **Brasparts**. — Vue du clocher. — Dessin à la mine de plomb.. 48

1586. Gaucherel. — **Beusite**. — Vue d'un clocher gothique. — Dessin à la mine de plomb.............................. 49

1587. Anonyme. — Carte de la baie de **Brest**. — Plan teinté au lavis... 50

1588. Anonyme, 1785. — **Brest**. — Plan du château. — Plan teinté au lavis... 51

1589. Anonyme. — **Brest**. — Vue d'une salle du bagne. — Dessin à la mine de plomb... 52

1590. Ciceri (E.). — **Brest.** — Vue de l'ancien château et de la tour dite *tour de César.* — Dessin à la mine de plomb rehaussé de blanc, lithographié par l'auteur dans le *Voyage pittoresque en Bretagne,* par J. Taylor, Nodier et Alph. de Cailleux, t. II 53

1591. Ciceri (E.). — **Brest.** — Vue d'une tour du vieux château. — Dessin à la mine de plomb lithographié par l'auteur, même ouvrage, t. II.   54

1592. Mayer (A.), 1833. — **Brest.** — Vue du donjon du vieux château. — Dessin à la mine de plomb lithographié par Jacottet, même ouvrage, t. II   55

1593. Ciceri. — **Brest.** — Vue prise au faubourg de Recouvrance. — Dessin à la mine de plomb lithographié par l'auteur, même ouvrage, t. II   56

1594. Anonyme. — **Brest.** — Vue de l'hôtel de Tanneguy du Châtel à Recouvrance. — Croquis à la mine de plomb   57

1595. Anonyme. — **Brest.** — Vue de la maison habitée par l'amiral de Tourville à Recouvrance. — Croquis à la mine de plomb   57

1596. Anonyme, octobre 1820. — Détails relevés à l'abbaye de **Langonnet** située de l'autre côté de la rade de Brest. — Croquis à la mine de plomb   58

1597. Ciceri (E.). — Vue prise aux environs de **Brest.** — Dessin à la mine de plomb   59

1598. Ciceri (E.). — **Châteaulin.** — Ruines du château des ducs. — Dessin à la mine de plomb   60

1599. Anonyme. — **Châteaulin.** — Vue de l'église Notre-Dame. — Dessin lavé à la sépia   61

1600. Mayer, 1831. — **Le Folgoët.** — Vue de l'église. — Dessin à la mine de plomb lithographié par Ph. Benoit dans le *Voyage pittoresque en Bretagne,* par J. Taylor, Nodier et Alph. de Cailleux, t. II   62

1601. Mayer. — **Le Folgoët.** — Vue de l'église. — Dessin à la mine de plomb   63

1602. Anonyme. — **Gouesnou.** — Plan et détails de l'église. — Dessins à la mine de plomb   64

1603. Anonyme. — **Gouesnou.** — Détails d'ornements et du bénitier relevés dans l'église. — Dessins à la mine de plomb   65

1604. Gaucherel (Léon). — **Kerfeunteun.** — Vue de l'église. — Dessin à la mine de plomb   66

1605. Gaucherel (Léon), 1844. — **Landerneau.** — Vue du clocher de Saint-Houardon. — Dessin à la mine de plomb lithographié en 1845 par E. Ciceri, même ouvrage, t. II................ 67

1606. Mayer (A.), 1832. — **Landerneau.** — Vue de l'ancienne place de la Halle. — Dessin à la mine de plomb lithographié par E. Cicéri, même ouvrage, t. II...................... 68

1607. Ciceri (E.). — Vue du château de **La Roche,** près Landerneau. — Dessin à la mine de plomb lithographié par L. Gaucherel, pour le *Voyage en Bretagne,* t. II.................... 69

1608. Ciceri (E.). — Autre vue du château de **La Roche.** — Dessin à la mine de plomb lithographié par l'auteur, même ouvrage...... 70

1609. Gaucherel (Léon). — **Loctudy.** — Vue de l'église et du cimetière. — Dessin à la mine de plomb.................... 71

1610. Mayer (A.), 1833. — **Loctudy.** — Vue intérieure de l'église. — Croquis à la mine de plomb...................... 72

1611. Anonyme. — **Morlaix.** — Cour d'une maison située dans la Grande-Rue. — Dessin à la mine de plomb.................... 73

1612. Clerget. — **Le Folgoët.** — Vue de l'église. — Dessin à la mine de plomb........................ 73

1613. Ciceri (E.). — **Morlaix.** — Vue de vieilles maisons. — Dessin à la mine de plomb rehaussé de blanc, lithographié par l'auteur, même ouvrage, t. II.................... 74

1614. Guesdon, 1833. — **Morlaix.** — Vue d'une cheminée monumentale. — Dessin à la mine de plomb lithographié par Cicéri, même ouvrage, t. II.................... 75

1615. Mayer (A.). — **Morlaix.** — Le Pavé. — Dessin inachevé à la mine de plomb lithographié par Victor Petit, même ouvrage, t. II. 76

1616. Mayer (A.). — **Morlaix.** — Vue de la cour de l'hôtel de ville. — Dessin à la mine de plomb lithographié par Jacottet, même ouvrage, t. II.................... 77

1617. Mayer (A.). — **Morlaix.** — Vue de la porte Bourette et de la maison où est né le général Moreau. — Dessin inachevé à la mine de plomb, lithographié par Cicéri, même ouvrage, t. II........ 78

1618. Mayer (A.). — **Morlaix.** — Vue des ruines du couvent des Carmélites. — Dessin inachevé à la mine de plomb, lithographié par Victor Petit, même ouvrage, t. II.................... 79

1619. Saint-Germain (P.), 1850. — Vue de la roche de Primel dans la rade de **Morlaix.** — Dessin à la mine de plomb.............. 80

1620. Gaucherel (Léon). — **Pencran.** — Vue de l'église. — Dessin lavé
à l'encre de Chine, attribué à A. Mayer et lithographié par Ja-
cottet, même ouvrage, t. II 81

1621. Anonyme. — **Pencran.** — Vue du calvaire. — Dessin à la sépia et
à la gouache 82

1622. Gaucherel (Léon). — **Plouedern.** — Vue de l'église. — Dessin à
la mine de plomb lithographié par Ciceri, même ouvrage, t. II. 83

1623. Mayer (A.), 1833. — **Pontcroix.** — Vue du clocher. — Dessin à
la mine de plomb 84

1624. Creyter. — **Quimper.** — Vue de la rue de l'Église et des flèches de
la cathédrale. — Dessin à la plume 85

1625. Mayer (A.), 1833. — **Quimper.** — Vue intérieure de la cathédrale.
— Dessin à la mine de plomb 86

1626. Anonyme, 1839. — **Quimperlé.** — Vue de vieilles maisons. —
Dessin à la mine de plomb 87

1627. Chapon (A.). — Vue de l'embouchure de la Laïta, rivière qui passe
à **Quimperlé.** — Dessin à la plume 88

1628. Chapon (A.). — Vue de la Cale au Pouldu. — Dessin à la plume. . 88

1629. Chapon (A.). — Vue du moulin Maillé sur les bords de l'Ellé, à **Quim-
perlé** 88

1630. Ciceri (E.). — Vue du cap **Saint-Mathieu** (Finistère). — Dessin
à la mine de plomb 89

1631. Mayer (A.), 1832. — **Saint-Pol-de-Léon.** — Cour d'une maison
du xvᵉ siècle. — Dessin à la mine de plomb 90

1632. Ciceri (E.). — Vue des ruines du château de **Tonquedec.** — Dessin à la mine de plomb 91

1633. Du Bré (O.). — **Brest.** — Vue du pont tournant et de l'arsenal. —
Dessin à la plume 92

1634. Anonyme. — **Benodet** (Pont-l'Abbé). — Vue de la maison Lemoine.
— Dessin à la mine de plomb 93

1635. Anonyme. — **Benodet.** — Vue prise sur la route de Benodet à
Pont-l'Abbé. —Dessin à la mine de plomb 93

1636. Anonyme, 26 septembre 1877. — **Benodet.** — Rochers au bord
de la mer. — Dessin à la mine de plomb 93

DÉPARTEMENT DU MORBIHAN.

1637. Descoumiers (A.). — **Auray.** — Vue de la ville. — Dessin à la
plume 94

1638. Anonyme. — Vue de l'église **Sainte-Anne-d'Auray**. — Dessin à la mine de plomb.. 94

1639. Ciceri (E.). — Vue de la tour d'**Elven**. — Dessin à la mine de plomb. 95

1640. Ciceri (E.). — Vue des ruines du château d'**Elven**. — Dessin à la mine de plomb lithographié par l'auteur, pour le *Voyage pittoresque en Bretagne*, par Taylor et Nodier, 2ᵉ partie, t. I... 96

1641. Ciceri (E.). — Vue de l'entrée du château d'**Elven**. — Dessin à la mine de plomb lithographié par l'auteur, même ouvrage, 2ᵉ partie, t. I..................................... 97

1642. Ciceri (E.). — Autre vue des ruines du château d'**Elven**. — Dessin à la mine de plomb lithographié par l'auteur, même ouvrage, 2ᵉ partie, t. I..................................... 98

1643. Dauzats. — Vue extérieure du château de **Josselin**. — Dessin ombré à la sépia................................ 99

1644. Dauzats. — Vue de la façade du château de **Josselin**. — Dessin ombré à la sépia................................ 99

1645. Desperet. — Vue des champs de **Carnac** et du hameau du Mence. — Dessin à la mine de plomb.......................... 100

1646. Desperet. — Vue d'une table de pierre et d'un lavoir près de **Kermo (?)** (Morbihan). — Dessin à la mine de plomb..... 100

1647. Desperet. — Vue de pierres druidiques et du menhir de **Quiberon**. — Dessin à la mine de plomb...................... 100

1648. Gaucherel (Léon), 1844. — Vue de la fontaine de **Sainte-Anne-la-Palue**, près Plouevez-Porzay. — Dessin à la sépia et à l'encre de Chine................................... 101

1649. Gaucherel (Léon), 1843. — **Dinan**. — Bénitier dans l'église Saint-Sauveur et pierre tombale du sire de Beaumanoir, qui commanda les Bretons au combat des Trente. — Dessins lavés à la sépia. 102

1650. Ciceri (E.). — Vue du château de **Sucinio**. — Dessin au crayon noir et à la gouache lithographié par l'auteur, pour le *Voyage pittoresque en Bretagne*, 2ᵉ partie, t. I..................... 102

1651. L. G., 1843. — **Hennebon**. — Vue de l'église. — Dessin à la mine de plomb....................................... 104

1652. Chapon (A.). — **Hennebon**. — Vue prise près de la gare. — Dessin à la plume.................................... 104

1653. Du Bré (O.). — **Carnac**. — Vue de l'église. — Dessin à la plume. 105

1654. Descoumiers (A.). — **Quiberon**. — Vue du fort Penthièvre. — Dessin à la plume..................................... 106

1655. Du Bré (O.). — **Carnac**. — Vue de la fontaine de Saint-Cornély. — Dessin à la plume.... 106

DÉPARTEMENT DES CÔTES-DU-NORD.

1656. Anonyme, 1832. — **Dinan**. — Vue d'une vieille rue avec galeries. — Dessin à la mine de plomb.... 107

1657. Jackson (W.), 1881. — Vue des ruines du château de la **Gorraye**, près Dinan. — Aquarelle.... 108

1658. Gaucherel (Léon), 1843. — Vue des ruines du prieuré de **Lehon**, près Dinan. — Dessin lavé à la sépia.... 109

1659. Anonyme. — **Tréguier**. — Vue du petit séminaire. — Dessin à la mine de plomb.... 110

1660. (Dauzats.) — **Tréguier**. — Vue de la flèche de la cathédrale. — Dessin ombré à la sépia.... 110

1661. Anonyme. — Vue de la **Chesnaie**, habitation de l'abbé de Lamennais, prise du côté du jardin. — Dessin lavé à l'encre de Chine. 110

1662. Clouet, arch. — **Tréguier**. — Détails de bénitier, fenêtres et cloître relevés à la cathédrale. — Relevé à l'encre de Chine... 111

1663. Gaucherel (Léon), 1844. — Vue des trois fontaines sacrées à **Saint-Nicodème**. — Dessin lavé à l'encre de Chine.... 112

1664. Clerget. — Vue prise à **Guingamp**. — Croquis à la mine de plomb. 113

DÉPARTEMENT D'ILLE-ET-VILAINE.

1665. J. D., 1847. — Vue de la baie de **Cancale**. — Aquarelle.... 114

1666. Noël (Jules), 1844. — Vue du « reliquaire » construit dans le cimetière de **Châteauneuf**. — Dessin à la mine de plomb.... 115

1667. Lassus. — **Dol**. — Tympan du petit porche du Nord sur la face gauche de la cathédrale. — Dessin à la mine de plomb.... 116

1668. Anonyme, 2 juillet 1812. — Vue du château des **Rochers** où résida Mme de Sévigné. — Dessin à la mine de plomb.... 117

1669. De Veze (Ch.), 1807. — Vue du château des **Rochers**. — Aquarelle.... 117

1670. Guillaumot (Ate). — **Saint-Malo**. — Vue des remparts à l'ouest de la ville. — Dessin au crayon rehaussé de gouache.... 118

1671. Guillaumot (A^te). — **Saint-Malo.** — Remparts. — Dessin au crayon
noir ombré à l'encre de Chine et rehaussé de gouache...... 119

1672. Anonyme. — **Saint-Servan.** — Vue de la tour Solidor à l'embouchure de la Rance. — Aquarelle.................. 120

DÉPARTEMENT DE LA LOIRE-INFÉRIEURE.

1673. (Hippolyte), 21 mars 1826. — Vue prise à **Clisson.** — Dessin lavé
à l'encre de Chine............................. 121

1674. Vauzelle, 1816. — Vue du château de **Clisson.** — Dessin à la
plume.. 122

1675. A. de B. — Vue de la tour de **Oudon.** — Aquarelle.......... 123

1676. Vauzelle, 1816. — Détails d'architecture dans la tour de **Oudon.**
— Dessins relevés à la plume...................... 124

1677. Hippolyte, 8 mars 1826. — Vue du château de **Oudon** sur les
bords de la Loire. — Dessin lavé à l'encre de Chine........ 124

1678. Anonyme. — Plan de **Nantes** et des lieux circonvoisins, et cours
de la Loire de Nantes à la mer. — Plans lavés à l'aquarelle... 125

1679. Vauzelle, 1816. — **Nantes.** — Vue de la Loire. — Dessin au
trait.. 126

1680. Vauzelle, 1816. — **Nantes.** — Vue du château. — Aquarelle.. 127

1681. Vauzelle, 1816. — **Nantes.** — Vue du château. — Dessin au
trait.. 128

1682. Vauzelle, 1816. — **Nantes.** — Détails d'architecture et puits en
fer forgé à l'intérieur du château. — Dessins ombrés à l'encre
de Chine..................................... 129

1683. Vauzelle, 1816. — **Nantes.** — Vue du château, côté de la porte
et du pont. — Dessin au trait...................... 130

1684. Anonyme. — **Nantes.** — Vue prise à l'intérieur du château. —
Dessin à la mine de plomb........................ 131

1685. Gaucherel (Léon), 1845. — **Pornic.** — Vue du vieux château.
— Dessin au crayon noir rehaussé de blanc, lithographié par
Ciceri dans le *Voyage pittoresque en Bretagne*, par Taylor et
Nodier, 1re partie, t. I.......................... 132

1686. Anonyme. — **Saint-Nazaire.** — Vue d'une chapelle. — Dessin
à la mine de plomb............................. 133

1687. Clerget. — Vue du bassin de **Penhoet** inauguré le 8 mai 1881.
— Croquis à la mine de plomb..................... 134

1688. CLERGET. — Vue de l'église Notre-Dame-de-Toutes-Aides en Doulon, près **Nantes**. — Croquis à la mine de plomb 135

1689. CLERGET. — Vue de **Nantes**. — Croquis à la mine de plomb. 135

1690. CICERI (E.). — **Clisson**. — Vue du château. — Dessin au crayon noir, lithographié par l'auteur dans le *Voyage pittoresque en Bretagne*, 1re partie, t. I. 136

TOME VIII.

NIVERNAIS. — BERRI. — POITOU. — LIMOUSIN. — AUNIS ET SAINTONGE.

DÉPARTEMENT DE LA NIÈVRE.

Pages.

1691. Anonyme, xvıı^e siècle. — Plan géométral de la ville de **Château-Chinon** et de ses environs. — Plan lavé à l'aquarelle............ 1

1692. Anonyme, 31 juillet 1816. — **Nevers.** — Vue de la porte de Paris. — Dessin au trait............................ 2

1693. Anonyme. — Chapiteau relevé à **Nevers.** — Dessin à la mine de plomb................................ 2

1694. CLERGET (H.). — **Nevers.** — Vue du pont et de la ville. — Dessin ombré à l'encre de Chine............................ 2

DÉPARTEMENT DU CHER.

1695. CLERGET (H.). — Vue du château d'**Ainay le Vieil.** — Dessin à la mine de plomb................................ 3

1696. B.-D., 13 août 1635. — **Bourges.** — Vue d'ensemble de la ville. — Dessin à la plume légèrement relevé d'aquarelle............ 4

1697. Anonyme. — **Mehun-sur-Yèvre.** — Vue des ruines du château. — Aquarelle................................ 5

1698. CHAPUY. — **Bourges.** — Vue du portique méridional de la cathédrale. — Dessin à la mine de plomb.................... 6

1699. DAUZATS. — **Bourges.** — Vue de la façade de la cathédrale. — Dessin légèrement ombré à la sépia.................... 6

1700. CHAPUY, 1827. — **Bourges.** — Vue d'une façade latérale de la cathédrale. — Croquis à la mine de plomb.................. 7

1701-1702. Anonyme. — **Bourges.** — Trois gargouilles relevées à la cathédrale. — Dessins à la mine de plomb................ 8

1703-1704. Anonyme. — **Bourges.** — Trois gargouilles à tête humaine relevées à la cathédrale. — Dessins à la mine de plomb...... 9

1705. Anonyme. — **Bourges.** — Vue de l'escalier de l'ancien hôtel de ville (petit collège). — Dessin à la mine de plomb légèrement rehaussé de blanc 10

1706. Jolimont. — **Bourges.** — Cour intérieure de la maison de Jacques-Cœur. Vue de la tourelle. — Dessin à la mine de plomb...... 11

1707. Anonyme. — **Bourges.** — Vue de l'hôtel Cujas situé rue des Arènes. — Croquis à la mine de plomb......................... 12

1708. Anonyme. — **Bourges.** — Vue de la cour de l'hôtel Cujas. — Croquis à la mine de plomb.................................... 13

1709. Anonyme. — **Bourges.** — Détails d'architecture relevés à l'hôtel Louis XI. — Croquis à la mine de plomb................... 14

1710. Anonyme. — **Bourges.** — Cul-de-lampe relevé à l'hôtel Louis XI. — Dessin à la mine de plomb......................... 15

1711. Anonyme. — **Bourges.** — Détails d'architecture d'une maison Renaissance. — Croquis à la mine de plomb................ 16

1712. Anonyme. — Plan du château de **Meillant** sur la route de Bourges à Montluçon. — Plan lavé à l'encre de Chine.............. 17

1713. Vauzelle. — Vue du château de **Meillant.** — Dessin légèrement ombré à l'encre de Chine..................................... 18

1714. Vauzelle, 1816. — Vue du château de **Meillant.** — Aquarelle.. 19

1715. Anonyme. — Vue du château de **Meillant.** — Dessin à la mine de plomb... 20

1716. Vauzelle.—Vue du château de **Meillant** prise du côté du parc.— Dessin à la plume..................................... 21

1717. Vauzelle.—Vue du château de **Meillant**, façade latérale.—Dessin à la plume 22

1718. Chapuy. — Vue du château de **Meillant.** — Dessin à la mine de plomb... 23

1719-1720. Vauzelle. — Détails d'architecture et vasque relevés au château de **Meillant.** — Dessin à la plume................. 24

1721. Vauzelle. — Détails d'architecture relevés au château de **Meillant.** — Dessin lavé à l'encre de Chine..................... 25

1722-1723. Vauzelle. — Détails d'architecture et de sculpture relevés au château de **Meillant.** — Dessins lavés à l'encre de Chine..... 26

1724. Vauzelle.—Détails d'ornementation relevés au château de **Meillant.** — Dessins lavés à l'encre de Chine..................... 27

1725. Vauzelle. — Vue des forges de **Meillant.** — Dessin à la plume... 27

1726. Vauzelle. — Vue de la grande salle du château de **Meillant.** — Dessin à la plume.................................... 28

1727. Vauzelle. — Vue d'une cheminée au château de **Meillant.** — Dessin inachevé à la plume........................., 28

DÉPARTEMENT DE L'INDRE.

1728. Anonyme. — **Issoudun.** — Vue de la prison et du beffroi. — Dessin à la mine de plomb........................ 29

1729. Clerget (H.). — **Fongombault.** — Vue de l'église. — Croquis à la mine de plomb........................ 30

1730. Clerget (H.). — **Issoudun.** — Vue intérieure de l'église de Notre-Dame-du-Sacré-Cœur. — Croquis à la mine de plomb....... 30

POITOU.

DÉPARTEMENT DE LA VIENNE.

1731. Anonyme. — **Civray.** — Façade et détails de l'église. — Dessin à la mine plomb.............................. 31

1732. Chapuy. — **Civray.** — Vue de l'église. — Dessin à la mine de plomb.................................... 31

1733. Vauzelle. — Détails d'architecture relevés à **Montmorillon.** — Dessins ombrés à l'encre de Chine.................... 32

1734. Anonyme. — **Châtellerault.** — Vue prise dans un parc et vue d'une tour en ruine. — Aquarelles de forme ronde 33

1735. Tavernier de Jonquières. — **Châtellerault.** — Vue du pont sur la Vienne. — Aquarelle............................ 34

1736. Tavernier de Jonquières. — **Poitiers.** — Vue extérieure de la principale porte d'entrée. — Aquarelle.................. 34

1737. Tavernier de Jonquières. — **Poitiers.** — Vue de la même porte à l'intérieur de la ville. — Aquarelle................ 35

1738. Tavernier de Jonquières. — **Poitiers.** — Vue d'une place avec beffroi. — Aquarelle............................ 35

1739. Anonyme. — **Poitiers.** — Vue d'un monument funéraire dans l'enclos des bénédictines de Saint-Cyprien. — Dessin à la plume et à la pierre noire.................................... 36

1740. Vauzelle. — **Poitiers.** — Vue intérieure de l'église de Saint-Jean. — Croquis à la plume.................................... 3₇

1741. Vauzelle. — **Poitiers.** — Vue de la façade de Notre-Dame. — Dessin à la plume.................................... 38

1742. Anonyme. — **Poitiers.** — Coupe et détails des stalles de la cathédrale. — Relevés à l'encre et au lavis.................... 3₉

1743. Vauzelle. — **Poitiers.** — Détails relevés dans l'église Notre-Dame. — Dessins lavés à l'encre de Chine..................... 4₀

1744. Clerget (H.). — Vue de Notre-Dame-de-Montrinard à **Nouaillé**, près Poitiers. — Croquis à la mine de plomb................ 4₀

1745. Anonyme. — **Poitiers.** — Vue d'une partie de la façade de Notre-Dame-la-Grande. — Dessin à la mine de plomb............ 4₁

1746. Chapuy. — **Poitiers.** — Vue de la façade de l'église Sainte-Radegonde. — Dessin à la mine de plomb.... .... 4₂

1747. Chapuy. — **Poitiers.** — Vue de l'église Notre-Dame-la-Grande et de la place du Marché. — Dessin à la mine de plomb......... 4₂

1748. Anonyme. — **Poitiers.** — Vue et détails du tombeau de sainte Radegonde dans l'église du même nom. — Dessins à la mine de plomb lavés à l'encre de Chine..................... 43

1749. Anonyme. — **Poitiers.** — Vue intérieure de l'église Saint-Porchaire. — Dessin à la mine de plomb.................... 4₄

1750. Dauzats. — **Poitiers.** — Vue du tombeau du Christ dans l'église Notre-Dame. — Dessin ombré à la sépia................. 4₄

1751. Anonyme. — **Poitiers.** — Vue du clocher de l'église Saint-Porchaire. — Dessin à la mine de plomb..................... 45

1752. Anonyme, 1861. — Vue de **Saint-Savin.** — Dessin lavé à la sépia. 46

1753. Anonyme. — **Thouars.** — Vue du château. — Dessin à la mine de plomb et à la plume...................... 4₇

1754. Clerget (H.). — **Poitiers.** — Vue de la façade de Notre-Dame-la-Grande. — Dessin sur papier gris rehaussé d'aquarelle....... 48

1755. Clerget (H.). — Vue d'un château aux environs de **Châtellerault.** — Dessin à la mine de plomb légèrement ombré à l'encre de Chine...................................... 4₉

DÉPARTEMENT DE LA HAUTE-VIENNE.

1756. Aligny. — Vue prise dans le val de **Comeyra.** — Dessin ombré à l'encre de Chine.................................... 5₀

1757. ALIGNY. — Vue prise dans le val de **Comeyra**. — Dessin à la plume. 51

1758. ALIGNY, 1835. — Vue prise dans le val de **Comeyra**. — Dessin ombré à l'encre de Chine. 51

1759. ALIGNY. — Vue prise sur le chemin de **Comeyra**. — Dessin à la plume. 52

1760. ALIGNY. — Vue du **Pas de Soucy**. — Dessin à la plume. 52

1761. Anonyme. — **Limoges**. — Vue de la cathédrale, du séminaire et de l'évêché. — Dessin lavé à la sépia 53

1762. CLERGET (H.). — **Limoges**. — Vue d'ensemble de la ville. — Croquis à la mine de plomb. 53

1763. RENOU. — **Limoges**. — Détails de la porte sculptée de la cathédrale. — Dessin à la mine de plomb. 54

1764. RENOU. — **Limoges**. — Détail des sculptures de la porte de la cathédrale. — Dessin à la mine de plomb. 55

1765. CLERGET (H.). — Vue des ruines du château de **Chalus**. — Dessin ombré à l'encre de Chine. 56

DÉPARTEMENT DES DEUX-SÈVRES.

1766. TAVERNIER DE JONQUIÈRES. — Vue prise à **Niort** (?). — Aquarelle. 57

1767. TAVERNIER DE JONQUIÈRES. — **Niort**. — Vue du donjon. — Aquarelle. 57

1768. TAVERNIER DE JONQUIÈRES. — **Niort**. — Vue de l'hôtel de ville. — Aquarelle. 58

1769. TAVERNIER DE JONQUIÈRES. — Vue du château de **Lue**. — Aquarelle. 58

1770. TAVERNIER DE JONQUIÈRES. — Vue prise à (?). — Aquarelle. 59

1771. CLERGET (H.). — Vue d'un château et de la statue de **Notre-Dame-du-Cèdre**. — Aquarelle. 59

1772. TAVERNIER DE JONQUIÈRES. — **Bas Poitou**. — Vue prise dans une vallée. — Aquarelle. 60

1773. TAVERNIER DE JONQUIÈRES. — **Bas Poitou**. — Vue prise sur le cours d'une rivière. — Aquarelle 60

1774. TAVERNIER DE JONQUIÈRES. — **Bas Poitou**. — Vue d'un moulin. — Aquarelle. 61

1775. TAVERNIER DE JONQUIÈRES. — **Bas Poitou**. — Vue d'un moulin. — Aquarelle. 61

DÉPARTEMENT DE LA VENDÉE.

1776. Tavernier de Jonquières. — Vue du château de **Choue**[1]. — Aquarelle... 62

1777. Tavernier de Jonquières. — **Les Sables-d'Olonne.** — Vue de la jetée. — Aquarelle.. 62

1778. Anonyme. — Paysage avec église. — Croquis lavé en bistre....... 63

1779. Clerget (H.). — **Fontenay-le-Comte.** — Vue d'ensemble de la ville. — Croquis à la mine de plomb.................... 64

1780. Clerget (H.). — **La Roche-sur-Yon.** — Vue d'une place. — Croquis à la mine de plomb............................. 64

1781. Clerget (H.). — **Les Sables-d'Olonne.** — Vue de la plage. — Croquis à la mine de plomb................................ 64

1782. Clerget (H.). — Vue de **Talmont.** — Croquis à la mine de plomb relevé d'encre de Chine et de gouache.................. 65

DÉPARTEMENT DE LA CHARENTE-INFÉRIEURE.

1783. Anonyme. — **Rochefort.** — Plan de la ville et du port. — Plan à l'encre de Chine... 66

1784. Anonyme. — **La Rochelle.** — Vue de l'hôtel de ville. — Dessin à la mine de plomb................................. 67

1785. Hastrel (Adolphe d'). — **La Rochelle.** — Vue de l'hôtel de ville. — Dessin à la mine de plomb........................... 68

1786. Hastrel (Adolphe d'). — **La Rochelle.** — Vue de la maison dite «de Henri II et de Diane de Poitiers». — Dessin à la mine de plomb... 69

1787. Anonyme. — Vue du château de **Léoville.** — Dessin à la mine de plomb... 70

1788. Anonyme. — Vue prise à **Loulay.** — Dessin à la mine de plomb.... 71

1789. Anonyme, juillet 1809. — **Île d'Oléron.** — Vue prise du château. — Gouache... 72

1790. Anonyme, juillet 1809. — **Île d'Oléron.** — Vue prise du fort. — Gouache... 73

---

[1] Cette aquarelle devrait être placée dans le département de Loir-et-Cher.

1791-1793. — Anonyme. — Vues prises à **Royan.** — Dessins à la mine de plomb... 74

1794. Goblain. — **Saintes.** — Vue de l'arc et du pont. — Dessin lavé à la sépia... 75

1795. Trouille (?), ingénieur, 26 novembre 1867. — **Île d'Oléron.** — Plan, coupe et élévation du clocher de Saint-Pierre d'Oléron. — Dessins à la plume... 76

1796. Vincent (Pierre), 1785. — **Saintes.** — Vue des ruines de l'amphithéâtre romain, près du faubourg de Saint-Eutrope. — Aquarelle... 77

DÉPARTEMENT DE LA CHARENTE.

1797. Anonyme, 1822. — Vue prise à **Angoulême.** — Dessin à la plume. 78

1798. Anonyme, 1818. — **Angoulême.** — Vue de la ville prise du côté du nord, d'une des hauteurs de Saint-Roch. — Dessin à la plume. 78

1799. Anonyme, 1819. — **Angoulême.** — Vue prise sur le pont Saint-Sibar. — Dessin lavé à l'encre de Chine.................... 79

1800. Anonyme. — **Angoulême.** — Vue d'une partie de la ville prise de la prairie du collège. — Dessin lavé à l'encre de Chine....... 79

1801. Anonyme. — **Angoulême.** — Vue sur la campagne prise au bord de la porte du palais. — Dessin lavé à l'encre de Chine...... 80

1802. Anonyme. — **Angoulême.** — Vue du chemin de Bordeaux pris de la rotonde. — Dessin lavé à l'encre de Chine............... 80

1803. Anonyme. — **Angoulême.** — Vue du collège. — Intérieur de la cour. — Dessin lavé à l'encre de Chine..................... 80

1804. Anonyme. — **Angoulême.** — Vue de l'hôpital et d'une partie du collège royal. — Dessin lavé à l'encre de Chine............. 81

1805. Anonyme. — **Angoulême.** — Vue prise sur la route de la fontaine de Saint-Marc. — Dessin lavé à l'encre de Chine............ 81

1806. Anonyme. — **Angoulême.** — Vue de la cour du collège Royal. — Dessin lavé à l'encre de Chine............................ 81

1807. Anonyme, 1822. — **Angoulême.** — Vue prise d'une fenêtre. — Dessin à la plume... 82

1808. Anonyme, 1822. — **Angoulême.** — Vue prise au vallon de Lenguisne. — Dessin à la plume.................................. 82

1809. Anonyme, 1822. — **Angoulême.** — Vue prise au vallon de Lenguisne. — Dessin à la plume.................................. 82

1810. Anonyme, 1819. — **Angoulême.** — Vue prise à l'extrémité de la promenade de Beaulieu. — Dessin lavé à l'encre de Chine..... 83

1811. Anonyme, 1819. — Vue des ruines de l'abbaye de **La Couronne** située à une lieue d'Angoulême. — Dessin lavé à l'encre de Chine. 83

1812. Anonyme, 1819. — Autre vue des ruines de l'abbaye de **La Couronne.** — Dessin lavé à l'encre de Chine................. 83

1813. Anonyme. — **Angoulême.** — Vue de la façade de la cathédrale. — Dessin à la mine de plomb........................ 84

1814. Clerget (H.). — **Angoulême.** — Vue de la ville. — Croquis à la mine de plomb.. 84

1815. J. T. G., 1820. — Vue prise aux environs d'**Angoulême.** — Dessin à la plume... 85

1816. J. T. G., 1820. — Vue prise sur les bords de la Touvre à **Ruelle,** à une lieue d'Angoulême. — Dessin à la plume........... 85

1817. Desfriches, 1765. — Vue d'une fontaine dessinée dans l'**Angoumois.** — Dessin à la pierre noire..................... 86

1818. Anonyme. — Vue de l'ancien château de **Jarnac** sur la route d'Angoulême à Jarnac. — Dessin à la plume................. 87

1819. Thiénon. — Vue du tertre où le prince de Condé fut tué par Montesquieu à la bataille de **Jarnac.** — Dessin lavé à la sépia.... 87

1820. Anonyme. — **Barbezieux.** — Vue de l'église. — Aquarelle..... 88

1821. Anonyme. — **Angoulême.** — Vue de la ville. — Aquarelle..... 88

1822. Anonyme. — **La Rochelle.** — Vue d'une tour construite dans le port... 89

TOME IX.

GUYENNE. — GASCOGNE. — BÉARN. — ROUSSILLON.

DÉPARTEMENT DE TARN-ET-GARONNE.

Pages.

1823. CLERGET. — Vue du château de **Lacaze**. — Croquis à la mine de plomb légèrement ombré à l'encre de Chine.............. 1

1824. Anonyme, xviiie siècle. — **Moissac**. — Vue de la place Sainte-Catherine. — Aquarelle................ 2

1825. TAYLOR (J.). — **Moissac**. — Vue des anciens murs. — Croquis à la mine de plomb, lithographié par D. Jowler pour le *Voyage en Languedoc,* par TAYLOR et NODIER (pl. LXI)............. 3

1826. BARTHED. — **Moissac**. — Vue de la place Sainte-Catherine. — Dessin à la mine de plomb................. 4

1827. CLERGET. — Vue de **Montauban**. — Croquis à la mine de plomb. 4

1828. CLERGET. — **Montauban**. — Vue d'une église. — Croquis à la mine de plomb................. 4

1829. (DAUZATS). — **Moissac**. — Détails de sculpture relevés au portail principal de l'église de l'abbaye. — Dessins à la mine de plomb. [Voir le *Voyage en Languedoc,* par TAYLOR et NODIER (pl. XLVIII).] 5

1830. CHAPUY. — Vue de la grotte de **Ravesson** située au-dessous des moulins de Saint-Pierre-de-Livron. — Croquis à la mine de plomb. 6

1831. CLERGET. — Vue de l'église **Notre-Dame-de-Livron** (canton de Caylus). — Croquis à la mine de plomb rehaussé de blanc.... 7

1832. CLERGET. — Vue de **Saint-Antonin**. — Dessin lavé à l'encre de Chine................. 7

DÉPARTEMENT DU GERS.

1833. CLERGET. — **Auch**. — Vue de la ville. — Au revers, la même vue. — Croquis à la mine de plomb................. 8

1834. SANCET (L.). — **Auch**. — Vue de la ville. — Dessin à la plume légèrement rehaussé d'aquarelle................ 9

1835-1836. Anonyme. — **Auch**. — Vitraux de la cathédrale représentant saint Jude et saint Barthélemy, saint André et saint Philippe. — Dessins à la mine de plomb................ 10 et 11

1837-1838. Anonyme. — **Auch.** — Vitraux de la cathédrale représentant quatre sibylles. — Dessins à la mine de plomb..... 12 et 13

1839. Renou. — **Auch.** — Vue du chœur de la cathédrale. — Dessin à la mine de plomb.................................... 14

1840. Chapuy. — **Auch.** — Détails des stalles de la cathédrale. — Dessins à la mine de plomb.................................... 15

1841. Anonyme. — **Auch.** — Treize statuettes provenant des boiseries des stalles de la cathédrale. — Dessin à la mine de plomb..... 16

1842. Renou. — **Auch.** — Détails de sculpture relevés dans les stalles de la cathédrale. — Dessin à la mine de plomb................ 17

1843-1844. — Renou. — **Auch.** — Détails de sculptures relevés aux stalles de la cathédrale. — Dessins à la mine de plomb... 18 et 19

1845. Anonyme. — **Auch.** — Vue du tombeau d'Ant. d'Étigny. — Dessin à la mine de plomb................................. 20

1846. Clerget. — **Valence-sur-Boise.** — Vue de l'abbaye de Flavien. — Croquis à la mine de plomb....................... 20

1847. Bence. — **Lectoure.** — Vue d'une fontaine gothique. — Dessin lavé à la sépia................................. 21

1848. Anonyme. — **Montferrand.** — Vue d'une porte gothique. — Dessin à la mine de plomb................................ 21

1849. Anonyme. — Vue prise à **Lectoure.** — Dessin à la mine de plomb. 22

1850. Clerget. — **Condom.** — Vue de l'autel de Notre-Dame-de-Pieta. — Croquis à la mine de plomb............................. 22

1851. Anonyme. — Vue de l'**Île-en-Jourdain.** — Dessin à la mine de plomb.. 23

1852. Anonyme. — **Mirande.** — Vue de la porte du clocher. — Dessin à la mine de plomb................................... 24

1853. (Régnier). — **Miramont.** — Vue de l'habitation du vicomte de Martignac. — Dessin à la mine de plomb reproduit dans les *Habitations des personnages les plus célèbres*, par Régnier et Champin (pl. XCII).. 24

1854. Anonyme. — Vue du château de **Roquelaure.** — Croquis à la mine de plomb rehaussé de blanc............................ 25

DÉPARTEMENT DE LOT-ET-GARONNE.

1855. Chapuy. — **Agen.** — Vue générale de la ville. — Dessin à la mine de plomb... 26

1856. Chapuy. — Vues d'**Agen.** — Dessin à la mine de plomb........ 27

1857. Anonyme. — **Agen.** — Deux faces d'un chapiteau représentant la décollation de saint Caprais dans l'église vouée à ce saint. — Dessins à la mine de plomb........................ 28

1858. Chapuy. — Vue de **Fargues.** — Croquis à la mine de plomb.... 29

1859. Anonyme. — Vue des ruines du château de **Laroque.** — Dessin lavé à la sépia........................ 30

1860. Chapuy. — **Marmande.** — Vue de la ville. — Dessin à la mine de plomb........................ 31

1861. Anonyme. — **Nérac.** — Vue d'un pont. — Dessin ombré à la sépia. 32

1862. Chapuy. — **Pont-Saint-Mars.** — Vue d'une arcade. — Dessin à la mine de plomb........................ 33

1863. Chapuy. — **Tonneins.** — Vue prise sur la Garonne. — Dessin à la mine de plomb........................ 34

1864. Clerget. — **Moirax.** — Vue de l'église. — Croquis à la mine de plomb........................ 35

1865. Anonyme. — Vue du lieu de pèlerinage de **Notre-Dame-de-Seyragud,** canton de Penne. — Croquis à la mine de plomb rehaussé de blanc........................ 35

DÉPARTEMENT DU LOT.

1866. Clerget. — **Cahors.** — Vue générale de la ville. — Dessin ombré à l'encre de Chine et rehaussé de blanc................ 36

1867. Ouvrié (Justin), 25 août 1833. — **Cahors.** — Vue du pont de Valendre. — Dessin à la mine de plomb................ 37

1868. Quercy. — Détails de chapiteaux et de sculptures relevés à l'abbaye des bénédictins de **Souillac.** — Dessins à la mine de plomb... 38

DÉPARTEMENT DE LA DORDOGNE.

1869. Seguin, 1844. — Vue du château de **Milliard.** — Dessin à la sépia. 39

1870. Anonyme. — **Périgueux.** — Vue de la cathédrale de Saint-Front. — Dessin à la mine de plomb........................ 40

1871. Thiénon. — **Saint-Michel-de-Montaigne.** — Vue de la tour où habita Michel de Montaigne. — Dessin lavé à l'encre de Chine et à la sépia........................ 41

1872. Clerget. — Vue de **Périgueux.** — Croquis à la mine de plomb.. 41

DÉPARTEMENT DE L'AVEYRON.

1873. Charp (De), 1827. — Vue du château d'**Onet-le-Château**, près Rodez. — Dessin lavé à la sépia........................ 42

1874. Charp (De), 1827. — Vue des ruines de **Saint-Félix-de-Sorgues**. — Dessin lavé à la sépia........................ 42

1875. Clerget. — **Rodez.** — Vue de la cathédrale. — Croquis à la mine de plomb........................ 43

1876. Clerget. — **Saint-Affrique.** — Vue d'ensemble de la ville. — Croquis à la mine de plomb........................ 43

1877. Aligny. — **Rodez.** — Vue de la tour de Nates. — Dessin lavé à la sépia........................ 43

1878. Aligny, 1835. — Vue de la tour de **Perlan**, près Triadoux. — Dessin à la plume........................ 44

1879. Aligny. — **Rodez.** — Vue de deux statues. — Dessin ombré à la sépia........................ 44

1880. Aligny, 1833. — Vue du rocher et du château de **Porlade.** — Dessin à la mine de plomb........................ 45

GUYENNE ET GASCOGNE.

DÉPARTEMENT DE LA GIRONDE.

1881. Hem (Ysbrandt). — Titre en hollandais qui se traduit : *«Livre de dessins faits par Hermann Hem mon bien-aimé fils qui est mort à Bordeaux le 2 juillet 1649. — Que Dieu ait son âme. — Par moi Ysbrandt Hem, 4 juin 1650. — Aetatis, 68.»*........ 46

1882-1883. Hem (Hermann). — Profil des rives de la **Gironde** à son embouchure. — Tracés au crayon........................ 47 et 48

1884. Hem (Hermann). — Vue des rives de la **Garonne.** — Dessin à la plume........................ 49

1885. Anonyme. — Vue de la tour de **Cordouan.** — Croquis à la mine de plomb........................ 50

1886. Anonyme. — La Teste. — Échassiers des **Landes.** — Dessins légèrement ombrés au pinceau........................ 50

1887. Anonyme — Élévation de la tour de **Cordouan**. — Dessin lavé à l'aquarelle.. 51

1888. Anonyme. — **Lesparre**. — Plan géométral du château. — Plan lavé à l'encre de Chine.. 52

1889. Chapuy. — **Pauillac**. — Vue sur la Gironde. — Dessin à l'encre de Chine.. 53

1890. (Stahl.) — Vue du domaine de **Canet**, commune de Pauillac. — Croquis à la mine de plomb reproduit dans l'ouvrage intitulé : *La Vigne*.. 54

1891. (Stahl.) — Vue du domaine de **Garamey**. — Commune de Saint-Estèphe. — Dessin à la mine de plomb reproduit dans l'ouvrage intitulé : *La Vigne*.. 54

1892-1893. Anonyme, xvii⁰ siècle. — **Bourg-sur-Gironde(Burgus)**. — Vues sur la Gironde. — Dessins à la plume.. 55

1894. Anonyme, xvii⁰ siècle. — Vue de **Blaye**. — Dessin à la plume.... 55

1895. Anonyme, xvii⁰ siècle. — Vue de **Royan**. — Dessin à la plume... 55

1896. Anonyme, 8 novembre 1688. — Vue de **Roque-de-Taux** et de **Blaye**. — Dessin à la plume.. 56

1897. Anonyme, 8 novembre 1688. — Vue de **Roque-de-Taux**. — Dessin à la plume.. 56

1898. Chapuy. — **Blaye**. — Vue du château. — Dessin à la mine de plomb.. 57

1899. Anonyme, xvii⁰ siècle. — Vue de **Blanquefort**. — Croquis au crayon.. 58

1900. Anonyme, xvii⁰ siècle. — Vue de **Bordeaux**. — Dessin à la plume. 59

1901. Anonyme, xvii⁰ siècle. — **Bordeaux**. — Vue de *la Grosse Cloche* et de la flèche de Saint-Michel. — Dessin à la plume........... 59

1902. Aligny. — Bergers des landes de **Bordeaux**. — Dessin ombré à l'encre de Chine.. 59

1903. Aligny. — **Bordeaux**. — Vue de la porte dite *la Grosse Cloche*. — Dessin lavé à la sépia.. 60

1904. Aligny, 1835. — **Bordeaux**. — Ruines de l'amphithéâtre romain dit *palais Gallien*. — Dessin à la plume.. 60

1905-1907. Anonyme, xvii⁰ siècle. — Vues de **Bordeaux**. — Dessins à la plume.. 61

1908. Anonyme. — **Bordeaux**. — Vue du château Trompette. — Dessin lavé à la sépia.. 62

1909. Anonyme, xvii⁰ siècle. — **Bordeaux.** — Vue du château Trompette. — Dessin à la plume........ 62

1910. Anonyme. — **Bordeaux.** — Vue du château du Ha. — Dessin à la plume........................ 62

1911-1913. — Anonyme, 9 février (16)42. — Monuments en ruine, dont le palais Gallien, relevés à **Bordeaux** ou dans les environs. — Croquis au crayon........................ 63

1914. Daubigny. — **Bordeaux.** — Vue des ruines de l'amphithéâtre de Bordeaux vulgairement appelé *palais Gallien*. — Dessin lavé à l'encre de Chine et gravé par Allix pour le *Voyage pittoresque de la France*, t. III, Bordeaux (pl. I)........................ 64

1915. Daubigny. — **Bordeaux.** — Vue des ruines de l'amphithéâtre. — Principale porte d'entrée. — Dessin lavé à l'encre de Chine et gravé par Née pour le *Voyage pittoresque de la France*, t. III, Bordeaux (pl. II)........................ 65

1916. Daubigny. — **Bordeaux.** — Vue des ruines de l'amphithéâtre. — Intérieur et galeries. — Dessin lavé à l'encre de Chine et gravé par Née pour le *Voyage pittoresque de la France*, t. III, Bordeaux, (pl. III)........................ 65

1917. Daubigny. — **Bordeaux.** — Vue de la Chartreuse. — Dessin lavé à l'encre de Chine........................ 66

1918. Anonyme. — **Bouscault.** — Relai de poste avant Bordeaux. — Aquarelle........................ 66

1919. Anonyme, xviii⁰ siècle. — Plan géométral de **Bordeaux** et de ses faubourgs. — Plan lavé à l'aquarelle........................ 67

1920. Clerget. — Vue de l'église de **Talence**, près Bordeaux. — Croquis à la mine de plomb........................ 68

1921. Anonyme. — **Bordeaux.** — Vue du port. — Dessin à la mine de plomb........................ 68

1922. Clerget. — Vue de l'église de **Notre-Dame-de-Verdelais.** — Croquis à la mine de plomb........................ 68

1923. Anonyme. — **Bordeaux.** — Vue du port prise des Quinconces. — Croquis à la mine de plomb........................ 69

1924. Thiénon. — Vue du château de **La Brède** où naquit Montesquieu. — Dessin lavé à la sépia........................ 70

1925. Stahl. — Vue du domaine de **Pomis**, commune de Saint-Estèphe. — Croquis à la mine de plomb reproduit dans l'ouvrage *La Vigne*, publié en 1878........................ 70

1926. Anonyme, septembre 1813. — Vue du château de **La Brède.** — Croquis à la mine de plomb 71

1927. Anonyme, xvii⁰ siècle. — Vue de **Pourtets** (?). — Dessin à la plume. 72

1928. Anonyme, xvii⁰ siècle. — Vue prise à **Pourtets.** — Dessin à la plume. 72

1929. Anonyme, 26 août 1628. — Vue de **Rions.** — Dessin à la plume. . 72

1930. Anonyme, xvii⁰ siècle. — Vue de **Sérons** (Cérons). — Dessin à la plume. 72

1931-1932. Anonyme, xvii⁰ siècle. — Vues de **Langouran.** — Dessins à la plume. 73

1933. Anonyme, xvii⁰ siècle. — Vue de «*Baÿres*». — Dessin à la plume. . . 73

1934. Anonyme, 27 août 1638. — **Cadillac.** — Vue de «*la Maison du duc d'Espernon à Cadillacq*». — Dessin à la plume 74

1935. Anonyme, 27 août 1638. — **Cadillac.** — Vue de l'entrée du château du duc d'Épernon. — Croquis à la plume 74

1936. Anonyme, 27 août 1638. — Vue de **Cadillac.** — Croquis à la plume. 74

1937. Anonyme, xvii⁰ siècle. — **Cadillac.** — Vue du «*port de Begay à Cadillacq*». — Dessin à la plume 75

1938. Anonyme, xvii⁰ siècle. — **Cadillac.** — Vue du tombeau du duc d'Épernon. — Dessin à la plume 75

1939. Anonyme, xvii⁰ siècle. — Vue de **Cadillac.** — Croquis à la plume. 75

1940. Anonyme, 3 juin 39 (1639). — **Cadillac.** — Vue du château du duc d'Épernon. — Dessin inachevé à la pierre noire. 76

1941. Anonyme, xvii⁰ siècle. — **Cadillac.** — Le tombeau du duc d'Épernon. — Vue prise de profil. — Dessin à la mine de plomb. . . . 77

1942. Clerget. — **Cognac.** — Vue de la ville prise de la route de Saintes. — Croquis à la mine de plomb 77

1943. Chapuy. — Vue de **La Réole.** — Dessin à la mine de plomb 78

1944. Anonyme, xvii⁰ siècle. — Vue de **Podensac.** — Dessin à la plume. 79

1945-1947. Anonyme, xvii⁰ siècle. — Vues prises sur les bords de la **Garonne.** — Dessins à la plume. 79

1948. Anonyme, 8 novembre 1638. — Vues de **Roque-de-Taux** et de **Bourg.** — Croquis à la plume 80

1949. Anonyme, 19 août 1638. — **Le Pipolin?** — «*Le Pipolin*» (?) — Dessin à la plume. 80

1950. Anonyme, 2 septembre 1638. — **Bordeaux.** — Vue du tombeau du maréchal d'Ornano dans l'église de la Merci et relevé des inscriptions placées sur ce tombeau. — Dessin à la plume 81

1951. Anonyme, xvii⁰ siècle. — **Bordeaux.** — Vue du tombeau de M⁶ʳ François de Foix, comte de Candale, prise de face. — Croquis au crayon.. 8₂

1952. Anonyme, 1ᵉʳ septembre 1638. — **Bordeaux.** — Vue latérale du tombeau de M⁶ʳ de Candale et relevé de l'inscription placée sur ce tombeau. — Dessin à la plume...................... 83

1953-1956. Anonyme, xvii⁰ siècle. — Vues ne portant aucune indication et figurant probablement les bords de la **Garonne.** — Croquis à la mine de plomb.................................... 84-87

1957. Anonyme. — Vue d'un port sur la **Garonne?** — Dessin lavé à l'encre de Chine.. 88

1958-1959. Anonyme, xvii⁰ siècle. — Vues prises vraisemblablement sur les bords de la **Garonne.** — Dessins à la plume....... 89 et 90

1960-1961. Anonyme, xvii⁰ siècle. — Vues prises aux environs de **Bordeaux.** — Dessin et croquis à la plume.................. 91

1962. Anonyme, xvii⁰ siècle. — Vue de **Roque-de-Taux** (?). — Dessin à la plume.. 91

1963. Basire (J.), 1796. — Vue du cours de la Garonne, prise des hauteurs de **Lormont.** — Dessin lavé à l'aquarelle............ 92

1964. Chapuy. — Vue de l'église de **Saint-Macaire.** — Dessin à la mine de plomb.. 93

1965. Stahl. — Vue du domaine de **La Lande-Tronquoy,** commune de Saint-Estèphe. — Croquis à la mine de plomb reproduit dans l'ouvrage *La Vigne,* publié en 1878.................... 94

1966. Stahl. — Vue de **Château-Margaux.** — Croquis à la mine de plomb reproduit dans *La Vigne.*...................... 94

1967. Stahl. — Vue de **Calon-Ségur,** commune de Saint-Estèphe. — Croquis à la mine de plomb reproduit dans l'ouvrage intitulé : *La Vigne*.. 95

1968. Stahl. — Vue de l'église de **Saint-Émilion.** — Croquis à la mine de plomb reproduit dans *La Vigne*.................... 95

1969. Stahl. — Vue du château de **Beycherelle.** — Dessin à la mine de plomb reproduit dans *La Vigne.*...................... 96

1970. Stahl. — Vue du château de Marc-Caillou à **Saint-Julien.** — Croquis à la mine de plomb reproduit dans *La Vigne*............ 96

1971. Stahl. — Croquis à la mine de plomb sans indication, publié dans *La Vigne*.. 97

1972. Stahl. — Dessin à la mine de plomb figurant une habitation et reproduit dans *La Vigne.*...................... 97

1973. Stahl. — Vue d'un domaine à **Batailley**. — Croquis à la mine de plomb pour *La Vigne*.................................. 98

1974. Stahl. — Vue du château de **Batailley**. — Dessin à la mine de plomb pour *La Vigne*.................................. 98

1975. J. de Verneith, 1861. — Vue du château de **Falfas**. — Aquarelle. 99

1976. Chapuy, 1829. — **Bordeaux**. — Chevet de la cathédrale et tour Saint-André. — Dessin à la mine de plomb.............. 100

DÉPARTEMENT DES BASSES-PYRÉNÉES.

1977. Clerget. — **Biarritz**. — Vue du casino. — Dessin à la mine de plomb.................................. 101

1978-1979. Clerget. — **Biarritz**. — Vue des falaises. — Croquis à la mine de plomb.................................. 101

1980. Clerget. — **Biarritz**. — Vue d'une villa. — Croquis à la mine de plomb.................................. 102

1981. Chapuy. — Vue du couvent de la Mère-de-Dieu à **Vézilles**, dans le val d'Arran. — Dessin à la mine de plomb.............. 103

1982. Chapuy. — Vue de **Bertrem** dans le val d'Arran. — Dessin à la mine de plomb.................................. 104

1983. Lacoumette (R.). — **Oloron**. — Vue de la ville prise des hauteurs de Larmendious entre la ville de Pau et celle de Monein. — Dessin à la mine de plomb.................................. 105

1984. Lacoumette (R.), 1840. — Vue générale de **Pau**. — Dessin à la mine de plomb.................................. 106

1985. Clerget. — **Pau**. — Vue du château. — Dessin lavé à l'encre de Chine et rehaussé de gouache.................................. 107

1986. Duperroxy (?). — **Pau**. — Détails de sculpture relevés à l'intérieur du château. — Dessins à la mine de plomb.............. 108

1987. Anonyme. — **Pau**. — Vue du château. — Dessin lavé et légèrement teinté à l'aquarelle.................................. 108

1988. Clerget. — **Pau**. — Entrée principale du château. — Dessin à la mine de plomb.................................. 109

1989. Clerget. — Vue du pèlerinage de **Bétharram**. — Croquis à la mine de plomb.................................. 109

1990. Clerget. — Vue du pont de **Bétharram**. — Dessin à la mine de plomb.................................. 109

1991. Anonyme, 15 août 1835. — **Pau.** — Vue du Gave et du château.
— Dessin à la mine de plomb...................................... 110

1992. Clenget. — Vue du château de **Guiche** sur les bords de l'Adour.
— Dessin à la mine de plomb.................................. 111

1993. Clenget. — **Biarritz.** — Vue de villas. — Croquis à la mine de
plomb.. 112

DÉPARTEMENT DES HAUTES-PYRÉNÉES.

1994. Anonyme. — **La tour Sainte-Marie.** — *«La tour Sainte-Marie
sur le chemin de Barèges en 1792.»* — Aquarelle.......... 113

1995. Lalanne (Maxime), 7 septembre 1853. — Entrée de **Barèges.** —
Croquis à la mine de plomb................................... 114

1996. Lafosse, 1838. — Vue prise à **Luz de Barèges.** — Dessin à la
mine de plomb... 115

1997. Anonyme, 8 messidor an VII. — **Bagnères-de-Bigorre.** — Tour
de Maouhourat et Bains du Dauphin. — Dessin lavé à la sépia. 116

1998. Anonyme. — **Bagnères-de-Bigorre.** — Vue des thermes. —
Aquarelle.. 117

1999. Anonyme. — **Bagnères-de-Bigorre.** — Vue d'une fontaine ferrugineuse. — Aquarelle... 118

2000. Anonyme. — Vue de **Bagnères-de-Bigorre.** — Aquarelle.... 118

2001. Lalanne (Maxime), 1854. — Vue prise dans les gorges de **Cauterets.** — Croquis à la mine de plomb................... 119

2002. Lalanne (Maxime), 5 septembre 1853. — Vue de rochers prise à
Chars. — Croquis à la mine de plomb................... 120

2003. Bourgeois, 1793. — Vue de **Notre-Dame-d'Éas.** — Dessin au trait. 121

2004. Lalanne (Maxime), 8 septembre 1854. — Vue du lac d'**Escoubous.**
— Croquis à la mine de plomb.............................. 122

2005. Lalanne (Maxime), août 1854. — Vue du lac de **Gaube.** — Croquis à la mine de plomb...................................... 123

2006. Thiénon (Louis), 1857. — Vue du cirque de **Gavarnie.** — Dessin
au crayon légèrement teinté à l'aquarelle................. 124

2007. Lalanne (Maxime), 6 septembre 1853. — **Luchon.** — Vue de la
grotte. — Croquis à la mine de plomb...................... 125

2008. Lalanne (Maxime), 12 septembre 1856. — **Luchon.** — Vue de
villas. — Croquis à la mine de plomb...................... 126

2009. CHAPUY. — **Le Pont-du-Roi** (frontière de France et d'Espagne). — Dessin à la mine de plomb............................ 127

2010. CLERGET (H.). — Vue panoramique de **Lourdes** prise de la route de Lourdes à Pau. — Dessin à la mine de plomb........... 128

2011. Anonyme. — Vue de **Barèges**. — Dessin à l'encre de Chine..... 129

2012. CLERGET. — Vue extérieure et intérieure d'une église de **Tarbes**. — Croquis relevé d'aquarelle..................... 129

2013-2014. CLERGET. — Vues de la basilique et de là grotte de **Lourdes** disposées en forme d'encadrements. — Croquis relevés d'aquarelle et de gouache............................ 130

2015. CLERGET. — Vue de **Lourdes**. — Croquis à la mine de plomb.... 131

2016. CLERGET. — **Tarbes**. — Vue de la fontaine de la Bergère. — Croquis à la mine de plomb........................... 131

DÉPARTEMENT DES PYRÉNÉES-ORIENTALES.

2017. BEUGNET. — **Arles-sur-Tech**. — Vue du tombeau des saints Abdon et Sennen au couvent des bénédictins. — Aquarelle gravée par NÉE pour le *Voyage pittoresque de la France*, t. III, province de Roussillon, paru chez LAMY en 1787 (pl. XXV)... 132

2018. LESPINASSE (Le chevalier de). — Vue du château de **Bellegarde**. — Aquarelle gravée par NÉE, pour le *Voyage pittoresque en France*, Roussillon (pl. XVII)......................... 133

2019. Anonyme. — Vue des ruines des tours de **Cabrens**. — Dessin lavé à la sépia................................. 134

2020. MAYER (A.), 1837. — Vue des ruines du monastère de **Saint-Martin-du-Canigou**. — Dessin à la mine de plomb. [Voir le *Voyage pittoresque en France*, par TAYLOR et NODIER, Languedoc, t. III (pl. CLXVII *bis*)...................... 135

2021. Anonyme. — Vue du pont de **Céret**. — Dessin lavé à la sépia... 136

2022. LESPINASSE (Le chevalier de). — Vue des environs de **Perpignan** prise du rempart Saint-Jacques. — Aquarelle gravée par NÉE, pour le *Voyage pittoresque en France*, t. III, Roussillon (pl. XXII)]................................ 137

2023. Anonyme. — Plan de **Collioure**. — Plan lavé à l'aquarelle...... 138

2024. LESPINASSE (Le chevalier de). — Vue de **Collioure**. — Aquarelle gravée par NIQUET, pour le *Voyage pittoresque en France*, t. III (pl. XIX)................................ 139

2025. Chapuy. — **Collioure.** — Vue du port. — Croquis à la mine de plomb ... 140

2026. Anonyme. — Vue de la tour d'**Eyne** dans la Cerdagne française. — Dessin lavé à la sépia ... 141

2027. Lespinasse (Le chevalier de). — Vue d'**Elne.** — Aquarelle ... 142

2028. Mayer (A.), 1837. — Vue du **Vernet.** — Dessin au crayon reproduit dans le *Voyage pittoresque en France*, Languedoc, t. III (pl. CLXVII *ter*) ... 143

2029. Anonyme. — Vue d'une église ruinée près de **Montesquieu.** — Dessin ombré à la sépia ... 144

2030. Anonyme. — Vue du tombeau d'un comte de Montesquieu. — Dessin ombré à la sépia ... 144

2031. Anonyme. — Vue prise à **Montfarre** (?) — Dessin ombré à la sépia. 145

2032. Anonyme. — Vue d'une tour en ruine au fond de la vallée de **Nyez.** — Dessin ombré à la sépia ... 145

2033. Lespinasse (Le chevalier de). — Vue de **Rivesaltes** (*d'après le croquis du chevalier de la Grave, officier au régiment de Médoc*). — Aquarelle gravée par Née pour le *Voyage pittoresque en France*, t. III, Roussillon (pl. XX) ... 146

2034. Margouët. — **Perpignan.** — Vue de la ville du côté de la France. — Dessin à l'encre de Chine ... 147

2035. Margouët. — **Perpignan.** — Vue de la ville du côté de l'Espagne. — Dessin à l'encre de Chine ... 148

2036. Lespinasse (Le chevalier de). — **Perpignan.** — Vue de la ville du côté du Languedoc. — Aquarelle gravée par Née en 1786, pour le *Voyage pittoresque de la France*, t. III (pl. X) ... 149

2037. Lespinasse (Le chevalier de). — **Perpignan.** — Vue du Jardin des plantes de l'Université. — Aquarelle gravée par Née en 1786, pour le *Voyage pittoresque de la France*, t. III (pl. XII). 150

2038. Lespinasse (Le chevalier de). — **Perpignan.** — Autre vue du Jardin des plantes. — Aquarelle gravée par Née en 1786, pour le *Voyage pittoresque de la France*, t. III (pl. XIII) ... 151

2039. Margouët. — **Perpignan.** — Vue d'ensemble du Jardin des plantes. — Dessin lavé à l'encre de Chine ... 152

2040. Anonyme, xviii° siècle. — **Perpignan.** — Vue intérieure de la cathédrale. — Aquarelle gravée par Née, pour le *Voyage pittoresque de la France*, t. III (pl. XXIV) ... 153

2041. Anonyme. — **Perpignan.** — Vue d'un ostensoir appartenant à la cathédrale. — Aquarelle gravée par Née pour le *Voyage pittoresque de la France* (pl. XXVI) 154

2042. Beugnet. — **Perpignan.** — Défilé de la procession qui se faisait à travers la ville dans la nuit du jeudi saint. — Aquarelle gravée par Née pour le *Voyage en Roussillon* (pl. XXVII) 155

2043. Anonyme. — **Perpignan.** — Effigies et groupes représentant diverses scènes de la Passion et portées lors de la procession qui se faisait dans les rues de la ville durant la nuit du jeudi saint. — Dessin à l'encre de Chine 156

2044. Lespinasse (Le chevalier de). — **Perpignan.** — Vue de l'Université. — Aquarelle gravée par Née en 1786, pour le *Voyage en Roussillon* (pl. XV) 157

2045. Margouët. — **Perpignan.** — Vue de l'Université. — Dessin à l'encre de Chine 158

2046. Beugnet. — **Perpignan.** — Les consuls sortant de l'hôtel de ville précédés de massiers et de musiciens. — Aquarelle gravée par Née pour le *Voyage en Roussillon* (pl. XXIX). 159

2047. Beugnet. — **Perpignan.** — Le recteur et les quatre doyens de l'Université. — Dessin lavé à l'aquarelle 160

2048. Beugnet. — Costumes des habitants du Roussillon. — Dessin lavé à l'aquarelle, gravé par Née, pour le *Voyage en Roussillon* (pl. XXIX) 161

2049. Lespinasse (Le chevalier de). — **Perpignan.** — Vue de l'école militaire. — Aquarelle gravée par Née en 1786, pour le *Voyage en Roussillon* (pl. XIV) 162

2050. Lespinasse (Le chevalier de). — **Perpignan.** — Vue du champ de Mars. — Aquarelle gravée par Née en 1786, pour le *Voyage en Roussillon* (pl. XVI) 163

2051. Margouët. — **Perpignan.** — Vue de la salle de spectacle à l'hôtel de ville. — Dessin lavé à l'encre de Chine 164

2052. Clerget. — **Perpignan.** — Vue générale de la ville. — Croquis à la mine de plomb 165

2053. Margouët. — **Port-Vendre.** — Vue d'ensemble du port et de la ville. — Dessin lavé à l'aquarelle 166

2054. Anonyme. — Vue de la tour de **Prats.** — Dessin lavé à la sépia. 167

2055. Lespinasse (Le chevalier de). — Vue de la ville et de l'étang de **Salses.** — Aquarelle gravée par Née pour le *Voyage en Roussillon* (pl. XXI) 168

2056-2057. Anonyme. — Vue des tours dénommées **Altalayas** sur la frontière de France et d'Espagne. — Dessins lavés au bistre . . 169

DÉPARTEMENT DE L'ARIÈGE.

2058. Beugnet. — Cinq sceaux de la maison de **Foix**. — Dessin lavé à l'encre de Chine 170

DÉPARTEMENT DE LA CORSE.

2059. Anonyme. — **Ajaccio**. — Vue de la baie. — Croquis à la mine de plomb. 171

2060. B. de Beauce. — **Bastia**. — *« Percement de la route de Bastia à Saint-Florent par l'expédition française de Monsieur de Marbœuf. »* — Dessin à la pierre noire 172

2061. Daubigny (J.), 1779. — **Bastia**. — *« Vue de Bastia prise du pied de la tour de Toga sur le chemin du cap Corse. »* — Dessin ombré à l'encre de Chine, gravé par Née, pour le *Voyage pittoresque de la France*, t. II, Corse (pl. I). 173

2062. Daubigny. — **Bastia**. — Vue du môle et du fanal prise de dessous le rocher qui porte la citadelle. — Dessin lavé à l'encre de Chine, gravé par Fessard pour le *Voyage pittoresque de la France*, t. II, Corse (pl. II). 174

2063. Daubigny. — **Bastia**. — Vue de la citadelle à l'entrée du port. — Dessin lavé à l'encre de Chine, gravé sous la direction de Née pour le *Voyage pittoresque de la France*, t. II, Corse (pl. III). 175

2064. Daubigny. — **Bastia**. — Vue de la citadelle et de la cathédrale prise du chemin de la fontaine de Ficajola. — Dessin lavé à l'encre de Chine, gravé sous la direction de Née, pour le *Voyage pittoresque de la France*, t. II, Corse (pl. IV) 176

2065. Douteau, 1788. — **Bastia**. — *« Plan du jardin appartenant à Mgr de la Guillaumye Intendant de l'Isle de Corse situé près de la ville de Bastia. »* — Plan lavé à l'encre de Chine et à l'aquarelle. 177

2066. Daubigny (J.). — **Bastia**. — *« Vue de la fontaine de Ficajola au midi et hors de la ville de Bastia. »* — Dessin lavé à l'encre de Chine, gravé sous la direction de Née, même ouvrage (pl. V) 178

2067. Daubigny (J.). — Vue des ruines de la villa Giustiniani, du fort de la Croix et du couvent des capucins aux environs de **Bastia**. — Dessin lavé à l'encre de Chine, gravé sous la direction de Née, même ouvrage (pl. VII) 178

2068. Daubigny (J.). — **Bastia.** — Vue du couvent des capucins, prise de l'intérieur du jardin. — Dessin lavé à l'encre de Chine, gravé sous la direction de Née, même ouvrage (pl. VI)........... 178

2069. Daubigny (J.). — Vue de la tour de Sénèque, du Monte-Rotto et du village de **La Piazza** au cap Corse. — Dessin lavé à l'encre de Chine, gravé par Riollet, même ouvrage (pl. VIII)........ 179

2070. Daubigny (J.). — Vue du golfe de la ville et de la citadelle de **Saint-Florent.** — Dessin lavé à l'encre de Chine, gravé sous la direction de Née, même ouvrage (pl. IX).................... 180

TOME X.

LANGUEDOC.

DÉPARTEMENT DE LA HAUTE-GARONNE.

Pages.

2071. Chapuy. — Vue de **Cazères**. — Dessin à la mine de plomb...... 1

2072. Chapuy. — **Cazères**. — Vue de l'église. — Dessin à la mine de plomb.............. 2

2073. Chapuy. — Vue de **Chaumont**. — Dessin à la mine de plomb..... 3

2074. Chapuy. — Vue de **Cierp**. — Dessin à la mine de plomb........ 4

2075. Chapuy. — Vue des sources de la **Garonne** à la frontière de France. — Dessin à la mine de plomb.............. 5

2076. Lalanne (Maxime), 14 septembre 1850. — Vue du fort de **Lourdes**. — Croquis à la mine de plomb.............. 6

2077. Chapuy. — **Martres**. — Vue de la Garonne. — Croquis à la mine de plomb.............. 7

2078. Chapuy. — **Muret**. — Vue du pont. — Croquis à la mine de plomb. 8

2079. Chapuy. — Vue des gorges de **Saint-Bertrand-de-Comminges**. — Croquis à la mine de plomb.............. 9

2080. Renou. — **Saint-Bertrand-de-Comminges**. — Vue intérieure de l'église. — Croquis à la mine de plomb.............. 10

2081. Renou. — **Saint-Bertrand-de-Comminges**. — Vue du cloître. — Dessin à la mine de plomb.............. 11

2082. Chapuy. — Vue de **Saint-Bial**. — Dessin à la mine de plomb.... 12

2083. Chapuy. — **Saint-Martory**. — Vue d'un pont. — Croquis à la mine de plomb.............. 13

2084. Chapuy. — **Saint-Martory**. — Vue de la ville. — Dessin à la mine de plomb.............. 14

2085. Chapuy. — **Toulouse**. — Vue prise du pont. — Dessin à la mine de plomb.............. 15

2086. Anonyme, 14 juin 1830. — **Toulouse**. — Vue de la porte de Saint-Gaudens. — Croquis à la mine de plomb.............. 16

2087. BARTHE. — **Toulouse.** — Vue du tombeau de Guillaume Molinier au Musée. — Dessin à la mine de plomb................ 16

2088. Anonyme. — **Toulouse.** — Vue latérale de la cathédrale. — Dessin à la mine de plomb........................ 17

2089. Anonyme. — **Toulouse.** — Vue de l'église Saint-Sernin. — Dessin à la mine de plomb........................ 18

2090. Anonyme. — **Toulouse.** — Vue de l'église Saint-Sernin. — Dessin à la mine de plomb........................ 19

2091. Anonyme. — **Toulouse.** — Vue intérieure de l'église Saint-Sernin. — Dessin lavé à la sépia.................... 20

2092. Anonyme. — **Toulouse.** — Vue de l'église de la Dalbade. — Croquis à la mine de plomb relevé de gouache.............. 20

2093. CHAPUY. — **Toulouse.** — Vue de la Dalbade et des maisons avoisinantes. — Dessin à la mine de plomb.............. 21

2094. Anonyme. — **Toulouse.** — Vue de Notre-Dame-de-la-Dalbade. — Croquis à la mine de plomb...................... 22

2095. RENOU. — **Toulouse.** — Vue prise à l'intérieur d'une église (Saint-Étienne?). — Dessin à la mine de plomb............ 23

2096. RENOU. — **Toulouse.** — Vue intérieure d'une église (Saint-Étienne?). — Dessin à la mine de plomb.............. 24

2097. RENOU. — **Toulouse.** — Maison du collège Royal. — Dessin à la mine de plomb.......................... 25

2098. CLERGET. — **Toulouse.** — Vue de l'église Saint-Sernin. — Croquis à la mine de plomb...................... 26

2099. CHAPUY. — **Toulouse.** — Vue d'une église gothique. — Dessin à la mine de plomb.......................... 26

2100. CHAPUY. — **Toulouse.** — Vue de l'église Saint-Sernin. — Croquis à la mine de plomb...................... 27

2101. DAUZATS. — **Toulouse.** — Porte d'une maison de style Renaissance. — Dessin à la mine de plomb.................... 28

2102. DAUZATS. — **Toulouse.** — Vue de la flèche de l'église Saint-Sernin. — Dessin à la mine de plomb.................. 28

2103. CLERGET. — **Toulouse.** — Vue d'un cloître. — Croquis à la mine de plomb............................ 29

2104. CHAPUY. — **Toulouse.** — Vue prise au musée des antiques. — Croquis à la mine de plomb...................... 29

2105. Anonyme. — **Toulouse**. — Vue de l'église des Jacobins. — Aquarelle. 29

2106. Anonyme. — **Toulouse**. — Armoire sculptée du xvi⁰ siècle, tirée de la collection de Granée frères. — Croquis à la mine de plomb. . 30

2107. Fragonard (A.). — **Toulouse**, palais des Capitouls. — Vue de la cour intérieure dans laquelle le duc de Montmorency fut décapité. — Croquis à l'encre légèrement lavé à l'encre de Chine. 31

2108. Anonyme. — **Toulouse**, palais des Capitouls. — Vue de la cour où le duc de Montmorency fut décapité. — Dessin au trait. 32

2109. Chapuy. — **Saint-Gaudens**. — Vue d'une place. — Dessin à la mine de plomb. 33

2110. Clerget. — Vue d'une église aux environs de **Toulouse**. — Croquis à la mine de plomb. 34

2111. Aligny, 20 octobre 18.. — **Toulouse**. — Vue de la cour d'une maison Renaissance. — Dessin lavé à l'encre de Chine. 35

2112. Aligny. — Vue de **Toulouse**. — Dessin lavé à l'encre de Chine . . . 35

DÉPARTEMENT DE LA LOZÈRE.

2113. Armand (E.), 1850. — **Lannejouls**. — Vue d'un mausolée romain. — Aquarelle. 36

2114. Anonyme. — **Mende**. — Vue d'une place et des clochers de la cathédrale. — Dessin à la mine de plomb. 37

2115. Anonyme. — **Mende**. — Vue d'ensemble de la ville. — Dessin à la mine de plomb. 37

2116. Anonyme. — Pierre branlante près de **Mende**. — Dessin à la mine de plomb. 39

2117. Clerget. — **Mende**. — Vue de la cathédrale Notre-Dame. — Croquis à la mine de plomb. 39

2118. Aligny. — **Marvejols**. — Vue d'une porte fortifiée. — Dessin ombré à l'encre de Chine. 40

2119. Aligny. — Vue de rochers dans la **Lozère**. — Dessin ombré à l'encre de Chine. 40

2120. Aligny. — Paysage de la **Lozère** avec arbres et rochers. — Dessin ombré à l'encre de Chine. 40

2121. Aligny. — Vue de l'entrée du **Pas de Soucy**. — Dessin à la plume. 41

2122. ALIGNY. — Vue prise au bord de **La Junte**. — Dessin ombré à la sépia.. 41

2123. ALIGNY. — Vue du village des **Rosiers**. — Dessin à la mine de plomb.. 42

DÉPARTEMENT DE L'ARDÈCHE.

2124. CHAPUY. — Vue d'Arras. — Croquis à la mine de plomb........ 43

2125. CHAPUY. — **Bourg-Saint-Andéol**. — Vue de l'église. — Croquis à la mine de plomb.................................... 44

2126. CLERGET. — **Annonay**. — Vue de la ville. — Croquis à la mine de plomb.. 44

2127. CHAPUY. — **Bourg-Saint-Andéol**. — Vue du Rhône. — Croquis à la mine de plomb.................................... 45

2128. CHAPUY. — Vue de **Châteaubourg**. — Dessin à la mine de plomb. 46

2129. CHAPUY. — Vue de **Beaucastel**. — Dessin à la mine de plomb... 47

2130. CHAPUY. — Vue de **Cruas**. — Dessin à la mine de plomb........ 48

2131. CHAPUY. — Vue des ruines du château de **Crussol**. — Dessin à la mine de plomb.. 49

2132. CHAPUY. — Vue du château de **Crussol** et de la vallée qu'il domine. — Dessin à la mine de plomb........................ 50

2133. LE MAY (O.). — **Le Chanivari**. — *« Vue du sommet de la montagne du Chanivari en Vivarais où on exploite une mine de pouzzolane rouge, on y voit aussi des colonnes de basalte perpendiculaires. »* — Aquarelle gravée sous la direction de NÉE pour le *Voyage pittoresque de la France*, t. II, Vivarais (pl. IV)............. 51

2134. LE MAY (O.). — **Le Chanivari**. — *« Vue d'un rocher de basaltes en prismes, entre le château de Rochemaure et la montagne du Chanivari en Vivarais. »* — Aquarelle gravée sous la direction de NÉE pour le *Voyage pittoresque de la France*, t. II, Vivarais (pl. 4). 52

2135. LE MAY (O.). — Vue du château de **Rochemaure** et d'une partie du cours du Rhône. — Aquarelle gravée par NÉE, même ouvrage (pl. II).. 53

2136. LE MAY (O.). — Vue de trois rochers volcaniques situés à un quart de lieue de **Rochemaure**. — Aquarelle.................... 54

2137. CLERGET. — Vue de Rochemaure. — Dessin à la mine de plomb. 55

2138. CLERGET. — **Largentière**. — Vue de l'entrée de la ville. — Croquis à la mine de plomb.................................... 55

2139. Chapuy. — Côte volcanique de **Rochemaure** et ruines d'**Ancone**. — Dessin à la mine de plomb...................... 56

2140. Chapuy. — Vue du château de **Rochemaure**. — Dessin à la mine de plomb.......................... 57

2141. Chapuy. — Vue du pic volcanique et du donjon de **Rochemaure**. — Dessin à la mine de plomb...................... 58

2142. Le May (O.). — **Viviers**. — Vue d'ensemble de la ville. — Aquarelle gravée par Née pour le *Voyage pittoresque de la France*, t. II, Vivarais (pl. I)......................... 59

2143. Chapuy. — **Viviers**. — Vue des bords du Rhône. — Dessin à la mine de plomb...................... 60

2144. Chapuy. — Vue de **Viviers** — Dessin à la mine de plomb........ 61

2145. Chapuy. — **Viviers**. — Croquis à la mine de plomb........... 62

2146. Chapuy. — **Tournon**. — Croquis à la mine de plomb........... 63

2147. Seruzier, *maître de dessin au corps de l'artillerie* (en 17..). — Plan et vue de **Tournon**. — Dessin à la plume et au lavis........ 64

2148. Aligny. — **Tournon**. — Vue du château. — Dessin lavé à l'encre de Chine........................ 65

2149. Chapuy. — Vue du château de **Tournon** et du château de l'Ermitage....................... 66

2150. Chapuy. — **Tournon**. — Vue du château, côté du quai. — Dessin à la mine de plomb...................... 67

2151. Chapuy. — Vue panoramique de **La Voulte**. — Dessin à la mine de plomb........................ 68

2152. Chapuy. — Vue de **La Voulte**. — Croquis à la mine de plomb... 69

DÉPARTEMENT DE LA HAUTE-LOIRE.

2153. Clerget (H.). — Vue d'**Arvant-sur-Loire**. — Croquis lavé à l'encre de Chine et rehaussé de gouache............... 70

2154. Clerget. — Vue d'**Aurec**. — Croquis à la mine de plomb rehaussé de blanc....................... 71

2155. Jorand, 1825. — **Brioude**. — Vue de l'église Saint-Julien. — Dessin lavé à la sépia. — Voir le *Voyage en Auvergne*, par Taylor et Nodier, t. II (pl. CXL)...................... 72

2157. Anonyme. — **Brioude.** — Vue de l'église Saint-Julien. — Dessin à la mine de plomb. — Voir le *Voyage en Auvergne*, par Taylor et Nodier, Auvergne, t. II (pl. CXLIII *bis*) 73

2158. Anonyme. — **Brioude.** — Vue de vieilles maisons. — Dessins à la mine de plomb 74

2159. Jorand, le 13 septembre 1826. — **Brioude.** — Vue intérieure de l'église Saint-Julien. — Croquis à la mine de plomb. — Voir le *Voyage pittoresque en Auvergne*, t. II (pl. CXLIII) 75

2160. Jorand. — Vue de **Chanteuges.** — Dessin lavé à la sépia 76

2161. Meunier. — Vue de la chartreuse de **Villeneuve-sur-Loire**, située entre la ville du Puy et le village de Brive. — Aquarelle gravée par Née pour le *Voyage pittoresque de la France*, t. III, Auvergne (pl. III) 77

2162. Meunier, 1788. — **Éguille (?).** — Vue d'un ancien édifice de forme hexagonale connu sous le nom de *temple de Diane*. — Aquarelle gravée par Née, même ouvrage (pl. VII) 78

2163. Meunier. — Vue du village et des ruines du château d'**Espaly**, aux environs du Puy. — Aquarelle gravée par Née, même ouvrage (pl. XIV) 79

2164. Jorand, 22 août 1826. — Vue des ruines du château d'**Espaly.** — Croquis à la mine de plomb. — Voir le *Voyage en Auvergne*, par Taylor et Nodier, t. II (pl. CLXVIII) 80

2165. Meunier. — Vue d'une montagne en roches basaltiques auprès des ruines du château d'**Espaly.** — Aquarelle gravée par Niquet pour le *Voyage pittoresque de la France*, t. III, Auvergne (pl. XI). 81

2166. Anonyme. — **Coubon.** — Cuve baptismale en granit qui se trouve dans l'église. — Croquis à la mine de plomb 82

2167. Meunier. — Vue panoramique des montagnes du Velay, prise du rocher de **Doue ou Doué.** — Aquarelle gravée par Née pour le *Voyage pittoresque de la France*, t. III, Auvergne (pl. XVII)... 83

2168. Meunier. — Vue de l'ancienne abbaye de **Doue ou Doué.** — Aquarelle gravée par Née, même ouvrage (pl. II) 84

2169. Meunier, 1788. — Vue de **Monistrol** prise au levant, sur la route de Lyon. — Aquarelle gravée par Née, même ouvrage (pl. XVI).. 85

2170. Meunier. — Vue des ruines du château fort de **Polignac.** — Aquarelle gravée par Née, même ouvrage (pl. XV) 86

2171. Joly (A.). — Vue du château de la **Voulte de Polignac.** — Dessin lavé à la sépia. — Voir le *Voyage pittoresque en Auvergne*, par Taylor et Nodier, t. II (pl. CLXXVII) 87

2172. Meunier, 1788. — Vue du château de la **Voulte de Polignac**. — Aquarelle gravée par Née pour le *Voyage pittoresque de la France*, t. III, Auvergne (pl. VI)............................ 88

2173. Anonyme. — Vue de la porte du château de **Polignac**. — Dessin à la mine de plomb................................ 89

2174. Clerget. — **Polignac**. — Vue de l'église du village. — Croquis à la mine de plomb................................ 89

2175. Jorand, 1826. — Vue de la tour de **Polignac**. — Dessin lavé à la sépia.................................... 90

2176. Anonyme, 1824. — Vue des ruines du château de **Polignac**. — Dessin lavé à l'encre de Chine et rehaussé de gouache........ 91

2177. Anonyme, novembre 1830. — Vue du château de **Polignac**. — Croquis à la mine de plomb.......................... 91

2178. Anonyme, novembre 1830. — Autre vue du château de **Polignac**. — Croquis à la mine de plomb...................... 91

2179-2182. Clerget (H.). — Vues du château de **Polignac** sous ses différents aspects. — Dessins et croquis à la mine de plomb. 92-95

2183. Meunier, 1788. — Vue d'ensemble de la ville. — **Le Puy-en-Velay**. — Aquarelle gravée par Née pour le *Voyage pittoresque de la France*, t. III, Auvergne (pl. XII).................. 96

2184. Meunier. — **Le Puy**. — Vue de la ville, prise au couchant. — Aquarelle gravée par Née, même ouvrage (pl. XIII)............. 97

2185. Meunier, 1788. — Vue du rocher Saint-Michel, auprès **du Puy**. — Aquarelle gravée par Duparc, même ouvrage (pl. X)...... 98

2186. Jorand. — Vue du rocher Saint-Michel, **au Puy**. — Dessin lavé à la sépia. — Voir le *Voyage en Auvergne*, par Taylor et Nodier, t. II (pl. CLXV)................................... 99

2187. Meunier, 1788. — **Le Puy**. — Vue de l'église cathédrale de Notre-Dame. — Aquarelle gravée par Née pour le *Voyage pittoresque de la France*, t. III, Auvergne (pl. IV).......... 100

2188. Meunier. — **Le Puy**. — Vue de la place du Fort. — Aquarelle gravée par Née pour le *Voyage pittoresque de la France*, t. III, Auvergne (pl. V)..................................... 101

2189. Dauzats, 9 novembre 1830. — **Le Puy**. — Vue générale. — Dessin à la mine de plomb. — Voir le *Voyage en Auvergne*, par Taylor et Nodier, t. II (pl. CLII)............................ 102

2190. Anonyme. — **Le Puy.** — Chevet et cheminée d'une maison romane. — Dessin à la mine du plomb........................ 103

2191. Chapuy. — **Le Puy.** — Vue de la ville prise de la roche d'Espaly. — Dessin à la mine de plomb........................ 104

2192. Jorand, 1824. — **Le Puy.** — Vue du cloître de l'église Notre-Dame. — Dessin lavé à la sépia. — Voir le *Voyage pittoresque en Auvergne*, t. II (pl. CLX)........................ 105

2193. Jorand, 27 août 1826. — **Le Puy.** — Vue latérale du portail de Notre-Dame. — Croquis à la mine de plomb. — Voir le *Voyage en Auvergne*, t. II (pl. CLVI)........................ 106

2194. Jorand. — **Le Puy.** — Vue prise à la cathédrale. — Dessin lavé à la sépia. — Voir le *Voyage en Auvergne*, t. II (pl. CLXI).... 107

2195. Jorand, 7 septembre 1806. — Vue du jubé de l'église de **La Chaise-Dieu.** — Dessin lavé à l'encre de Chine. — Voir le *Voyage en Auvergne*, t. II (pl. CXLVII)........................ 108

2196. Dauzats. — Vue de l'église de **La Chaise-Dieu.** — Dessin à la mine de plomb........................ 109

2197. Clerget. — **Le Puy.** — Vue panoramique de la ville. — Croquis à la mine de plomb........................ 109

2198. Dauzats, 7 novembre 1830. — Vue d'un tombeau dans l'église de l'abbaye de **La Chaise-Dieu.** — Dessin à la mine de plomb. — Voir le *Voyage en Auvergne*, t. II (pl. CLI *bis*)........... 110

2199. Dauzats. — Église de **La Chaise-Dieu.** — Détails des stalles gothiques. — Dessin à la mine de plomb........................ 111

2200. Anonyme. — La Danse des morts, fresque relevée dans l'église de **La Chaise-Dieu.** — Dessin à la mine de plomb......... 111

2201. Anonyme. — Vue du fonds des Roches à proximité de **Bourg-d'Oisans.** — Aquarelle........................ 112

2202. Meunier, 1789. — Vue du château de **Bouzols,** aux environs du Puy. — Aquarelle gravée par Née pour le *Voyage pittoresque de la France*, t. III, Auvergne (pl. IX)........................ 113

2203. Anonyme, 23 septembre 1826. — La pierre des **Fées** (commune de Saint-Eble). — Dessin lavé à la sépia................ 114

2204. Jorand (?) — Vue de **Saint-Elpize,** sur les bords de l'Allier. — Dessin lavé à la sépia........................ 115

2205. Meunier, 1788. — Vue de l'abbaye de **La Sauve,** à deux lieues de Saint-Dizier. — Aquarelle gravée par Pillement pour le *Voyage pittoresque de la France*, t. III, Auvergne (pl. I)........... 116

2206. Jorand. — Vue de **Vals-le-Chastel** et du château de **Cumignac.** — Croquis à la mine de plomb. — Voir le *Voyage pittoresque en Auvergne,* par Taylor et Nodier, t. II (pl. CL)........... 117

2207. Meunier, 1788. — Vue du château de **Vaux.** — Aquarelle gravée par Née pour le *Voyage pittoresque de la France,* t. III, Auvergne (pl. VIII)............................ 118

2208-2209. Dauzats. — **Le Puy.** — Meubles de style Renaissance et de style gothique. — Dessins à la mine de plomb. — Voir le *Voyage pittoresque en Auvergne,* par Taylor et Nodier, t. II (pl. CLXIII *bis*)............................ 119

DÉPARTEMENT DU TARN.

2210. Anonyme, xviiie siècle. — Vue d'**Albi.** — Dessin à la mine de plomb............................ 120

2211. Dauzats. — **Albi.** — Couronnement du grand porche de la cathédrale Sainte-Cécile. — Dessin légèrement ombré à la sépia. 121

2212. Dauzats. — **Albi.** — Vue de la cathédrale Sainte-Cécile. — Dessin légèrement ombré à la sépia..................... 121

2213. Chapuy. — **Albi.** — Vue du porche de la cathédrale. — Dessin à la mine de plomb............................ 121

2214. Dauzats. — **Albi.** — Vue du porche de la cathédrale. — Dessin à la mine de plomb............................ 122

2215. Clerget. — **Albi.** — Vue de la cathédrale et des maisons avoisinantes. — Croquis à la mine de plomb sur papier bleu..... 122

2216. Anonyme. — **Albi.** — Travée de la cathédrale. — Dessin légèrement ombré à l'encre de Chine..................... 123

2217. Anonyme. — **Albi.** — Coupe d'une travée de la cathédrale. — Dessin à la plume............................ 124

2218. Calliat (V.), arch. — **Albi.** — Peintures de la voûte de la cathédrale. — Aquarelle............................ 125

2219. Calliat (V.). — **Albi.** — Statue d'ange tenant une banderolle. — Aquarelle............................ 126

2220-2222. Calliat (V.). — **Albi.** — Détails de décoration murale relevés dans les chapelles de la cathédrale. — Aquarelle...... 127

2223. Anonyme. — **Albi.** — Détails des stalles du chœur de la cathédrale. — Dessin à la plume............................ 128

2224. Anonyme, xviii° siècle. — **Castres.** — Vue d'ensemble de la ville. — Dessin ombré à la sépia.................................... 129

2225. Du Mège, juin 1822. — Vue du saut de **Soho**, près d'**Albi.** — Dessin à la mine de plomb.......................... 130

2226. Anonyme, août 1830. — Vue du château de **Lacaze.** — Croquis à la mine de plomb.............................. 131

2227. Anonyme, 25 juillet 1646. — **Montauban.** — Vue des remparts. — Dessin ombré à la sépia et légèrement teinté........... 132

2228. Anonyme. — Vue prise dans les gorges du **Tarn.** — Croquis à la mine de plomb.................................. 133

2229. Clerget. — Vue de **Castres.** — Dessin lavé à l'encre de Chine et rehaussé de blanc.................................. 134

2230. Clerget. — **Montauban.** — Vue du pont. — Croquis à la mine de plomb légèrement ombré à l'encre de Chine........... 134

2231. Cadot. — Vue des rapides du **Tarn.** — Dessin au crayon noir... 135

2232-2233. Aligny. — Vues prises dans la vallée du **Tarn.** — Dessins à la plume.................................. 136

2234. Aligny. — Vue du rocher de Calluc sur les bords du **Tarn.** — Dessin lavé au bistre.................................. 137

2235. Aligny. — Vue prise au **Cambon**, dans la vallée du Tarn. — Dessin à la mine de plomb.................................. 137

DÉPARTEMENT DE L'HÉRAULT.

2236. Genillion. — **Agde.** — Vue du moulin. — Aquarelle gravée par Née pour le *Voyage pittoresque de la France*, t. II, Languedoc (pl. LXXVI).................................... 138

2237. Anonyme. — Vue de **Cette.** — Dessin lavé à la sépia......... 139

2238. Genillion. — **Lodève.** — Vue du pont et de la manufacture. — Aquarelle gravée par Née pour le *Voyage pittoresque de la France*, t. II, Languedoc (pl. LXXI).................... 140

2239. Genillion. — **Lodève.** — Vue d'un moulin à foulon. — Aquarelle gravée par Aveline, même ouvrage (pl. LXXII)........ 141

2240. Bence. — Vue d'une fontaine antique, près l'emplacement de **Maguelonne.** — Dessin lavé à la sépia.................. 142

2241. Clerget. — **Gignac.** — Vue de l'autel de Notre-Dame-de-Grâce. — Croquis à la mine de plomb...................... 142

DÉPARTEMENT DU GARD.

2242. Anonyme. — Vue d'**Aigues-Mortes**. — Dessin lavé à la sépia. . 143

2243. Anonyme. — **Aigues-Mortes**. — Vue d'une tour. — Dessin à la mine de plomb. 143

2244. Anonyme. — **Aigues-Mortes**. — Vue de la porte des Cordeliers. — Dessin à la mine de plomb. 144

2245. Anonyme. — **Aigues-Mortes**. — Vue de la tour Constance. — Dessin lavé à la sépia. 145

2246-2247. Anonyme. — **Aigues-Mortes**. — Vue des remparts. — Dessins ombrés à la sépia, ... 146

2248. Anonyme. — Vue d'**Anduze**, sur le Gardon. — Dessin lavé à l'encre de Chine. 147

2249. Chapuy. — **Tarascon**. — Vue du pont de Beaucaire. — Dessin à la mine de plomb. 148

2250. Chapuy. — **Beaucaire**. — Vue de la chapelle du château. — Dessin à la mine de plomb. 149

2251. Anonyme. — Vue du château de **Figaret**, près de Saint-Hippolyte. — Dessin lavé à l'encre de Chine. 150

2252. Anonyme. — **Nîmes**. — Vue de la Maison Carrée. — Dessin au trait. — Au revers, plan géométral du même édifice. 151

2253. Anonyme. — **Nîmes**. — Vue d'ensemble de la ville. — Dessin à la mine de plomb. 152

2254. Deroy. — **Nîmes**. — Vue d'une place. — Dessin lavé à la sépia. . 153

2255. Goblain. — **Nîmes**. — Vue d'une porte antique. — Dessin lavé à l'encre de Chine. 154

2256. Anonyme, août 1824. — **Nîmes**. — Vue de l'église Saint-Castor. — Croquis à la mine de plomb. 154

2257. Daubigny. — **Nîmes**. — Vue de la ruine romaine connue sous le nom de la tour Magne. — Dessin lavé à l'encre de Chine, gravé par Née pour le *Voyage pittoresque de la France*, t. II, Gard (pl. V). 155

2258. Deroy. — **Nîmes**. — Vue de la tour Magne. — Dessin lavé à la sépia. 156

2259. Genillion. — Vue du pont romain bâti sur le **Gard**. — Aquarelle gravée sous la direction de Née pour le *Voyage pittoresque de la France*, t. II, Languedoc (pl. LXIX). 157

2260. GENILLION. — Autre vue du même pont. — Dessin lavé à l'encre de Chine, gravé sous la direction de NÉE, même ouvrage (pl. LXX). 158

2261. GENILLION. — Vue du **Pont-Saint-Esprit**. — Dessin lavé à l'encre de Chine, gravé par NÉE, même ouvrage (pl. LXXIII)...... 159

2262. CHAPUY. — Vue du **Pont-Saint-Esprit**. — Dessin à la mine de plomb.............................. 160

2263. BARTHE. — **Pompignan**. — Vue de l'entrée du château et de l'église. — Dessin à la mine de plomb........................ 161

2264. CHAPUY. — Vue de **Roquemaure**. — Dessin à la mine de plomb. 162

2265. MEUNIER, an III. — Vue du château de **Saint-Romans**, près Tarascon. — Aquarelle........................... 163

2266. MILLING. — **Sommières**. — Vue du pont romain, de la tour et de la ville. — Dessin à la mine de plomb............... 164

2267. MONVADER (A.). — **Nîmes**. — Vue des arènes. — Dessin à la plume.............................. 165

2268. ALIGNY. — **Villeneuve-lès-Avignon**. — Vue du château. — Dessin lavé à l'encre de Chine.................... 166

2269. ALIGNY, 1856. — Vue d'une tour au bord du Rhône sous **Villeneuve-lès-Avignon**. — Dessin lavé à la sépia......... 166

2270. ALIGNY, 1835. — **Milhau**. — Vue d'ensemble. — Dessin à la plume.............................. 167

2271. ALIGNY. — **Milhau**. — Vue du pont. — Dessin à la plume...... 167

2272. ALIGNY. — Paysage des environs de **Milhau**.—Dessin à la plume. 168

DÉPARTEMENT DE L'AUDE.

2273. Anonyme. — Vue des ruines du château des **Albas**. — Dessin lavé à la sépia................................ 169

2274. Anonyme. — **Connilhac**. — Vue de l'abside de l'église. — Dessin lavé à la sépia.............................. 169

2275. Anonyme, 22 avril 1856. — Vue d'une cheminée monumentale au château de **Roquetaillade**. — Dessin à la mine de plomb.. 170

2276. CLERGET. — **Narbonne**. — Vue de l'hôtel de ville. — Dessin sur papier bleu ombré à l'encre de Chine................. 171

2277. CLERGET. — Vue prise à **Narbonne**. — Croquis à la mine de plomb. 171

TOME XI.

BOURGOGNE. — BRESSE ET BUGEY.

DÉPARTEMENT DE L'YONNE.

Pages.

2278. Clerget. — **Auxerre.** — Vue d'ensemble de la ville. — Dessin lavé à l'encre de Chine et rehaussé de gouache............. 1

2279. Clerget. — Vue du château d'**Ancy-le-Franc.** — Dessin lavé à l'encre de Chine et rehaussé de gouache.................. 1

2280. Clerget. — Autre vue du château d'**Ancy-le-Franc.** — Croquis à la mine de plomb.............................. 1

2281. Pérelle. — Vue du château d'**Ancy-le-Franc.** — Dessin à la plume. 2

2282. Lallemand. — **Auxerre.** — Vue prise du bord de la rivière. — Dessin ombré à l'encre de Chine........................ 3

2283. Lallemand. — **Auxerre.** — Arc de Saint-Renobert. — Aquarelle gravée sous la direction de Née pour le *Voyage pittoresque de la France*, t. I, Bourgogne (pl. LII)....................... 4

2284. Anonyme, 26 juillet 1823. — **Auxerre.** — Vue du clocher de l'église Saint-Germain. — Croquis à la mine de plomb............., 4

2285. Wyld (W.), 1836. — **Auxerre.** — Vue générale de la ville. — Croquis à la mine de plomb........................ 5

2286. Dauzats. — **Auxerre.** — Vue de l'arc Saint-Renobert. — Dessin lavé à la sépia............................... 6

2287. Dauzats. — **Auxerre.** — Vue de la tour de l'horloge. — Dessin lavé à la sépia............................... 6

2288. Deroy. — **Auxerre.** — Vue de l'église Saint-Germain. — Dessin lavé à la sépia............................... 7

2289. Goblain. — **Auxerre.** — Vue de la tour de l'horloge. — Dessin lavé à la sépia............................... 7

2290. Clerget. — **Auxerre.** — Vue générale de la ville. — Croquis à la mine de plomb.............................. 7

2291. Jorand. — **Auxerre.** — Vue de l'église Saint-Germain. — Dessin lavé à la sépia............................... 8

2292. Anonyme. — **Auxerre.** — Vue de la chapelle de la Vierge dans l'église Saint-Étienne. — Dessin inachevé lavé à la sépia 9

2293. Chapuy, 1827. — **Auxerre.** — Vue de la chapelle de la Vierge à l'église Saint-Étienne. — Croquis à la mine de plomb 10

2294. Clerget. — **Avallon.** — Vue d'ensemble de la ville. — Dessin lavé à l'encre de Chine 10

2295. Lallemand. — **Avallon.** — Vue de la porte Auxerroise. — Aquarelle gravée par Mlle Denis pour le *Voyage pittoresque de la France*, t. I, Bourgogne (pl. LIII) 11

2296. Lallemand. — **Avallon.** — Vue prise du chemin de l'Orme. — Aquarelle gravée sous la direction de Née pour le *Voyage pittoresque de la France*, t. I, Bourgogne (pl. LXVIII) 11

2297. Lallemand. — **Avallon.** — Vue prise en descendant près de la rivière. — Aquarelle gravée sous la direction de Née, même ouvrage (pl. LXVIII) 11

2298. Anonyme. — **Avallon.** — Vue de l'église et du beffroi. — Dessin lavé à l'encre de Chine 12

2299. Anonyme. — **Avallon.** — Vue générale de la ville. — Dessin à la mine de plomb rehaussé de gouache 12

2300. Anonyme, 8 octobre 1830. — Vue prise à **Avallon.** — Dessin ombré à la sépia 13

2301. Anonyme. — **Avallon.** — Vue de la ville. — Dessin ombré à la sépia et rehaussé de gouache 14

2302. Anonyme. — **Joigny.** — Vue d'ensemble de la ville. — Dessin lavé à l'encre de Chine et légèrement teinté d'aquarelle 15

2303. Anonyme. — **Joigny.** — Détails de la façade d'une maison du xve siècle. — Aquarelle 16

2304. Clerget. — Vue du château de **Chastellux.** — Croquis à la mine de plomb 17

2305. Anonyme. — Vue du château d'**Ancy-le-Franc.** — Dessin à la mine de plomb 17

2306. Hébert. — Vue prise à **Pont-sur-Yonne.** — Aquarelle 18

2307. Anonyme. — **Sens.** — Vue de la porte Notre-Dame. — Aquarelle inachevée 19

2308. De Jolimont (T. de), juin 1827. — **Sens.** — Vue de la porte Saint-Antoine. — Dessin à la mine de plomb 20

2309. De Jolimont. — **Sens.** — Autre vue de la porte Saint-Antoine. — Dessin à la mine de plomb........................ 20

2310. Anonyme. — **Sens.** — Vue de la façade de la cathédrale. — Dessin au trait........................ 21

2311. Clerget. — **Sens.** — Vue de la façade de la cathédrale. — Dessin ombré à la sépia........................ 21

2312. Clerget. — **Sens.** — Vue de la façade de la cathédrale. — Dessin lavé à la sépia et rehaussé de gouache........................ 21

2313. Mausson (Th.), 1845. — **Sens.** — Vue latérale sud-est de la cathédrale. — Dessin à la mine de plomb légèrement ombré à l'encre de Chine........................ 22

2314. Anonyme. — **Sens.** — Vue intérieure de la cathédrale avec la Vierge en pierre donnée en 1334 par le chanoine Jarrue. — Dessin lavé à la sépia........................ 23

2315. Anonyme. — **Sens.** — Vue de chapiteaux relevés à la cathédrale. — Dessin à la mine de plomb........................ 24

2316. Anonyme. — **Sens.** — Vue de chapiteaux relevés dans la cathédrale. — Dessin à la mine de plomb........................ 25

2317. Anonyme. — **Sens.** — Partie supérieure d'une des verrières de la cathédrale. — Dessin à la mine de plomb........................ 26

2318. Anonyme. — **Sens.** — Les disciples d'Emmaüs. — Détail des vitraux de la cathédrale. — Dessin à la mine de plomb........................ 27

2319. Anonyme. — **Sens.** — Joseph vendu par ses frères et martyre de saint Barthélemy. — Détails des vitraux de la cathédrale. — Dessins à la mine de plomb........................ 27

2320. Anonyme. — **Sens.** — La sibylle Lybique et la flagellation. — Détails des vitraux de la cathédrale. — Dessin à la mine de plomb. 28

2321. Anonyme. — **Sens.** — Le sacrifice d'Abraham. — Détail des vitraux de la cathédrale. — Dessin à la mine de plomb........................ 28

2322. Anonyme. — **Sens.** — Adam et Ève chassés du Paradis terrestre. — La Nativité. — La fuite en Égypte. — Détails relevés dans les vitraux de la cathédrale. — Dessins à la mine de plomb... 29

2323. Anonyme. — **Sens.** — La décapitation de saint Jude et inscription. — Détails relevés dans les vitraux de la cathédrale. — Dessin à la mine de plomb........................ 29

2324. Anonyme. — **Sens.** — Détails relevés dans les vitraux de la cathédrale. — Dessins à la mine de plomb........................ 30

2325. Jolimont (Th. de). — **Sens**. — Vue d'une porte de l'évêché. — Dessin à la mine de plomb.......................... 31

2326. Anonyme. — Sculptures et inscriptions relevées dans la cour du château de **Thorigny**. — Dessin lavé à l'encre de Chine..... 32

2327. Anonyme. — **Vezelay**. — Vue de la façade de l'église. — Dessin à la mine de plomb.......................... 33

2328. Clerget. — **Vezelay**. — Autre vue de la façade de l'église. — Croquis à la mine de plomb.......................... 33

2329. Chapuy. — **Vezelay**. — Plan et coupe d'une chapelle et d'une travée du chœur de l'église. — Dessins à la mine de plomb.... 34

2330. Anonyme, xvii* siècle. — Vue du château de **Villeroy**, du côté du parterre. — Dessin à la plume.......................... 35

2331. Anonyme. — Plan d'une partie du parc du château de **Villeroy**. — Dessin à la plume.......................... 35

DÉPARTEMENT DE SEINE-ET-MARNE.

2332. Lepautre. — Naissance du Dauphin à **Fontainebleau**. — Louis XIV présentant l'enfant à la Cour. — Dessin à la plume ombré d'encre de Chine.......................... 36

2333. Patel. — **Fontainebleau**. — Vue de la cour du Cheval blanc. — Dessin à la plume ombré à l'encre de Chine............... 37

2334. Patel. — **Fontainebleau**. — Vue de la cour des fontaines et de la galerie d'Ulysse. — Dessin à la plume ombré à l'encre de Chine.......................... 38

2335. Silvestre (Israël). — **Fontainebleau**. — Vue de l'orangerie. — Dessin à la plume ombré à l'encre de Chine............... 39

2336. Anonyme. — **Fontainebleau**. — Vue d'ensemble du château. Au premier plan est esquissée une scène de chasse au cerf. — Croquis à la mine de plomb.......................... 40

2337. J., 1763. — **Fontainebleau**. — Vue d'un pavillon du château — Dessin lavé à la sépia.......................... 41

2338. Clerget. — **La Ferté-sous-Jouarre**. — Vue de la crypte de l'église. — Croquis à la mine de plomb et à la plume....... 41

2339. Migne, 16 avril 1776. — **Fontainebleau**. — Boiseries du cabinet particulier du roi. — Dessin à la plume légèrement teinté.... 42

2340. Anonyme. — **Fontainebleau**. — Coupe de la salle de spectacle; au revers le fond de la salle. — Dessin lavé à l'encre de Chine et à l'aquarelle.......................... 43

2341. Anonyme. — **Fontainebleau.** — Vue de l'entrée de la cour des cuisines. — Aquarelle...................................... 44

2342. Deletrez (Joseph). — **Fontainebleau.** — Vue de la porte d'entrée de la cour des cuisines. — Aquarelle.................... 45

2343. Anonyme, xviiie siècle. — **Fontainebleau.** — Pyramide élevée à l'entrée de la forêt. — Aquarelle........................ 46

2344. Ciceri (E.). — **Marlotte.** — Vue d'une mare. — Dessin à la mine de plomb rehaussé de blanc......................... 47

2345. Cassagne. — Vue prise dans la forêt de **Fontainebleau.** — Dessin à la mine de plomb ombré à l'encre de Chine.............. 48

2346. Anonyme, 1816. — **Fontaine-le-Port.** — Vue de l'église. — Dessin ombré à l'encre de Chine........................ 48

2347. Goblain, 1817. — Vue des ruines de l'abbaye de **Larchant.** — Dessin lavé à l'encre de Chine........................ 49

2348. Devizes. — **Nemours.** — Vue du château. — Dessin lavé à l'encre de Chine.. 49

2349. Goblain. — **Lagny.** — Vue de la Marne. — Dessin lavé à l'encre de Chine.. 49

2350. Anonyme. — Vue des bords de la Seine et du château de **La Rochette**, près Livry. — Dessin lavé à la sépia 50

2351. Anonyme, juillet 1839. — Vue du château de **La Rochette**, sur les bords de la Seine. — Dessin lavé à la sépia 51

2352. Jorand. — Vue prise à **Melun.** — Dessin ombré à la sépia 52

2353. Anonyme, 28 juillet 1839. — **Melun.** — Vue du pont. — Dessin lavé à la sépia.. 53

2354. Anonyme, 28 juillet 1839. — **Melun.** — Vue d'un moulin à eau. — Dessin lavé à la sépia.......................... 54

2355. Anonyme. — **Melun.** — Vue d'un moulin à eau. — Dessin lavé à la sépia... 55

2356. Anonyme. — Vue prise à **Balloy** près Montereau. — Dessin à l'encre de Chine.. 56

2357. Chauvet. — Vue de l'usine et du moulin de **Boissy-le-Châtel.** — Dessin sur papier bleu ombré à la sépia et rehaussé de blanc... 56

2358. Anonyme. — Vue de la tour de **Montjay.** — Aquarelle........ 56

2359. Thibaut. — Vue des bords de la Seine, près **Moret.** — Dessin lavé à la sépia.. 57

2360. Goblain (L.). — Vue du château de **Bouron**, à l'issue de la forêt de Fontainebleau. — Dessin lavé au bistre.................... 57

2361. Anonyme. — **Moret.** — Vue de la crypte de la chapelle des Templiers. — Aquarelle. — Au revers, vue de l'église d'**Avon.** — Dessin lavé à l'aquarelle....................... 58

2362. Anonyme, 7 septembre 1837. — **Moret.** — Cintre de porte à la chapelle du faubourg du Pont. — Dessin lavé à la sépia...... 59

2363. Anonyme. — **Moret.** — Vue du pont d'Écuelle (?). — Dessin lavé à la sépia........................ 60

2364. Anonyme. — **Moret.** — Vue du moulin Galaurin. — Dessin lavé à la sépia........................... 61

2365. Anonyme. — **Moret.** — Vue du moulin du Petit-Pont. — Dessin lavé à la sépia......................... 62

2366. Ransonnette (Ch.), 23 juin 1846. — **Moret.** — Vue de la porte. — Dessin sur papier bleu, lavé à l'encre de Chine et rehaussé de blanc....................... 63

2367. Ransonnette (Ch.), 23 juin 1846. — **Moret.** — Vue de la porte de Sannois. — Dessin sur papier jaune, ombré à la sépia et rehaussé de blanc....................... 63

2368. Anonyme. — Vue du château de **La Motte** sur les bords de la Seine. — Dessin lavé à la sépia...................... 64

2369. Anonyme. — Vue du château de **La Motte.** — Aquarelle....... 65

2370. Anonyme. — Vue du château de **Nantouillet.** — Croquis à la mine de plomb et à la plume..................... 66

2371. Anonyme, mai 1841. — Vue du château de **Nantouillet,** près Juilly. — Dessin à la mine de plomb.................. 67

2372. Anonyme. — Tour de la chapelle du château de **Nantouillet.** — Dessin ombré à la sépia...................... 68

2373. Ransonnette (Ch.), 1832. — **Nemours.** — Vue des restes du château des ducs de Nemours. — Aquarelle................. 69

2374. Ransonnette (Ch.), 29 avril 1859. — **Nemours.** — Vue de l'église prise de Saint-Pierre-les-Nemours. — Dessin à la mine de plomb rehaussé de blanc....................... 70

2375. Clerget. — **La Ferté-sous-Jouarre.** — Vue de l'église. — Dessin ombré à l'encre de Chine et rehaussé d'aquarelle........... 70

2376. Anonyme, xviiiᵉ siècle. — **Le Plessis-au-Bois.** — *«Plan du château et du village de Plessis-au-Bois, seigneuries du marquis du Coudray.»* — Dessin à l'encre de Chine................. 71

2377. Anonyme. — **Provins.** — Vue de la porte Courloison. — Dessin lavé à la sépia 72

2378. Anonyme. — **Provins.** — Vue de la porte de Troyes. — Dessin inachevé à la mine de plomb 73

2379. Bisson (P.), 15 octobre 1847. — **Provins.** — Vue d'une masure construite au bord d'un ruisseau. — Dessin au crayon noir rehaussé de sanguine et de blanc 74

2380. Bisson. — **Provins.** — Vue des fortifications. — Dessin au crayon noir rehaussé de sanguine et de blanc 75

2381. Anonyme. — **Fontainebleau.** — Vue des pressoirs du Roi vis-à-vis de Thomery. — Dessin ombré à la sépia 76

2382. Anonyme. — **Compans.** — Vue de l'église. — Dessin à la mine de plomb 77

2383. Anonyme. — **Thiers.** — Vue de l'église. — Dessin ombré au pinceau 77

2384. Anonyme. — **Thiers.** — Autre vue de l'église. — Dessin ombré à la sépia 77

2385. Anonyme, 1760. — Vues du château de **Vaux-le-Pénil**, façade du côté de la cour et façade du côté du jardin. — Dessin lavé à l'aquarelle 78

2386. Anonyme. — Vue du château de **Vaux-le-Pénil.** — Aquarelle . . . 79

2387. Anonyme. — Vue de l'église de **La Chapelle-sous-Crécy.** — Aquarelle 79

2388. Clerget. — **Crouy.** — Vue de la chapelle de **Notre-Dame-du-Chêne.** — Aquarelle 80

DÉPARTEMENT DE LA CÔTE-D'OR.

2389. Clerget. — Vues de **Beaune**, de **Vougeot**, de **Chambertin.** — Croquis à la mine de plomb groupés sur une même feuille 81

2390. Clerget. — Cheminée du château d'**Arnay-le-Duc.** — Dessin à la mine de plomb 82

2391. Clerget. — Anonyme. — Vue d'**Alise-Sainte-Reine.** — Croquis relevé d'encre de Chine et de blanc 82

2392. Anonyme. — Vues du château d'**Argilly**, canton de Pouilly. — Dessins à la mine de plomb réunis sur une même feuille 83

2393. Lallemand. — **Arnay-le-Duc.** — Vue de la ville du côté de l'ouest. — Aquarelle 84

2394. LALLEMAND. — **Arnay-le-Duc.** — Vue de la ville prise sur le chemin de Paris. — Aquarelle 84

2395. Anonyme. — Vue d'**Arnay-le-Duc.** — Dessin à la mine de plomb. 85

2396. Anonyme. — **Arnay-le-Duc.** — Vue du château. — Dessin lavé à la sépia. 85

2397. Anonyme. — Vue d'**Ahuy.** — Dessin lavé à la sépia. 85

2398. Anonyme. — Vue du château d'**Auvillars.** — Dessin lavé à la sépia. 86

2399. Anonyme. — Vue de l'église d'**Auvillars.** — Dessin à la mine de plomb. 86

2400. LALLEMAND. — **Beaune.** — Vue du château. — Aquarelle gravée sous la direction de NÉE pour le *Voyage pittoresque de la France*, t. I, Bourgogne (pl. LXIII). 87

2401. LALLEMAND. — **Beaune.** — Vue de la fontaine d'Aigues. — Aquarelle gravée sous la direction de NÉE, même ouvrage (pl. LXIII). 87

2402. LALLEMAND. — **Beaune.** — Vue des remparts et du château. — Aquarelle gravée sous la direction de NÉE, même ouvrage (pl. LXIII). 87

2403. Anonyme, mai 1818. — **Beaune.** — Vue du château prise en dehors de la ville. — Aquarelle. 88

2404. LALLEMAND, — **Beaune.** — Vue de l'extrémité de la promenade. — Aquarelle gravée par FESSARD pour le *Voyage pittoresque de la France*, t. I, Bourgogne (pl. XXIX). 89

2405. LALLEMAND. — **Beaune.** — Vue de la porte Neuve qui conduit à Dijon. — Aquarelle gravée par ALLIX, même ouvrage (pl. XXI). 90

2406. LALLEMAND. — **Beaune.** — Vue de l'église paroissiale de Saint-Pierre. — Aquarelle gravée par LONGUEIL, même ouvrage (pl. XXI). 90

2407. LALLEMAND. — **Beaune.** — Vue des ruines du château, prise de l'intérieur de la ville. — Aquarelle gravée par NÉE, même ouvrage (pl. LXII). 91

2408. LALLEMAND. — **Beaune.** — Vue des ruines du château, prise de l'intérieur de la ville. — Aquarelle gravée sous la direction de NÉE, même ouvrage (pl. LXII). 91

2409. LALLEMAND. — **Beaune.** — Vue de la fontaine d'Aigues. — Aquarelle gravée sous la direction de NÉE, même ouvrage (pl. LXII). 91

2410. LALLEMAND. — Vue du vignoble de **Meursault**, près Beaune. — Aquarelle gravée sous la direction de NÉE, même ouvrage (pl. LXIV). 92

2411. Lallemand. — Vue du château de **Savigny**, près Beaune. —Aquarelle gravée par Piquenot, même ouvrage (pl. LXIII) 92

2412. Lallemand. — Autre vue du château de **Savigny**. — Aquarelle gravée par Bretin, même ouvrage (pl. LXIII) 92

2413. Anonyme. — Vue prise à **Beaune**. — Croquis à la mine de plomb. 93

2414. Anonyme. — **Beaune**. — Vue de la cour de l'hôpital. — Croquis à la mine de plomb 94

2415. Dauzats. — **Beaune**. — Vue de la cour de l'hôpital. — Dessin ombré à la sépia 95

2416. Dauzats. — **Semur**. — Sculptures du tympan de l'église Notre-Dame 95

2417. Anonyme. — **Beaune**. — Détail des fenêtres et des arcades de la cour intérieure de l'hôpital. — Croquis à la mine de plomb... 96

2418. Anonyme. — **Beaune**. — Vue de la porte Saint-Nicolas. — Dessin à la mine de plomb 96

2419. Clerget. — Château de **Bourbilly**. — Aquarelle inachevée 97

2420. Anonyme. — **Beaune**. — Construction avec tourelle datant du xve siècle. — Croquis à la mine de plomb 98

2421. Anonyme. — Abbaye de **Cîteaux**. — Statue funéraire de Philippe Pot, grand maréchal de Bourgogne. — Dessin à la mine de plomb. 98

2422. Thomain le père, 1689. — Vue à vol d'oiseau de l'abbaye de **Cîteaux**. — Dessin ombré au pinceau 99

2423. André (J.). — Vue du domaine de **Clos-Vougeot**. — Dessin à la mine de plomb 100

2424. Lallemand. — Vue du château et de l'étang de **Corabœuf**, *«près d'Ivry en Bourgogne, bailliage de Beaune»*. — Aquarelle gravée sous la direction de Née pour le *Voyage pittoresque de la France*, t. I, Bourgogne (pl. LXIV) 101

2425. Lallemand. — Vue du château de **Chagny** sur la route de Beaune à Chalon. — Aquarelle gravée sous la direction de Née, même ouvrage (pl. LXIV) 101

2426. Anonyme. — **Dijon**. — Vue de la Chartreuse. — Dessin à la mine de plomb 101

2427. Anonyme, mai 1818. — Vue du château de **Corabœuf**. — Dessin lavé au bistre 102

2428. **Châtillon-sur-Seine**. — Vue des ruines du château. — Dessin à la mine de plomb 103

2429. Anonyme, 27 octobre 1790. — **Châtillon-sur-Seine.** — Vue des ruines du château. — Dessin lavé à la sépia 103

2430. Anonyme, 1850. — **Châtillon-sur-Seine.** — Tour en ruine du château. — Dessin à la mine de plomb 103

2431. Dauzats. — Vue du château de **Corabœuf.** — Dessin lavé à la sépia. 104

2432. Anonyme. — Vue du domaine de **Clos-Vougeot.** — Aquarelle . . 104

2433. Anonyme. — Vue de **Chambolle.** — Aquarelle 104

2434. Anonyme. — Vue de **Gevrey-Chambertin.** — Aquarelle 104

2435. Clerget. — Différentes vues prises à **Changey** et disposées sur une même feuille. — Croquis à la mine de plomb 105

2436. Lallemand. — Vue de la colonne de **Cussy,** près Ivry en Bourgogne. — Aquarelle gravée sous la direction de Masquelier pour le *Voyage pittoresque de la France*, t. I, Bourgogne (pl. XVI) . . . 106

2437. Lallemand. — Autre vue de la colonne de **Cussy.** — Aquarelle gravée par Duparc, même ouvrage (pl. XVI) 106

2438. Lallemand. — **Dijon.** — Vue de l'ancien château. — Aquarelle gravée sous la direction de Née, même ouvrage (pl. LI) 107

2439. Clerget. — **Dijon.** — Vue de la maison de Rude. — Croquis à la mine de plomb 107

2440. Lallemand. — Vue du prieuré de **Larrey,** près la fontaine Sainte-Anne, avec la vue de la chartreuse de Dijon. — Aquarelle gravée sous la direction de Née pour le *Voyage pittoresque de la France*, t. I, Bourgogne (pl. LVII) 108

2441. Lallemand. — Vue d'un foulon au bas des roches de **Plombières,** village près de Dijon, sur le grand chemin de Paris. — Aquarelle gravée par Aveline, même ouvrage (pl. XLVI) 109

2442. Lallemand. — **Dijon.** — «*Vue principale du foulon à une demi-lieue de Dijon, près l'Ouche, sur le chemin de Plombières.*» — Aquarelle gravée par Chenu, même ouvrage (pl. XLVI) 109

2443. Lallemand. — **Dijon.** — Vue de la tour Saint-Nicolas sur les remparts. — Aquarelle gravée par Chenu, même ouvrage (pl. XLVIII). 110

2444. Lallemand. — **Dijon.** — Vue de la porte Saint-Nicolas. — Aquarelle gravée par Mlle Denis, même ouvrage (pl. XLVIII) 110

2445. Anonyme. — **Dijon.** — Vue intérieure de Saint-Bénigne. — Dessin ombré à la sépia 111

2446. Dauzats. — **Dijon.** — Façade de l'église Notre-Dame. — Dessin ombré à la sépia 112

2447. Anonyme. — **Dijon.** — Vue extérieure de Saint-Bénigne. (Vue du chevet aujourd'hui détruit.) — Dessin à la mine de plomb.... 112

2448. Anonyme. — **Dijon.** — Vue de la place des Ducs. — Dessin à la mine de plomb. 113

2449. Anonyme. — **Dijon.** — Vue de l'église Saint-Bénigne. — Dessin à la mine de plomb. 113

2450. Anonyme. — **Dijon.** — Plan de l'église Notre-Dame. — Dessin à l'encre de Chine. 114

2451. Chapuy. — **Dijon.** — Détails des colonnes de l'église Notre-Dame. — Dessin à la mine de plomb. 115

2452. Lallemand. — **Dijon.** — La Circoncision, d'après un tableau possédé par le couvent des Jacobins. — Dessin lavé à l'encre de Chine et rehaussé de blanc. 116

2453. Chapuy. — Vue de **Dijon**, côté de l'Arquebuse. — Dessin lavé au bistre. 116

2454. Lallemand. — **Dijon.** — Vue du tombeau de Jean sans Peur, duc de Bourgogne, et de Marguerite de Bavière, sa femme, dans l'église des Chartreux. — Aquarelle gravée sous la direction de Née pour le *Voyage pittoresque de la France*, t. 1, Bourgogne (pl. XXIV). 117

2455. Lallemand. — **Dijon.** — Vue du tombeau de Philippe le Hardi, duc de Bourgogne, dans le chœur des Chartreux. — Aquarelle. 117

2456. Anonyme. — **Dijon.** — Vue de la statue funéraire de Philippe le Hardi dans l'église des Chartreux. — Dessin à la mine de plomb. 118

2457. Anonyme — **Dijon.** — Vue du tombeau de Jean sans Peur et de Marguerite de Bavière. — Dessin au trait. 119

2458. Anonyme. — **Dijon.** — Vue d'une cheminée sculptée du xve siècle. — Dessin au trait. 120

2459. Clerget. — **Dijon.** — Vue des tombeaux des ducs de Bourgogne actuellement dans la salle des gardes du Musée. — Aquarelle inachevée. 120

2460. Dauzats. — **Dijon.** — Cheminée de la salle des gardes du palais des ducs de Bourgogne. — Dessin à la mine de plomb. 121

2461. Dauzats. — **Dijon.** — Vue du puits de Moïse au couvent des Chartreux. — Dessin légèrement ombré à la sépia. 121

2462. Anonyme. — **Dijon.** — Vue des débris de l'ancienne chartreuse. — Dessin à la mine de plomb. 122

2463. Anonyme. — **Dijon.** — Vue du palais des ducs de Bourgogne. — Croquis légèrement teinté de sépia................... 123

2464. Anonyme. — **Dijon.** — Vue d'une place (à droite, on aperçoit l'hôtel de Vogüé). — Croquis à la mine de plomb......... 123

2465. Dauzats. — **Dijon.** — Porte de l'hôtel de Vogüé. — Dessin légèrement ombré au bistre................... 124

2466. Anonyme. — Vue prise à **Dienay.** — Dessin à la mine de plomb. 124

2467. Dauzats. — **Dijon.** — Porte de l'église des Chartreux. — Dessin légèrement ombré à la sépia................... 125

2468. Dauzats. — **Dijon.** — La famille Jacquemart (sonnerie du beffroi). — Dessin ombré à la sépia................... 125

2469. Clerget. — **Dijon.** — Vue de la façade de l'église Notre-Dame. — Dessin lavé à l'encre de Chine et rehaussé de gouache....... 125

2470. Dauzats. — **Dijon.** — Vue du palais. — Dessin lavé à la sépia... 126

2471. Dauzats. — **Dijon.** — Vue de l'hôtel des ambassadeurs d'Angleterre près des ducs de Bourgogne. — Dessin ombré à la sépia. 126

2472. Dauzats. — **Dijon.** — Vue d'une maison Renaissance. — Croquis à la mine de plomb................... 126

2473. Anonyme. — **Dijon.** — Vue des églises Saint-Philibert et Saint-Bénigne. — Croquis à la mine de plomb............... 127

2474. Anonyme. — **Dijon.** — Vue d'une rue. — Croquis à la mine de plomb................... 127

2475. Anonyme. — **Dijon.** — Vue des Chartreux. — Croquis à la mine de plomb................... 127

2476. Anonyme. — **Dijon.** — Vue de l'église Saint-Michel. — Croquis à la mine de plomb................... 128

2477. Anonyme. — **Dijon.** — Vue latérale de l'église Saint-Michel. — Croquis à la mine de plomb................... 129

2478. Chapuy. — **Dijon.** — Piédestal de la statue de la sainte Vierge à l'église Saint-Michel. — Dessin à la mine de plomb......... 130

2479. Anonyme. — **Dijon.** — Maison dite *du Griffon.* — Croquis à la mine de plomb................... 131

2480. Anonyme. — Vue de l'église de **Fontaine-lès-Dijon.** — Dessin à la mine de plomb................... 131

2481. Clerget. — **Dijon.** — Vue panoramique de la ville. — Croquis ombré à l'encre de Chine................... 132

2482. Anonyme. — **Dijon**. — Façade d'une maison du xii* siècle, dite *maison des Cariatides*. — Croquis à la mine de plomb 133

2483. Anonyme. — **Dijon**. — Détail des sculptures de la *maison des Cariatides*. — Croquis à la mine de plomb 134

2484. Clerget. — **Dijon**. — Vue du monument de la Défense nationale. — Dessin inachevé lavé à l'encre de Chine 135

2485. Silvestre (Israël) (?). — **Dijon**. — Vue de la fontaine Saint-Bernard. — Dessin à la plume légèrement lavé 136

2486-2487. Clerget (H.). — Vues prises à **Dijon**. — Dessins à la mine de plomb ombrés à l'encre de Chine et rehaussés de blanc 136

2488. Anonyme. — Fragments provenant des antiquités d'**Essarois**. — Croquis à la mine de plomb 137

2489. Anonyme, septembre 1818. — Vue du château d'**Époisses**, où naquit Mme de Sévigné en 1626. — Croquis à la mine de plomb. 137

2490. Anonyme. — Fragment de statue de bois faisant partie des antiquités d'**Essarois**. — Dessin à la mine de plomb 138

2491. Anonyme. — Fragment de statue de bois faisant partie des antiquités d'**Essarois**. — Aquarelle 138

2492-2493. Anonyme. — Quatorze têtes faisant partie des antiquités d'**Essarois**. — Dessins à la mine de plomb 139

2494-2495. Anonyme. — Trois torses et onze têtes faisant partie des antiquités d'**Essarois**. — Dessins à la mine de plomb 140

2496. Renou. — Vue d'**Essey**. — Dessin à la mine de plomb 141

2497. Anonyme. — Vue prise dans le département de la **Côte-d'Or**. — Dessin lavé à la sépia 142

2498. Clerget. — **Flavigny**. — Croquis à la mine de plomb 143

2499. Anonyme. — **Flavigny** sur Ozerain. — Vue d'une rue proche de l'église. — Dessin à la mine de plomb 144

2500. Clerget. — **Fixin** — Vue de la maison Noizeau. — Croquis à la mine de plomb 144

2501. Anonyme. — **Nolay**. — Vue de l'église. — Dessin à la mine de plomb 144

2502. Anonyme. — **Flavigny**. — Vue des restes de l'abbaye. — Croquis à la mine de plomb 145

2503. Ottin, 1831. — **Gevrolles**. — Vue intérieure de l'église. — Dessin au crayon noir rehaussé de blanc 146

2504. Anonyme, 27 septembre. — Vue du château de **Jalange**. — Dessin lavé au bistre 147

2505. Anonyme. — Vue prise au **Meix**. — Dessin lavé à la sépia 148

2506. Anonyme. — Vue du château de **Montigny-Montfort**. — Dessin lavé à la sépia 148

2507. Anonyme. — **Nuits**. — Vue de l'église Saint-Symphorien. — Dessin lavé à la sépia 148

2508. Koser, 27 mai 1808. — **Montbard**. — Vue prise dans les jardins de Buffon. — Dessin lavé à la sépia 149

2509. Clerget (H.). — Vue de la chapelle de **Notre-Dame-de-Sée**. — Aquarelle 149

2510. Anonyme. — Vue de **Neufchâteau**. — Dessin à la mine de plomb. 149

2511. Thienon. — Vue du cabinet de Buffon et de la tour de **Montbard**. — Dessin lavé au bistre 150

2512. Clerget. — **Nolay**. — Vue de la maison du président Carnot. — Croquis à la mine de plomb 150

2513. Clerget. — **Saint-Jean-de-Losne**. — Vue de l'église. — Croquis à la mine de plomb 150

2514. Lallemand. — Vue du cul-de-sac de **Menevault** et des sources de la Causane. — Aquarelle gravée par Fessard pour le *Voyage pittoresque de la France*, t. I, Bourgogne (pl. XV) 151

2515. Lallemand. — **Nolay**. — Vue de la chapelle Saint-Pierre. — Aquarelle 151

2516. Lallemand. — **Nolay**. — Vue de la chapelle Saint-Pierre. — Aquarelle gravée par Duparc, même ouvrage (pl. XXII) 152

2517. Lallemand. — **Nolay**. — Vue d'une ancienne fabrique. — Aquarelle gravée par Bergnet, même ouvrage (pl. XXII) 152

2518. Lallemand. — **Nolay**. — Vue du château de **La Rochepot** sur le chemin de Nolay. — Aquarelle gravée par Niquet, même ouvrage (pl. XXII) 152

2519. Anonyme. — Vue de **Pagny-sur-Saône**. — Dessin à la mine de plomb 153

2520. Anonyme. — Vue de **Saint-Seine**. — Dessin à la mine de plomb. 153

2521. Anonyme. — Vues du château de **Posange**. — Croquis à la mine de plomb 154

2522. E. de La Tramblais. — Vue du château de **La Rochepot**. — Dessin à la mine de plomb 154

2523. Anonyme. — **Saint-Seine.** — Vue de l'église et des restes de l'abbaye. — Dessin à la mine de plomb...................... 155

2524. Anonyme. — **Saint-Jean-de-Losne.** — Vue des quais. — Dessin à la mine de plomb...................... 155

2525. Anonyme. — Vue du château de **Savigny** appartenant à M. de La Loyère. — Dessin à la mine de plomb.............. 155

2526. Anonyme. — **Saint-Jean-de-Losne.** — Détail de la façade d'une ancienne maison. — Dessin lavé à l'encre de Chine.......... 156

2527. Lallemand. — **Saulieu.** — Vue de la porte de Notre-Dame. — Aquarelle gravée sous la direction de Née pour le *Voyage pittoresque de la France*, t. I, Bourgogne (pl. LXVII)........... 157

2528. Lallemand. — **Saulieu.** — Vue de la porte ouvrant sur le chemin de Paris. — Aquarelle gravée sous la direction de Née, même ouvrage (pl. LXVII)...................... 157

2529. Lallemand. — **Saulieu.** — Vue de la ville prise du chemin de Morvan. — Aquarelle gravée sous la direction de Née, même ouvrage (pl. LXVII)...................... 157

2530. Lallemand. — **Saulieu.** — Vue de la place Saint-Andoche. — Aquarelle gravée sous la direction de Née, même ouvrage (pl. LXVII)...................... 158

2531. Anonyme. — Vue du château de **La Rochepot.** — Dessin à la mine de plomb...................... 158

2532. Ferdaud (?), 1835. — **Semur.** — Vue de l'église Notre-Dame. — Dessin à la mine de plomb...................... 159

2533. Anonyme. — Vue de **Val-Suzon.** — Dessin lavé au bistre...... 160

2534. Anonyme. — Vue de **Vorges.** — Dessin à la mine de plomb..... 160

2535. Anonyme. — Vue du viaduc de **Velars.** — Dessin à la mine de plomb...................... 161

2536. Anonyme. — Vue du village et des ruines du château de **La Rochepot.** — Dessin lavé au bistre...................... 162

2537. Clerget. — **Dijon.** — Vue du château des Gendarmes. — Dessin lavé à l'encre de Chine et rehaussé de gouache.......... 163

2538. Clerget. — **Dijon.** — Autre vue du château des Gendarmes. — Croquis lavé à l'encre de Chine...................... 163

2539. Anonyme. — Vue prise à **Dijon.** — Dessin à la mine de plomb... 163

DÉPARTEMENT DE SAÔNE-ET-LOIRE.

2540. LALLEMAND. — Vue de la ville d'**Autun**. — Aquarelle gravée en 1780 sous la direction de NÉE et de MASQUELIER pour le *Voyage pittoresque de la France*, t. I, Bourgogne (pl. V)............. 164

2541. LALLEMAND. — Vue d'**Autun** prise de la route de Montjeu. — Aquarelle gravée par Mlle DENIS, même ouvrage (pl. XXXIX)..... 165

2542. LALLEMAND. — **Autun**. — Vues des jardins de Montjeu. — Maison de campagne du marquis de Saint-Fargeau. — Aquarelle gravée sous la direction de NÉE, même ouvrage (pl. LXV)...... 165

2543. LALLEMAND. — **Autun**. — Vue du château et des terrasses de Montjeu. — Aquarelle gravée par PIQUENOT, même ouvrage (pl. LXV)..................... 165

2544. GUILLAUMOT, 9 juillet 1883. — Vue générale d'**Autun**. — Croquis lavé à l'encre de Chine et rehaussé de blanc............. 166

2545. GUILLAUMOT, 9 juillet 1883. — Vue générale de **Coire**, près Autun. — Dessin à la mine de plomb rehaussé de blanc.......... 167

2546. GUILLAUMOT, 8 juillet 1883. — **Autun**. — Fontaine de style Renaissance élevée sur la place de la cathédrale et profil de la vasque. — Croquis à la mine de plomb................ 168

2547. GUILLAUMOT (A^te), 9 avril 1883. — **Autun**. — Tour faisant partie d'une porte, rue Chauchy, près le Musée. — Dessin à la mine de plomb..................... 169

2548. Anonyme. — Vue du château de **Montjeu**. — Croquis à la mine de plomb..................... 170

2549. LALLEMAND. — **Autun**. — Vue du pont d'Aroux. — Aquarelle gravée sous la direction de NÉE pour le *Voyage pittoresque de la France*, t. I, Bourgogne (pl. XII)................. 171

2550. LALLEMAND. — **Autun**. — Vue de la tour de l'Horloge. — Aquarelle gravée sous la direction de NÉE, même ouvrage (pl. XL).... 171

2551. LALLEMAND. — **Autun**. — Vue du temple de Pluton et, au second plan, des murs de la ville et de l'église des Bénédictins. — Aquarelle gravée en 1780 sous la direction de NÉE et de MASQUELIER, même ouvrage (pl. VI)..................... 172

2552. LALLEMAND. — **Autun**. — Vue du temple de Pluton au faubourg d'Aroux. — Aquarelle gravée en 1780 sous la direction de NÉE et de MASQUELIER, même ouvrage (pl. VI)............. 172

2553. Lallemand. — **Autun.** — Vue de la porte d'Aroux. — Aquarelle gravée par Duparc, même ouvrage (pl. XII)............ 172

2554. Lallemand. — **Autun.** — *«Vue d'une ancienne tour d'un château des Romains.»* — Aquarelle gravée sous la direction de Née, même ouvrage (pl. LXVI)........................ 173

2555. Lallemand. — **Autun.** — *«Autre vue d'une ancienne tour d'un château des Romains.»* — Aquarelle gravée sous la direction de Née, même ouvrage (pl. LXVI)................... 173

2556. Lallemand. — **Autun.** — Vue de l'abbaye de Saint-Martin. — Aquarelle gravée sous la direction de Née, même ouvrage (pl. LXVI)............................... 173

2557. Lallemand. — *«Vue de la pierre de Couard sur le chemin de Brisson, près d'Autun.»* — Aquarelle gravée par Duparc, même ouvrage (pl. XL)............................. 174

2558. Lallemand. — **Autun.** — Vue d'un moulin à la porte de Saint-Pancrace. — Aquarelle gravée par Maillet, même ouvrage (pl. LXVI)............................. 174

2559. Lallemand. — Pyramide, vulgairement dénommée *«la pierre de Couard»*, près Autun. — Aquarelle gravée par Auvray, même ouvrage (pl. XL)............................. 174

2560. Lallemand. — **Autun.** — Vue du temple de Janus. — Aquarelle gravée par Mlle Denis, même ouvrage (pl. XXXI)......... 175

2561. Lallemand. — **Autun.** — Vue des anciens murs romains et du temple de Janus. — Aquarelle gravée par Niquet, même ouvrage (pl. XXXIX)............................ 175

2562. Lallemand. — **Autun.** — Vue d'une fête donnée sur le Champ de Mars. — Aquarelle gravée par Née, même ouvrage (pl. LXV). 176

2563. Lallemand. — **Autun.** — Vue de la porte Saint-André, des ruines du temple d'Hercule et, au dernier plan, de la *pierre de Couard.* — Aquarelle gravée par Née, même ouvrage (pl. LXV)..... 176

2564. Lallemand. — **Autun.** — Vue latérale de la cathédrale. — Aquarelle gravée sous la direction de Née, même ouvrage (pl. XL). 176

2565. Lallemand. — Le Sauveur pleuré par les Anges. — Tableau attribué au Carrache et faisant partie du cabinet de M. Pigenat, à **Autun.** — Dessin lavé à la sépia.................... 177

2566. Clerget. — **Paray-le-Monial.** — Vue de maisons du xvie siècle. — Croquis à la mine de plomb..................... 177

2567. Lallemand. — **Autun.** — Vue de la cathédrale. — Dessin lavé à l'encre de Chine... 178

2568. Anonyme. — **Autun.** — Vue de maisons au bord de l'eau. — Dessin lavé à la sépia... 179

2569. Anonyme. — **Autun.** — Vue du temple de Janus. — Dessin lavé au bistre... 179

2570. Anonyme. — **Autun.** — Vue de la porte Saint-André. — Dessin ombré à la sépia... 180

2571. Anonyme. — Vue du château de **Burnand.** — Dessin lavé à la sépia... 180

2572. Anonyme. — Vue du château de **Brandon.** — Croquis à la mine de plomb... 181

2573. Anonyme. — Autre vue du château de **Brandon.** — Croquis à la mine de plomb... 181

2574. Anonyme. — **Le Breuil.** — Vue du château. — Croquis à la mine de plomb... 182

2575. Anonyme. — **Le Breuil.** — Autre vue du château. — Croquis à la mine de plomb... 182

2576. Clerget. — Vue d'une tourelle à **Chagny.** — Croquis à la mine de plomb... 183

2577. Buvry (J.), 1818. — Vue du château de **Chagny,** entre Beaune et Chalon. — Dessin lavé à la sépia... 184

2578. Lallemand. — Vue de **Chalon-sur-Saône.** — Aquarelle gravée en 1780 sous la direction de Née et de Masquelier pour le *Voyage pittoresque de la France*, t. I, Bourgogne (pl. III)... 185

2579. Lallemand. — **Chalon-sur-Saône.** — Vue de la ville en remontant de Lyon. — Aquarelle gravée sous la direction de Masquelier, même ouvrage (pl. XIII)... 186

2580. Lallemand. — **Chalon-sur-Saône.** — Vue de la citadelle et de la porte de Dijon. — Aquarelle gravée sous la direction de Née et de Masquelier, même ouvrage (pl. IV)... 187

2581. Lallemand. — **Chalon-sur-Saône.** — Vue de la promenade de Saint-Marcel au temps de la foire. — Aquarelle gravée par C. Fessard, même ouvrage (pl. LX)... 188

2582. Lallemand. — **Chalon-sur-Saône.** — Vue de la promenade de Saint-Jean-de-Mugelle. — Aquarelle gravée par Née, même ouvrage (pl. LX)... 189

2583. Lallemand. — **Chalon-sur-Saône**. — Vue du chevet de la cathédrale. — Aquarelle gravée sous la direction de Née, même ouvrage (pl. L) 190

2584. Lallemand. — Vue du pont de **Courcelles**, près Chalon-sur-Saône. — Aquarelle gravée par Piquenot, même ouvrage (pl. LXI) . . 191

2585. Lallemand. — **Chalon-sur-Saône**. — Vue de la porte de Dijon. — Aquarelle gravée par Duret, même ouvrage (pl. LXI) 192

2586. Lallemand. — **Chalon-sur-Saône**. — Vue de la cathédrale. — Aquarelle gravée par Piquenot, même ouvrage (pl. LXI) 192

2587. Lallemand. — **Chalon-sur-Saône**. — Vue de la Chancellerie. — Aquarelle gravée par Giraud, même ouvrage (pl. LXI) 192

2588. Lallemand. — Vue d'ensemble de l'abbaye de **Cluny**. — Aquarelle gravée sous la direction de Née, même ouvrage (pl. LIV) 193

2589. Anonyme. — Vue de l'abbaye de **Cluny**. — Dessin lavé à l'encre de Chine 194

2590. Anonyme. — Vue générale de l'abbaye de **Cluny**. — Aquarelle gravée sous la direction de Masquelier, même ouvrage (pl. XX). 195

2591. Anonyme. — Abbaye de **Cluny**. — Vue de la porte extérieure de la chapelle Bourbon. — Dessin à la mine de plomb 196

2592. Anonyme. — **Cluny**. — Vue intérieure de l'église abbatiale. — Dessin lavé à l'encre de Chine 197

2593. Anonyme. — **Cluny**. — Vue intérieure de l'église abbatiale. — Dessin à la mine plomb 198

2594. Anonyme. — Abbaye de **Cluny**. — Fragment du tombeau de Pierre le Vénérable. — Dessin à la mine de plomb 199

2595. Anonyme. — **Cluny**. — Vue générale de l'abbaye. — Croquis à la mine de plomb 200

2596. Anonyme. — Vue de **Couches**. — Croquis à la mine de plomb . . 201

2597. Anonyme. — Autre vue de **Couches**. — Croquis à la mine de plomb 202

2598. Anonyme. — **Couches**. — Vue d'un temple protestant bâti vers 1610. — Dessin à la mine de plomb 203

2599. Anonyme. — Vue du château de **Cormatin**. — Dessin à la mine plomb 204

2600. Anonyme, 6 octobre 1823. — **Le Creusot**. — Vue. — Dessin légèrement ombré à la sépia 205

2601. Anonyme. — **Le Creusot.** — Vue. — Dessin à la mine de plomb. 206

2602. Anonyme. — **Le Creusot.** — Vue des forges. — Dessin à la mine de plomb. 207

2603. Anonyme. — **Le Creusot.** — Vue prise aux forges. — Croquis à la mine de plomb. 208

2604-2605. — **Le Creusot.** — Vue des forges. — Croquis à la mine de plomb, l'un sur papier jaune, l'autre sur papier bleu. 209

2606. Tramblais (E. de la), 1852. — Vue du château de **Digoine.** — Dessin à la sépia. 210

2607. Anonyme. — Vue du château de **Digoine.** — Dessin lavé à la sépia. 211

2608. Anonyme. — Vue des restes du château de **Dracy-les-Couches.** — Dessin à la mine de plomb. 212

2609. Anonyme. — Vue du château de **Dracy-les-Couches.** — Croquis à la mine de plomb. 213

2610. Anonyme. — Vue du château de **Germolles.** — Croquis à la mine de plomb. 214

2611. Lallemand. — Vue de la côte de **La Laive** aux environs de Chalon-sur-Saône. — Aquarelle gravée par Née pour le *Voyage pittoresque de la France*, t. I, Bourgogne (pl. XLIII). 215

2612. Lallemand. — Vue de **Mâcon.** — Aquarelle gravée en 1780 par Née, même ouvrage (pl. II). 216

2613. Lallemand. — **Mâcon.** — Vue de la porte Saint-Laurent. — Aquarelle gravée par Niquet l'aîné, même ouvrage (pl. XLVII). 217

2614. Lallemand. — **Mâcon.** — *« Vue de Mâcon en revenant de Chalon-sur-Saône. »* — Aquarelle gravée sous la direction de Née, même ouvrage (pl. LIV). 217

2615. Lallemand. — **Mâcon.** — Vue de l'église Saint-Pierre. — Aquarelle gravée par Fessard, même ouvrage (pl. XXXII). 218

2616. Lallemand. — **Mâcon.** — Vue de la façade de la cathédrale. — Aquarelle gravée par Fessard, même ouvrage (pl. XXXII). 218

2617. Lallemand. — **Mâcon.** — Vue du faubourg Saint-Laurent et du pont. — Aquarelle gravée par Dequevauvillers, même ouvrage (pl. XXXII). 219

2618. Lallemand. — **Mâcon.** — Vue d'un reste des fortifications. — Aquarelle gravée par Borguet, même ouvrage (pl. XXXII). 219

2619. Anonyme. — Vue de l'église de **Malay**. — Croquis à la mine de plomb.......................... 220

2620. Courval (Marquis de), 1826. — Habitation de Lamartine à **Milly**. — On lit sur ce dessin : «*Hommage du marquis de Courval à Mme de Lamartine, 1826.*» — Aquarelle............... 220

2621. Anonyme. — **Semur**. — Ensemble et détails de la porte latérale de l'église. — Dessin à l'encre de Chine.................. 221

2622. Anonyme. — Vue du château de **Sercy**. — Croquis à la mine de plomb.......................... 222

2623. Anonyme, xviie siècle. — Vue de la ville de **Tournus**. — Dessin à la plume.......................... 223

2624. Clerget. — **Sully**. — Vue de la cheminée de la salle des gardes. — Croquis au crayon noir rehaussé de blanc............ 223

2625. Anonyme. — **Tournus**. — Vue intérieure de l'église. — Croquis à la mine de plomb.......................... 224

2626. Anonyme. — **Tournus**. — Vue de l'abside de l'église. — Dessin lavé à la sépia.......................... 225

2627. Anonyme. — Vue du château d'**Épiry**. — Dessin lavé à la sépia. 226

2628. Anonyme. — Vue de **Louhans**. — Dessin lavé à la sépia....... 226

2629. Anonyme. — Vue de **Verdun-sur-Doubs**. — Dessin à la mine de plomb.......................... 227

2630. Anonyme. — Vue de **Verdun-sur-Doubs**. — Dessin lavé à la sépia.......................... 227

DÉPARTEMENT DE L'AIN.

2631. Lallemand. — Vue de la ville de **Bourg-en-Bresse**. — Aquarelle gravée par Née pour le *Voyage pittoresque de la France*, t. I, Bourgogne (pl. XLIX).......................... 228

2632. Lallemand. — Autre vue de la ville de **Bourg-en-Bresse**. — Aquarelle gravée par Née, même ouvrage (pl. XXIV).......... 229

2633. Lallemand. — **Bourg-en-Bresse**. — Vue de l'hôtel de ville et de la façade de la Collégiale. — Aquarelle gravée par Niquet, même ouvrage (pl. XLV).......................... 230

2634. Lallemand. — **Bourg-en-Bresse**. — Vue d'un faubourg. — Aquarelle gravée par Droyer, même ouvrage (pl. LXIX)........ 230

2635. Lallemand. — Vue prise aux environs de **Bourg-en-Bresse.** — Aquarelle gravée par Née, même ouvrage (pl. LVIII) 231

2636. Lallemand. — **Bourg-en-Bresse.** — Vue de la Collégiale prise de l'extérieur de la ville. — Aquarelle gravée sous la direction de Née, même ouvrage (pl. XLV) 231

2637. Lallemand. — Vue de l'église de Notre-Dame de **Brou** à proximité de Bourg. — Aquarelle gravée sous la direction de Née et de Masquelier, même ouvrage (pl. VIII). 232

2638. Lallemand. — **Bourg-en-Bresse.** — Vue d'une extrémité de la ville et du château de Chailly. — Aquarelle gravée par Niquet, même ouvrage (pl. LIX). 233

2639. Lallemand. — Vue de l'église de Notre-Dame de **Brou** et de la rivière de Ressouze. — Aquarelle gravée par Née, même ouvrage (pl. LVIII). 233

2640. Anonyme. — Vue du chœur de Notre-Dame de **Brou.** — Calque à la mine de plomb. 234

2641. Anonyme. — Retable du maître-autel de Notre-Dame de **Brou.** — Dessin à la mine de plomb 235

2642. Anonyme. — Vue des stalles du chœur de Notre-Dame de **Brou.** — Croquis à la mine de plomb. 236

2643. Lallemand. — Vue du tombeau d'un intendant de Marguerite d'Autriche à l'intérieur de Notre-Dame de **Brou.** — Aquarelle. 237

2644. Lallemand. — Vue du tombeau de Philibert ie Beau, duc de Savoie, dans le chœur de Notre-Dame de **Brou.** — Aquarelle. 237

2645. Dauzats. — Porte et arcade du jubé de Notre-Dame de **Brou.** — Dessin à la mine de plomb. 238

2646. Dauzats, 1836. — Église Notre-Dame de **Brou.** — Vue du tombeau de Philibert ie Beau. — Dessin à la mine de plomb. 238

2647. Anonyme. — Vue d'un lutrin dans l'église de Notre-Dame de **Brou.** — Dessin à la mine de plomb. 239

2648. Clerget. — Notre-Dame de **Brou.** — Vue du retable du maître-autel. — Croquis à la mine de plomb. 239

2649. Lallemand. — Notre-Dame de **Brou.** — Vue du tombeau de Marguerite d'Autriche. — Aquarelle. 240

2650. Lallemand. — Notre-Dame de **Brou.** — Vue du tombeau de Marguerite de Bourbon. — Aquarelle. 240

2651. Bourgeois, 1821. — **Bourg-en-Bresse.** — Vue d'une porte. — Dessin lavé à la sépia. 240

2652. Dauzats, 1836. — Notre-Dame de **Brou**. — Vue du tombeau de Marguerite de Bourbon. — Dessin à la mine de plomb.... 241

2653. Anonyme. — Vue intérieure de Notre-Dame de **Brou**. — Dessin lavé à la sépia........................ 242

2654. Dauzats. — Vue de l'église Notre-Dame de **Brou**. — Dessin lavé à la sépia......................... 243

2655. Dauzats. — Notre-Dame de **Brou**. — Oratoire de Marguerite d'Autriche. — Dessin lavé à la sépia..................... 243

2656. Clerget. — Vue prise à l'intérieur de Notre-Dame de **Brou**. — Croquis à la mine de plomb.................... 244

2657. Clerget. — **Bourg-en-Bresse**. — Vue d'ensemble. — Croquis à la mine de plomb.................... 244

2658. Chapuy. — Vue du lac de **Nantua**. — Croquis à la mine de plomb. 245

2659. Chapuy. — Autre vue du lac de **Nantua**. — Croquis à la mine de plomb.......................... 246

2660. Anonyme. — Vue des montagnes du Bugey prise de **Neuville-sur-l'Ain**. — Dessin lavé à la sépia.................. 247

2661. Chapuy. — Le Rhône et la Valserine au moulin de **Bellegarde**. — Croquis à la mine de plomb..................... 248

2662. Chapuy. — Entrée du **Rhône** en France. — Vue prise au-dessus du pas de l'Écluse. — Croquis à la mine de plomb...... 249

2663. Chapuy. — Vue de **Seissel**. — Dessin à la mine de plomb...... 250

2664. Anonyme. — Vue de l'église Notre-Dame-de-Nièvre, à **Vaux** (diocèse de Belley). — Croquis à la mine de plomb........... 251

TOME XII.

BOURBONNAIS. — MARCHE. — AUVERGNE. — LIMOUSIN.

DÉPARTEMENT DE L'ALLIER.

Pages.

2665. Jorand. — Vue de l'église d'**Agonges** à trois lieues de Moulins. — Dessin lavé à la sépia 1

2666. Anonyme. — Vue de la cheminée du château de **Chareuil** (Allier). 2

2667. Anonyme. — Détails de la cheminée du château de **Chareuil**. — Dessins à l'encre de Chine. 3

2668. Anonyme. — Vue du château de **Bourbon-l'Archambault**. — Dessin à la mine de plomb. 4

2669. Anonyme. — **Bourbon-l'Archambault**. — Vue des ruines du château. — Dessin à la mine de plomb. 5

2670. Dauzats. — **Bourbon-l'Archambault**. — Vue de la tour Quiquengronne et des ruines du château. — Dessins lavés à la sépia. 6

2671. Anonyme. — Abbaye de **Charroux**. — Vue extérieure et coupe, vue intérieure de l'église. — Dessins à la mine de plomb 7

2672. Anonyme. — Abbaye de **Charroux**. — Ruines de la tour centrale du chœur. — Dessin à la mine de plomb. 8

2673. Alaux. — Vue du **Coude**, sur l'Allier. — Dessin à la mine de plomb. — Voir le *Voyage pittoresque en Auvergne*, par Taylor et Nodier (pl. CXXXI). 9

2674. Joly, d'après Jorand. — Vue de la chapelle de la Trinité et des ruines du château de **Cusset**. — Dessin lavé à la sépia, lithographié par Bichebois, même ouvrage (pl. CLI). 10

2675. Jorand, 8 septembre 1826. — Vue de la chapelle de la Trinité et des ruines du château de **Cusset**. — Croquis à la mine de plomb. 11

2676. Anonyme. — **Cusset**. — Vue de la place du Marché et de l'église Saint-Saturnin. — Croquis à la mine de plomb. 12

2677. Clerget (H.). — Vue d'une rue à **Cusset**. — Croquis à la mine de plomb rehaussé de pastel. 13

2678. Anonyme. — Vue de **Montpeyroux**. — Dessin à la mine de plomb. 14

2679. Anonyme. — **Moulins.** — Vue du tombeau du duc Henri II de Montmorency. — Croquis à la mine de plomb............ 15

2680. Anonyme. — **Moulins.** — Vue de la maison d'Aillon. — Dessin à la mine de plomb.................................. 16

2681. Dauzats. — **Moulins.** — Vue du pavillon du château. — Dessin lavé à la sépia.................................. 17

2682. Clerget. — **Moulins.** — Vue de la chapelle de la Sainte-Vierge. — Aquarelle.................................. 17

2683. Clerget. — Vue du château de **Mautmont.** — Croquis à la mine de plomb.................................. 17

2684. Dauzats. — Vue extérieure de l'église de **Saint-Menoux.** — Dessin lavé à la sépia.................................. 18

2685. Dauzats. — Vue de la crypte de l'église de **Saint-Menoux.** — Dessin lavé à la sépia.................................. 18

2686. Dauzats. — Vue intérieure de l'abside de l'église **Saint-Menoux.** — Dessin lavé à la sépia.................................. 18

2687. Clerget. — Vue de **Noyant.** — Dessin à la mine de plomb rehaussé de touches d'aquarelle.................................. 19

2688. Aligny, 1829. — Vue prise à **Saint-Pont.** — Dessin à la mine de plomb rehaussé de blanc.................................. 20

2689. Anonyme. — **Souvigny.** — Vue intérieure de l'église. — Croquis à la mine de plomb.................................. 21

2690. Anonyme. — **Souvigny.** — Fragment d'une statue romane de la sainte Vierge existant à l'église. — Dessin à la mine de plomb. 22

2691. Dauzats, 1838. — **Souvigny.** — Vue extérieure de l'église. — Dessin lavé à la sépia.................................. 22

2692. Clerget. — **Souvigny.** — Vue de la rivière et de la ville. — Dessin à la mine de plomb rehaussé de blanc.................................. 23

2693. Clerget. — **Souvigny.** — Vue du moulin de Tour. — Croquis à la mine de plomb rehaussé de blanc.................................. 24

2694. Anonyme. — **Souvigny.** — Vue du manoir de Saint-Maurice. — Dessin à la mine de plomb.................................. 24

2695. Clerget. — Vue du château de **Veauce.** — Croquis à la mine de plomb.................................. 25

2696. Clerget. — Vue prise près de **Veauce.** — Dessin à la mine de plomb rehaussé de crayon rouge.................................. 26

2697. Clerget. — **Châteauneuf**, près Souvigny. — Vue du pont du Massacre. — Croquis rehaussé de gouache et d'aquarelle. : 26

2698. Clerget. — **Vichy**. — Vue du Casino. — Aquarelle inachevée. . . 27

2699. Clerget. — **Vichy**. — Vue d'une promenade. — Croquis à la mine de plomb. 28

2700. Clerget. — **Vichy**. — Vue de la façade de l'église. — Croquis à la mine de plomb. 29

2701. Lardy. — Vue prise à **Vichy**. — Croquis à la mine de plomb. . . . 29

2702. Clerget. — **Vichy**. — Vue de la maison Badoche où séjourna Mme.de Sévigné. — Dessin à la mine de plomb rehaussé de crayons de couleur. 30

2703. Clerget. — **Vichy**. — Vue d'une promenade. — Croquis à la mine de plomb rehaussé de crayons de couleur. 31

2704. Clerget. — **Vichy**. — Vue prise à l'intérieur d'un moulin. — Croquis à la mine de plomb. 32

2705. Clerget. — **Vichy**. — Vue de la villa de l'Empereur. — Dessin inachevé à la mine de plomb. 32

2706. Clerget. — **Vichy**. — Vue d'un parc. — Dessin à la mine de plomb. 33

2707. Clerget. — **Vichy**. — Vue du nouveau parc. — Croquis à la mine de plomb. 34

2708. Clerget. — **Vichy**. — Vue du Casino. — Croquis à la mine de plomb rehaussé de pastel. 34

2709. Clerget. — Vue des usines de **Grivard**, près Vichy. — Croquis à la mine de plomb. 35

2710. Clerget. — **Vichy**. — Vue prise au Casino (?). — Croquis à la mine de plomb. 35

2711. Clerget. — **Vichy**. — Vue de la nouvelle source des Célestins. — Dessin à la mine de plomb rehaussé de crayons de couleur. . . . 36

2712. Clerget. — **Vichy**. — Vue d'une place. — Croquis à la mine de plomb. 36

2713. Clerget. — **Vichy**. — Vue de l'hôtel de ville. — Croquis à la mine de plomb. 36

DÉPARTEMENT DE LA CREUSE.

2714. Jorand. — **Aubusson**. — Vue des ruines du château. — Dessin lavé à la sépia. 37

2715. Clerget. — Vue de l'église de Saint-Antoine. — Croquis à la mine de plomb..................................... 37

2716. Anonyme. — Vue des bords de la Creuse. — Dessin à la mine de plomb..................................... 38

DÉPARTEMENT DU PUY-DE-DÔME.

2717. Isabey (Eugène). — Vue du lac d'Aidat. — Dessin à la mine de plomb lithographié par Engelmann dans le *Voyage pittoresque en Auvergne*, par Taylor et Nodier (pl. CXXXI)..................................... 39

2718. Jorand. — Vue du château d'Auval, près d'Issoire. — Dessin lavé au bistre..................................... 40

2719. Habert. — Vue des rochers de la gorge d'Auval. — Dessin lavé à la sépia et lithographié par Hostein dans le *Voyage pittoresque en Auvergne*, par Nodier et Taylor (pl. XVII)..................................... 41

2720. Jorand. — Vue prise à Auval. — Dessin à la mine de plomb..... 42

2721. Anonyme. — Vue d'une rue à Beaumont. — Dessin à la mine de plomb..................................... 43

2722. Bouton, 1830. — Vue d'une chapelle située entre Beaumont et Royat. — Dessin à la mine de plomb..................................... 44

2723. Jorand. — Vue de la petite église de Béserve à une lieue de Saint-Gervais. — Dessin lavé à la sépia..................................... 45

2724. Dauzats. — Besse-en-Chandèze. — Vue de la tour de l'horloge. — Croquis à la mine de plomb lithographié par Engelmann pour le *Voyage pittoresque en Auvergne* (pl. CXV)..................................... 46

2725. Jorand. — Vue des ruines du château de Blot-les-Roches. — Dessin lavé à la sépia..................................... 47

2726. Jorand, 1821. — Vue des ruines du château de Blot-les-Roches prise de dessus le pont de Ménat sur la rivière de Sioule. — Dessin lavé à la sépia..................................... 48

2727. Anonyme, novembre 1830. — Vue du château de Bouzols. — Dessin à la mine de plomb..................................... 49

2728. Gudin. — Vue du château de Buron, près du Coude-sur-Allier. — Croquis à la mine de plomb lithographié pour le *Voyage pittoresque en Auvergne*, par Taylor et Nodier (pl. CXXXIII)..... 50

2729. Ciceri. — Route conduisant au Capucin. — Aquarelle lithographiée pour le *Voyage pittoresque en Auvergne*, par Taylor et Nodier (pl. CI)..................................... 51

2730. Joly (A.). —Vue de l'aiguille du **Capucin.**—Dessin lavé au bistre.   52

2731. Granet, 1829. — **Cebazat.** — Vue intérieure de l'église. — Dessin lavé à l'encre de Chine, lithographié pour le *Voyage pittoresque en Auvergne*, par Taylor et Nodier (pl. XXXVIII)............   52

2732. Anonyme. — Vue prise à **Ceyrat.** — Dessin ombré à la sépia....   53

2733. Jorand (?).—Vue de la petite chapelle de **Château-Gay** à une lieue de Riom. — Dessin lavé à la sépia et rehaussé de blanc, lithographié par Hague pour le *Voyage pittoresque en Auvergne*, par Taylor et Nodier (pl. LXXIX)............   54

2734. Clerget. — **Clermont.** — Vue intérieure de l'église Notre-Dame-du-Port. — Croquis à la mine de plomb.............   54

2735. Anonyme. — Vue du lac **Chambon,** près de Saint-Nectaire. — Dessin lavé à la sépia............   55

2736. Anonyme. — **Champeix.** — «*Coupe du vallon de Champeix prise depuis Coude au niveau de l'Allier jusqu'au sommet du Mont-d'Or.*» — Dessin à la plume.............   56

2737. Anonyme. — «Coupe du vallon de **Champeix** prise depuis Coude au niveau de l'Allier jusqu'à Verrières.» — Dessin à la plume.   56

2738. Villeneuve. — Vue de la **Voulte-Chillac** sur l'Allier. — Croquis à la mine de plomb lithographié par Engelmann pour le *Voyage pittoresque en Auvergne* (pl. CLXXIX).............   57

2739. Jorand. — Vue du château de **Chillac.** —Dessin lavé au bistre, lithographié par W. Gauci, même ouvrage (pl. CLXXX).......   58

2740. Jorand. — **Chatel-Guyon.** — Vue du village et des ruines du château. — Dessin lavé à la sépia............   59

2741. Anonyme. — **Clermont.** — Vue de la fontaine de la place Delille. — Dessin lavé à la sépia............   60

2742. Anonyme. — **Clermont.** — Vue de la façade de la cathédrale. — Dessin à la mine de plomb lithographié pour le *Voyage pittoresque en Auvergne*, par Taylor et Nodier (pl. LI).............   61

2743. Anonyme. — **Clermont.** — Vue d'ensemble de la ville. — Dessin à la mine de plomb............   61

2744. Taylor. — **Clermont.** — Vue intérieure de Notre-Dame-du-Port. — Dessin à la mine de plomb lithographié par Bichebois pour le *Voyage pittoresque en Auvergne*, par Taylor et Nodier (pl. LVIII)............   62

2745. Anonyme. — **Clermont.** — Vue de l'église souterraine de Notre-Dame-du-Port. — Dessin à la mine de plomb............   63

2746. Clerget. — **Clermont.** — Trois vues disposées en frontispice. — Croquis rehaussés de gouache 63

2747. Isabey (Eugène), 27 octobre 1828. — **Clermont.** — Vue prise rue du Gras. — Dessin à la mine plomb lithographié par Engelmann pour le *Voyage pittoresque en Auvergne*, par Taylor et Nodier (pl. LII) 64

2748. Villeneuve. — Vue de la tour du **Coude** sur les bords de l'Allier. — Dessin lavé au bistre lithographié par Engelmann pour le *Voyage pittoresque en Auvergne*, par Taylor et Nodier (pl. CXXXII) 65

2749. Anonyme. — Vue de l'église de **Chamalières**, près Clermont. — Dessin lavé à la sépia 66

2750. Clerget. — **Clermont.** — Vue de la cathédrale. — Croquis à la mine de plomb 67

2751. Anonyme. — **Chamalières.** — Vue de l'abside de l'église. — Dessin lavé à la sépia 67

2752. Anonyme, octobre 1840. — **Chamalières.** — Vue d'un calvaire sous un grand arbre. — Croquis à la mine de plomb 68

2753. Jorand, 1824. — **Chamalières.** — Vue de la place de l'église. — Dessin lavé à la sépia, lithographié par Engelmann pour le *Voyage pittoresque en Auvergne* (pl. LXXIV) 69

2754. Jorand. — **Chamalières.** — Vue prise à l'intérieur de l'église. — Dessin lavé à la sépia, lithographié par Jaime pour le *Voyage pittoresque en Auvergne* (pl. LXXV) 70

2755. Ribarz, 1885. — **Chateldon.** — Vue de l'église. — Dessin à la plume 71

2756. Anonyme. — Vue d'une croix sur la route de **Clermont** à **Royat.** — Dessin à la mine de plomb 72

2757. Clerget. — Vue de **Châtel-Guyon.** — Croquis à la mine de plomb. 72

2758. Anonyme. — Vue intérieure de l'ancienne collégiale d'**Ennezat**, près Riom. — Dessin lavé à la sépia 73

2759. Aligny, 1835. — Vue de montagnes aux environs de **Clermont.** — Dessin légèrement ombré à l'encre de Chine 73

2760. Jaime. — Vue de la source de **Fontanat.** — Dessin lavé à la sépia, lithographié par Engelmann pour le *Voyage pittoresque en Auvergne* (pl. LXXXVI) 74

2761. Jorand, 1825. — **Issoire.** — Vue de la place et de l'église. — Dessin lavé à la sépia 75

2762. Villeneuve, 1816. — Vue de la roche **Vandeix**. — Dessin à la mine de plomb, lithographié par Engelmann pour le *Voyage pittoresque en Auvergne* (pl. CV). 76

2763. Clerget. — Vue de **Gergovie**. — Croquis à la mine de plomb. . . . 76

2764. Clerget. — Vue du pont du **Lignon**. — Dessin à la mine de plomb rehaussé de gouache. 77

2765. Anonyme. — Vue de la gorge et du pont du **Lignon**. — Croquis à la mine de plomb 78

2766. Bourgeois, 27 septembre 1820. — Vue des ruines du château de **Mauzun**. — Croquis à la mine de plomb, lithographié par Montelier pour le *Voyage pittoresque en Auvergne* (pl. CXXX). . 79

2767. Bourgeois. — Vue des ruines du château de **Mauzun**. — Dessin lavé à la mine de plomb. 80

2768. Hubert. — Vue prise à l'intérieur des ruines du château de **Mauzun**. — Dessin à la mine de plomb. 80

2769. Jorand, 25 juillet 1822. — Vue de la ville de **Menat**. — Dessin lavé au bistre. — Voir le *Voyage en Auvergne* (pl. XLIII). 81

2770. Anonyme. — **Menat**. — Vue de l'église. — Aquarelle. 82

2771. Anonyme. — Vue de la grande cascade du **Mont-Dore**. — Dessin lavé à la sépia. 83

2772. Sabatier, 1831. — Vue de la grande cascade du **Mont-Dore**. — Aquarelle lithographiée par Ciceri pour le *Voyage pittoresque en Auvergne* (pl. LXLVI). 84

2773. Sabatier. — Autre vue de la grande cascade du **Mont-Dore**. — Aquarelle lithographiée par Ciceri pour le *Voyage pittoresque en Auvergne* (pl. LXLVII). 85

2774. Taylor. — Vue de la route du **Mont-Dore** à travers la chaîne volcanique. — Dessin lavé au bistre, lithographié par Saratier pour le *Voyage pittoresque en Auvergne* (pl. LXXXV). 86

2775. Anonyme, octobre 1840. — Vue du **Mont-Dore** et de la montagne du Capucin. — Croquis à la mine de plomb. 87

2776. Domes (P.)?. — Vue du château de **Cropière**. — Croquis à la mine de plomb. 88

2777. Joly. — Vue de l'ancien village du **Mont-Dore**. — Dessin lavé à la sépia, lithographié par Aubry le Comte pour le *Voyage pittoresque en Auvergne* (pl. LXLVII). 89

2778. Isabey, 1827. — Entrée du village des bains au **Mont-Dore.** — Aquarelle lithographiée par Ciceri pour le *Voyage pittoresque en Auvergne* (pl. LXLIII)............................ 90

2779. Isabey. — Vue du village des bains au **Mont-Dore.** — Aquarelle. 91

2780. Jorand, 1821. — Vue prise au village des bains du **Mont-Dore.** — Dessin lavé à la sépia, lithographié par Engelmann pour le *Voyage pittoresque en Auvergne* (pl. LXLIV)............... 92

2781. Anonyme. — Statue de Notre-Dame à **Orcival**, près le Mont-Dore. — Dessin lavé à la sépia et rehaussé de blanc............. 93

2782. Clerget. — Vue de l'église de Notre-Dame à **Orcival**, près le Mont-Dore. — Dessin lavé à l'encre de Chine............. 93

2783. Anonyme. — Vue du pic de Sancy et du village du **Mont-Dore.** — Dessins à la mine de plomb............................ 94

2784. Jaime, 1829. — Vue du village du **Mont-Dore** et du pic de Sancy. — Croquis à la mine de plomb, lithographié par Bourgeois pour le *Voyage pittoresque en Auvergne* (pl. LXLVIII)........ 95

2785. Anonyme, 1820. — Vue du **Pas du Soucy.** — Dessin à la mine de plomb.. 96

2786. Jorand (?) — Vue du château de **Murols**, près de la route, en arrivant du Mont-Dore. — Dessin lavé à la sépia.................. 97

2787. Deroy. — Vue du château de M. Benoît à **Mardogne.** — Croquis à la mine de plomb, lithographié par Engelmann pour le *Voyage pittoresque en Auvergne* (pl. CLXLXII).................. 98

2788. Jorand. — Vue de la porte de l'église de **Marsat**, près Riom. — Dessin lavé à la sépia.................................. 99

2789. Anonyme. — Vue de la tour et de la fontaine de **Marsat.** — Dessin lavé à la sépia............................... 100

2790. Anonyme. — **Montferrand.** — Vue de l'entrée de la ville. — Croquis à la mine de plomb............................ 101

2791. Jorand. — **Mozac.** — Vue de l'église paroissiale de Saint-Calmin. — Dessin lavé à la sépia............................. 102

2792. Jorand. — Vue de la **Limagne** prise des gorges du Bout-du-Monde. — Dessin lavé à la sépia, lithographié par Engelmann pour le *Voyage pittoresque en Auvergne* (pl. XVIII)............... 103

2793. Jorand. — **Mozac.** — Vue d'une partie de la nef de l'église. — Dessin lavé à la sépia.................................. 104

2794. Anonyme. — Vue du château de **Montrognon.** — Croquis à la mine de plomb.. 105

2795. Jorand. — Vue du château de **Montrognon.** — Dessin lavé à la sépia, lithographié par Sabatier pour le *Voyage pittoresque en Auvergne* (pl. LXX) 106

2796. Anonyme. — Vue du château de **Nouette.** — Dessin lavé à la sépia. 107

2797. Jorand, 1821. — Vue d'une cour du château de **Pionsat.** — Dessin lavé à la sépia 108

2798. Jorand, 1821. — **Pionsat.** — Vue intérieure de l'église. — Dessin lavé à la sépia, lithographié par Engelmann pour le *Voyage pittoresque en Auvergne* (pl. XXXIII) 109

2799. Jorand. — **Pionsat.** — Vue d'une nef latérale de l'église. — Dessin lavé à la sépia, lithographié par Engelmann pour le *Voyage pittoresque en Auvergne* (pl. XXXIV) 110

2800. Clerget. — Vue prise sur la route du **Mont-Dore.** — Croquis à la mine de plomb 110

2801. Anonyme (5 mai 1785). — Vue du château de **Pontgibaud.** — Dessin à la plume 111

2802. Anonyme, xviii° siècle. — Vue du château de **Pontgibaud** (ancien château des dauphins d'Auvergne) prise de la route de Clermont. — Dessin lavé à l'encre de Chine 112

2803. Anonyme, xviii° siècle. — Vue du château de **Pontgibaud** du côté du parc. — Dessin lavé à l'encre de Chine 113

2804. Anonyme. — Vue du château de **Pontgibaud** du côté de la prairie. — Dessin lavé à l'encre de Chine 114

2805. Jorand. — Vue du château de **Pontgibaud** prise de la route de Clermont à Limoges. — Dessin lavé à la sépia 115

2806. Anonyme. — Vue d'une tourelle du château de **Randan.** — Aquarelle 116

2807. Clerget. — Vue de la façade du château de **Randan.** — Croquis rehaussé d'aquarelle 117

2808. Jorand. — Vue des ruines du château et du village de **Rochefort** sur la route de Clermont. — Dessin lavé à la sépia, lithographié pour le *Voyage pittoresque en Auvergne* (pl. LXXXVIII) 118

2809. Deroy. — Vue de la roche Thuilière prise de **Rochefort.** — Dessin lavé à la sépia, lithographié par Engelmann pour le *Voyage pittoresque en Auvergne* (pl. LXXXIX) 118

2810. Anonyme (11 janvier 1777) [?] — Vue de la roche de la Chadière à **Rochefort.** — Dessin à la pierre noire 119

2811. Anonyme. — Vue du village de **Rochefort**. — Dessin à la mine
de plomb.. 120

2812. Clenget. — Vue prise à **Rochefort**. — Dessin rehaussé de sépia. 121

2813. Anonyme. — **Riom**. — Vue d'ensemble de la ville. — Dessin à la
mine de plomb... 122

2814. Anonyme. — **Riom**. — Vue prise à l'intérieur de l'église Saint-
Amable. — Dessin lavé à la sépia............................ 123

2815. Jorand. — Vue prise à **Royat**. — Dessin lavé au bistre......... 123

2816. Anonyme (août 1837). — **Royat**. — Vue de la place. — Dessin
au crayon noir rehaussé de rouge............................. 124

2817. Bouton, 1830. — Vue de la grande place de **Royat**. — Dessin à la
mine de plomb, lithographié par Engelmann pour le *Voyage
pittoresque en Auvergne* (pl. LXXVIII)....................... 125

2818. Anonyme. — **Royat**. — Vue de la place. — Croquis à la mine de
plomb.. 126

2819. Anonyme. — **Royat**. — Vue de la croix érigée sur la place. —
Croquis à la mine de plomb.................................. 127

2820. (Jorand)[?]. — **Royat**. — Vue de l'église. — Dessin lavé à la
sépia. — Voir le *Voyage en Auvergne* (pl. LXXVI).......... 128

2821. Jorand. — Vue prise à proximité de **Royat**. — Dessin lavé à la sépia
et rehaussé de blanc.. 129

2822. Aligny. — Vue de **Royat**. — Dessin à la plume............. 130

2823. Aligny. — **Royat**. — Vue des débris d'un moulin, des grottes et
des sources. — Dessin à la mine de plomb.................... 130

2824. Nanteuil (Célestin). — **Royat**. — Vue d'une rue menant à l'église.
— Dessin au crayon noir rehaussé de blanc.................. 131

2825. Anonyme (octobre 1842). — **Royat**. — Vue de la grande source.
— Croquis à la mine de plomb............................... 132

2826. Jorand. — **Royat**. — Vue d'un pont sur un ruisseau. — Dessin
lavé à la sépia... 133

2827. Monthelier. — **Royat**. — Vue d'une grotte. — Croquis à la mine
de plomb. — Voir le *Voyage pittoresque en Auvergne* (pl. LXXX). 134

2828. Bourgeois. — Vue de la vallée de **Royat**. — Croquis à la mine de
plomb.. 135

2829. Bourgeois (?). — Vue de la vallée de **Royat**. — Croquis à la mine
de plomb... 136

2830. Bourgeois. — Vue du chemin qui conduit à **Royat**. — Croquis à la mine de plomb. — Voir le *Voyage pittoresque en Auvergne* (pl. LXXXI)..................................... 137

2831-2837. Clerget. — Diverses vues de **Royat**. — Croquis à la mine de plomb, la plupart lavés à l'encre de Chine ou à l'aquarelle. 138

2838-2841. Clerget. — Diverses vues de **Royat**. — Croquis à la mine de plomb, dont l'un rehaussé d'encre de Chine et de gouache. 139

2842. Leborne, 1831. — Rocher de la fontaine **Saint-Allyre**. — Dessin lavé à la sépia..................................... 140

2843. Jorand. — Vue d'un moulin à eau pour la manipulation du chanvre près **Saint-Gervais**. — Dessin lavé au bistre........... 141

2844. Jorand. — Vue de la montagne **Saint-Cirgues** et de la Sioule. — Dessin lavé au bistre............................. 141

2845. Jorand. — **Saint-Gervais**. — Vue de l'église paroissiale. — Dessin lavé au bistre et rehaussé de gouache.................. 142

2846. Joly. — **Saint-Gervais**. — Vue du cimetière. — Dessin lavé à la sépia..................................... 142

2847. Taylor, 1832 (?). — Vue d'un dolmen auprès de **Saint-Nectaire**. — Dessin à la mine de plomb. — Voir le *Voyage pittoresque en Auvergne* (pl. CIX)..................................... 143

2848. Isabey (Eugène) [?]. — **Saint-Nectaire**. — Vue des ruines du château. — Dessin à la mine de plomb. — Voir le *Voyage pittoresque en Auvergne* (pl. CVIII *bis*)..................... 144

2849. Isabey (Eugène). — **Saint-Nectaire**. — Vue de l'église. — Croquis à la mine de plomb. — Voir le *Voyage pittoresque en Auvergne* (pl. CVII)..................................... 145

2850. Isabey (Eugène). — **Saint-Nectaire**. — Vue de l'église (côté de l'abside). — Croquis à la mine de plomb. — Voir le *Voyage pittoresque en Auvergne* (pl. CVIII)..................... 146

2851. Anonyme. — **Sauxillange**. — *«Le pas de Sauxillange, près Issoire.»* — Croquis à la plume..................... 147

2852. Dauzats (?). — Vue du lac **Pavin**. — Croquis à la mine de plomb. — Voir le *Voyage pittoresque en Auvergne* (pl. CXIII)....... 148

2853. Dauzats. — Vue du lac **Pavin**. — Croquis à la mine de plomb.. 149

2854. Joly. — Vue du pic de **Sancy** et de la gorge d'Enfer, naissance de la Dordogne. — Dessin lavé à la sépia................. 150

2855. Anonyme, 23 novembre 1817. — Vue de rochers près du village de **Saint-Ambroise.** — Dessin lavé à la sépia 151

2856. Anonyme. — Vue de l'église de **La Roche-Tuilière.** — Dessin lavé à la sépia 151

2857. Jorand. — Vue de la fontaine de **Saint-Ferréol.** — Croquis à la mine de plomb 152

2858. Jorand. — Vue du château de **Léotoing**, sur la route de Saint-Flour. — Dessin lavé à la sépia 153

2859. Clerget. — Vue de l'observatoire du **Puy-de-Dôme.** — Croquis au crayon noir 153

2860. Villeneuve. — Vue du château de **Termes**, sur la route de Saint-Flour à Chaudesaigues. — Croquis à la mine de plomb, lithographié par Engelmann pour le *Voyage pittoresque en Auvergne* (pl. CXCIII) 154

2861. Bourgeois. — **Thiers.** — Vue générale de la ville. — Dessin lavé à la sépia. — Voir le *Voyage pittoresque en Auvergne* (pl. CXVIII). 155

2862. Bourgeois, 1820. — **Thiers.** — Vue générale de la ville prise d'un autre côté. — Dessin lavé à la sépia. — Voir le *Voyage pittoresque en Auvergne* (pl. CXIX) 156

2863. Joly. — **Thiers.** — Vue des cascades. — Dessin lavé à la sépia. — Voir le *Voyage pittoresque en Auvergne* (pl. CCXI) 157

2864. Régnier. — **Thiers.** — Vue prise sur le pont du Moutier. — Dessin à la mine de plomb. — Voir le *Voyage pittoresque en Auvergne* (pl. CXXV) 158

2865. Régnier. — **Thiers.** — Vue de la chapelle Saint-Roch. — Dessin à la mine de plomb 159

2866. Régnier. — **Thiers.** — Vue de l'église Saint-Jean. — Dessin à la mine de plomb 160

2867. Anonyme, mars 1846. — **Thiers.** — Vue de vieilles maisons. — Dessin à la mine de plomb 161

2868. Dauzats. — **Thiers.** — Vue du portail de l'église Saint-Génèse. — Dessin à la mine de plomb 161

2869. Jorand. — **Thiers.** — Vue du portail de l'église Saint-Génèse. — Dessin lavé à la sépia. — Voir le *Voyage pittoresque en Auvergne* (pl. CXXII) 162

2870. Régnier. — **Thiers.** — Vue prise près du pont Saint-Jean. — Dessin lavé à la sépia, lithographié par Hubert pour le *Voyage pittoresque en Auvergne* (pl. CXXVI) 163

2871. Anonyme. — Vue du cours de la Durolle au-dessus de **Thiers**. — Croquis à la mine de plomb, lithographié par Harding pour le *Voyage pittoresque en Auvergne* (pl. CXXIX).............. 164

2872. Anonyme, 1837. — **Le Moutier**, près Thiers. — Dessin à la mine de plomb.................... 165

2873. Jorand. — Vue du pont de **Thiers**. — Dessin lavé au bistre..... 166

2874. Anonyme, septembre 1837. — **Thiers**. — Vue de la rue de Durolle. — Dessin à la mine de plomb................ 167

2875. Jorand. — **Thiers**. — Vue intérieure de l'église Saint-Génèse. — Dessin lavé à la sépia. — Voir le *Voyage pittoresque en Auvergne* (pl. CXXIV).................... 168

2876. Jorand. — Vue du château de **Tournoel**. — Dessin lavé à la sépia. 169

2877. Jorand, 1821. — Autre vue du château de **Tournoel**. — Dessin lavé à la sépia.................... 170

2878. Jorand. — Vue de l'entrée du château de **Tournoel**. — Dessin lavé à la sépia. — Voir le *Voyage pittoresque en Auvergne* (pl. XXIII). 171

2879. Anonyme. — Cour d'entrée du château de **Tournoel**. — Dessin lavé à la sépia. — Voir le *Voyage pittoresque en Auvergne* (pl. XXIII *bis*).................... 172

2880. Daguerre (?). — Château de **Tournoel**. — Vue de la galerie qui conduit à la chapelle. — Dessin lavé à la sépia. — Voir le *Voyage pittoresque en Auvergne* (pl. XXV)................ 173

2881. Anonyme. — Château de **Tournoel**. — Vue de la grande cour. — Dessin lavé à la sépia. — Voir le *Voyage pittoresque en Auvergne* (pl. XXIV).................... 174

2882. Jorand, 26 juillet 1826. — Vue d'une des salles du château de **Tournoel**. — Dessin lavé à la sépia................ 175

2883. Jorand, 1821. — Château de **Tournoel**. — Vue prise de la galerie qui conduit à la chapelle. — Dessin lavé à la sépia. — Voir le *Voyage pittoresque en Auvergne* (pl. XXVI)............ 176

2884. Anonyme. — Vue intérieure de la chapelle du château de **Tournoel**. — Dessin à la mine de plomb.................... 177

2885. Anonyme. — Vue des ruines du château de **Thuret** à trois lieues de Randan. — Aquarelle.................... 178

2886. Anonyme. — Vue des ruines du château de **Thuret**. — Aquarelle. 179

2887. Anonyme. — Vue prise à **Usson**, près Issoire. — Croquis à la plume.................... 180

2888. Anonyme, 6 septembre 1831. — Vue du château d'**Usson**. — Dessin à la mine de plomb.................................... 181

2889. Villeneuve. — Vue de la cascade de **La Verrière**.— Dessin lavé à la sépia, lithographié par Ciceri pour le *Voyage pittoresque en Auvergne* (pl. CIV)................................. 182

2890. Jaime. — **Volvic**. — Vue de la place et de l'église. — Dessin lavé à la sépia, lithographié par Engelmann pour le *Voyage pittoresque en Auvergne* (pl. XXIX)........................ 183

2891. Daguerre. — **Volvic**. — Vue prise dans l'abside de l'église. — Dessin lavé à la sépia. — Voir le *Voyage pittoresque en Auvergne* (pl. LXXXIV)............................... 184

2892. Jorand, 24 août 1821. — **Volvic**. — Vue prise de l'abside de l'église. — Dessin lavé à l'encre de Chine................ 185

2893. Anonyme. — Costumes du **Mont-Dore**. — Dessin à la mine de plomb... 186

2894. Anonyme. — Costumes du **Puy-en-Velay**. — Dessin à la mine de plomb.. 186

2895. Jorand (?). — Vue générale de **Volvic**. — Dessin lavé à la sépia. — Voir le *Voyage pittoresque en Auvergne* (pl. CLXXXVII).... 187

2896. Clerget. — **Clermont**. — Vue de l'abside de Notre-Dame-du-Port. — Croquis à la mine de plomb.................. 187

2897. Jorand. — **Clermont**. — Vue prise de la crypte de Notre-Dame-du-Port. — Dessin lavé à la sépia. — Voir le *Voyage pittoresque en Auvergne* (pl. LXII)............................. 188

2898. Tirpenne. — Vue du cours de la Durolle à **Thiers** et de la route du Cordon. — Dessin à la sépia lithographié par Engelmann pour le *Voyage pittoresque en Auvergne* (pl. CXXVII)........... 188

DÉPARTEMENT DU CANTAL.

2899-2900. Dauzats — **Bredous**. — Bénitiers et sculptures en bois relevés dans l'église. — Dessin à la mine de plomb.......... 189

2901. Anonyme. — **Bredous**. — Vue de l'église. — Dessin à la mine de plomb rehaussé de blanc........................ 190

2902. Isabey (Eugène). — **Chaudesaigues**. — Vue d'une croix. — Croquis à la mine de plomb retouché d'encre, lithographié par Engelmann pour le *Voyage pittoresque en Auvergne* (pl. CLXLV *bis*). 191

2903. Bouton. — **Chaudesaigues.** — Vue de la fontaine des eaux chaudes. — Dessin à la mine de plomb lithographié par Engelmann pour le *Voyage pittoresque en Auvergne* (pl. CLXLV) 192

2904. Jaime. — Vue du rocher de Gibraltar, près de **Chaudesaigues.** — Croquis à la mine de plomb lithographié par Engelmann pour le *Voyage pittoresque en Auvergne* (pl. CLXLIV) 193

2905. Anonyme. — Vue du château de **Léotoing** sur la route de Lempdes à Massiac. — Croquis à la mine de plomb 194

2906. Dauzats. — Vue du château de **Jarousset**, près Murat. — Dessin lavé à la sépia, lithographié par Engelmann pour le *Voyage pittoresque en Auvergne* (pl. CCIV) 195

2907. Dauzats. — Vue du château de **Jarousset**, près Murat. — Dessin à la mine de plomb. — Voir le *Voyage pittoresque en Auvergne* (pl. CCIV) 196

2908. Isabey (Eugène). — Vue du château de **Pesteil** à Polminhac. — Dessin à la mine de plomb lithographié par Engelmann. — Voir le *Voyage pittoresque en Auvergne* (pl. CCII) 197

2909. Anonyme. — Vue du château de **Pesteil** à Polminhac. — Dessin à la plume. — Voir le *Voyage pittoresque en Auvergne* (pl. CCII). 198

2910. Laberge. — Vue du château de **Pesteil** prise de la route de Vic-sur-Cère à Aurillac. — Croquis à la mine de plomb lithographié par Engelmann. — Voir le *Voyage pittoresque en Auvergne* (pl. CCI) 199

2911. Deroy. — Vue du château de **Paulhac.** — Dessin à la mine de plomb lithographié par Engelmann pour le *Voyage pittoresque en Auvergne* (pl. CXLVIII) 200

2912. Anonyme. — **Saint-Flour.** — Maisons sur la grande place. — Dessin à la mine de plomb 201

2913. Dauzats et Taylor. — Colonnes basaltiques près de **Saint-Flour.** — Dessin à la mine de plomb lithographié par Engelmann pour le *Voyage pittoresque en Auvergne* (pl. CLXXXVIII) 202

2914. Villeneuve (?). — Vue de la fontaine du **Saillant**, près Saint-Flour. — Dessin à la mine de plomb 203

2915. Villeneuve. — Vue de la fontaine du **Saillant**, près Saint-Flour. — Dessin à la mine de plomb lithographié par Engelmann pour le *Voyage pittoresque en Auvergne* (pl. CLXXXIX) 204

2916. Dauzats. — Vue du château de **Saint-Pol**, près Saint-Martin-Valmeroux. — Dessin à la mine de plomb lithographié par Engelmann pour le *Voyage pittoresque en Auvergne* (pl. CCIII) 205

2917. Anonyme. — Vue des ruines du château de **Nozières**, près Saint-Martin-Valmeroux, sur la route d'Ussel à Aurillac. — Croquis à la mine de plomb 206

2918. Taylor. — Vue du mont **Cantal**. — Dessin lavé à la sépia, lithographié par Engelmann pour le *Voyage pittoresque en Auvergne* (pl. CC) 207

2919. Anonyme. — Types populaires d'**Auvergne**. — Dessin à la mine de plomb 208

2920. Dauzats. — Vue du château de **Roufiac**, près d'Aurillac. — Croquis à la mine de plomb lithographié par Engelmann pour le *Voyage pittoresque en Auvergne* (pl. CCI *bis*) 209

2921. Dauzats. — Vue des ruines du château d'**Apchon**. — Dessin à la mine de plomb 210

2922. Clerget. — Vue de l'église de **Clavières**. — Aquarelle 211

2923. Clerget. — Vue de l'église **Saint-Martin-Valmeroux**. — Croquis à la mine de plomb 211

DÉPARTEMENT DE LA CORRÈZE.

2924. Dauzats. — **Tulle**. — Vue de l'ancien hôtel de ville. — Dessin ombré à la sépia 212

TOME XIII.

CHAMPAGNE. — ARTOIS. — LORRAINE. — ALSACE. FRANCHE-COMTÉ. — SUISSE.

DÉPARTEMENT DE L'AUBE.

Pages.

2925. CLERGET. — Vue prise sur les bords de l'**Oise**. — Croquis au crayon noir rehaussé de gouache.................... 1

2926. Anonyme. — **Nogent-sur-Seine**. — Vue des quais. — Aquarelle. 2

2927. RÉGNIER. — Vue de l'entrée du collège de **Brienne**. — Dessin lavé à la sépia.................... 3

2928. CLERGET. Vue de la chapelle de **Notre-Dame-du-Chêne**. — Dessin lavé à l'encre de Chine et rehaussé de blanc.................... 3

2929. Anonyme, XVIIᵉ siècle. — Vue du parc de **Pont-sur-Seine**, prise du vestibule du château. — Dessin lavé à l'encre de Chine..... 4

2930. Anonyme, XVIIᵉ siècle. — Vue des parterres de **Pont-sur-Seine**, prise à l'intérieur du château. — Dessin lavé à l'encre de Chine. 5

2931. CLERGET. — **Troyes**. — Vue de la porte Saint-Jacques. — Croquis à la mine de plomb.................... 6

2932. FICHOT (Charles), 1839. — **Troyes**. — Vue du jubé de l'église Sainte-Madeleine. — Dessin à la mine de plomb.................... 7

DÉPARTEMENT DE LA HAUTE-MARNE.

2933. CLERGET. — Vue de l'église de **Blécourt**, transept nord. — Croquis à la mine de plomb.................... 8

2934. Anonyme, 1824. — Vue du château de **Joinville**. — Croquis à la mine de plomb.................... 9

2935. DARBRÈS (Henri), 16 février 1849. — **Langres**. — Vue de l'abside de la cathédrale. — Dessin à la mine de plomb rehaussé de blanc.................... 10

2936. BENCE. — **Langres**. — Ruines d'un arc de triomphe romain. — Dessin lavé à la sépia.................... 11

2937. Pernot (F.-A.). — **Saint-Dizier.** — *«Le château de Saint-Diziers en 1555.»* — Dessin à la mine de plomb.   12

2938. Pernot (F.-A.). — **Vassy.** — *«Le château de Vassy en 1550.»* — Dessin à la mine de plomb.   13

DÉPARTEMENT DE LA MARNE.

2939. Lespinasse (Le chevalier de). — **Châlons-sur-Marne.** — Vue de la ville, prise de la campagne. — Aquarelle.   14

2940. Lallemand. — **Châlons.** — Vue de l'église Notre-Dame. — Aquarelle gravée par Fessard pour le *Voyage pittoresque de la France*, t. VI, Champagne (pl. III).   15

2941. Anonyme. — **Châlons.** — Porche de la façade de l'église Notre-Dame. — Dessin au trait.   16

2942. Anonyme. — **Châlons.** — Fenêtre des bas côtés de l'église Notre-Dame. — Dessin au trait.   17

2943. Anonyme. — **Châlons.** — Triforium de la nef de l'église Notre-Dame. — Dessin au trait.   18

2944. Anonyme. — **Châlons.** — Fenêtre et triforium de l'église Notre-Dame. — Dessin au trait.   19

2945. Anonyme. — **Châlons.** — Fenêtre de la nef de l'église Notre-Dame. — Dessin au trait.   20

2946. Anonyme. — **Châlons.** — Fenêtre du transept de l'église Notre-Dame. — Dessin au trait.   21

2947. Anonyme. — **Châlons.** — Fenêtres du premier étage de la tour de l'église Notre-Dame. — Dessin au trait.   21

2948. Anonyme. — **Châlons.** — Fenêtres du deuxième étage de la tour de l'église Notre-Dame. — Dessin au trait.   23

2949. Anonyme. — **Châlons.** — Fenêtres du troisième étage de la tour de l'église Notre-Dame. — Dessin au trait.   24

2950. Anonyme. — Détails des balustrades dans le sanctuaire de Notre-Dame-de-l'Épine, près **Châlons.** — Dessin au trait.   25

2951. Anonyme. — **Châlons.** — Vue de la rue Croix-des-Teinturiers (canal du Mans). — Dessin à la mine de plomb.   26

2952. Lautey (H.). — **Courcy.** — Vue de l'église. — Dessin à la mine de plomb.   26

2953. LALLEMAND. — **Châlons.** — Vue de la place de l'Hôtel-de-Ville. — Aquarelle gravée par Née pour le *Voyage pittoresque de la France*, t. VI, Champagne (pl. II).......................... 27

2954. Anonyme, xviiie siècle. — **Châlons.** — Vue de la façade de l'hôtel de ville. — Dessin lavé à l'encre de Chine................ 28

2955. Anonyme. — **Châlons.** — Vue de vieilles maisons. — Aquarelle.. 29

2956. Anonyme, septembre 1852. — Vue de l'église de **Châtel-Raould.** — Dessin aux trois crayons sur papier gris.............. 30

2957. GAVART. — Vue de la chartreuse de **Mont-Dieu.** — Aquarelle.... 31

2958. DAUZATS, juillet 1848. — **Réveillon.** — Vue de l'église. — Dessin à la mine de plomb.......................... 31

2959. Anonyme. — Plan de **Reims** et de ses environs. — Plan lavé à l'aquarelle.................................... 32

2960. G. B., 1600. — **Reims.** — Vue d'ensemble de la ville. — Dessin à la plume sur parchemin........................ 33

2961. Anonyme. — **Reims.** — Plan de la cathédrale. — Plan à l'encre de Chine.. 34

2962. Anonyme, xviie siècle. — **Reims.** — Vue de la façade de la cathédrale. — Dessin à la plume sur parchemin................ 35

2963. DAUZATS. — **Reims.** — Vue de la façade de la cathédrale. — Dessin à la mine de plomb........................ 36

2964. Anonyme. — **Reims.** — Statue de la sainte Vierge et détails du grand portail de la cathédrale. — Croquis à la mine de plomb. 37

2965. Anonyme. — **Reims.** — Bases et chapiteaux des colonnes de la cathédrale. — Dessin à la mine de plomb................ 38

2966. Anonyme. — **Reims.** — Bases, chapiteaux et détails d'ornements relevés dans la cathédrale. — Dessin à la mine de plomb...... 39

2967. Anonyme. — **Reims.** — Détails de sculpture relevés à l'intérieur de la cathédrale. — Dessin à la mine de plomb.............. 40

2968. DURAND (H.), 1841. — **Reims.** — Vue de la cathédrale prise des lavoirs. — Dessin à la mine de plomb.................. 41

2969. VRAYET (D. Franc.), 1675. — **Reims.** — Vue à vol d'oiseau de l'abbaye de Saint-Nicaise. — Dessin lavé à l'encre de Chine.... 42

2970. Anonyme. — **Reims.** — Vue de l'hôtel de ville. — Croquis à la mine de plomb.................................. 43

2971. Anonyme. — **Reims.** — Détails d'une porte en chêne de l'église Saint-Maurice. — Dessin à la mine de plomb.............. 44

2972. Anonyme. — **Reims.** — Cheminée en pierre peinte et dorée à l'intérieur d'une maison située place du Marché. — Dessin lavé à l'encre de Chine. 45

2973. Anonyme. — **Reims.** — Cheminée datée de 1556, au Musée. — Dessin à la mine de plomb. 46

2974. Anonyme, 24 fructidor an VIII. — Vue d'un pont, prise dans les jardins du comte Bougainville, à **Suippes.** — Dessin lavé à l'encre de Chine. 47

2975. Anonyme, 24 fructidor an VIII. — Vue prise dans les jardins du comte Bougainville, à **Suippes.** — Dessin lavé au bistre. 48

2976. Anonyme, 24 fructidor an VIII. — Vue prise dans les jardins du comte Bougainville, à **Suippes.** — Dessin lavé à la sépia. . . . 49

2977. Frère MAXIMIN, religieux de la Charité. — **Vitry-le-François.** — Vue d'ensemble de la ville, prise de l'extérieur. — Dessin lavé à l'aquarelle. 50

2978-2979. Anonyme, septembre 1852. — Vues de **Vitry-le-François.** — Dessins aux trois crayons. 51

2980. Anonyme, septembre 1853. — Vue de **Vitry-le-François.** — Dessin à la mine de plomb. 52

CHAMPAGNE.

DÉPARTEMENT DES ARDENNES.

2981. SAVART, 1780. — **Attigny.** — Vue de la ville, prise du côté de Givry. — Aquarelle gravée par NIQUET pour le *Voyage pittoresque de la France,* t. VI (pl. II). 53

2982. SAVART, 1779. — Vue de **Charleville,** prise sur la grande route de Flandres. — Aquarelle gravée sous la direction de NÉE, même ouvrage (pl. III). 54

2983. SAVART, 1779. — Vue du **Pont-d'Arche,** faubourg de Charleville. — Aquarelle gravée par FESSART, même ouvrage (pl. X). 55

2984. DE LA POINTE. — Vue du château de **Trépigny** (ÉTRÉPIGNY), près de Donchery-sur-Meuse. — Dessin à la plume. 56

2985. GUILLAUMOT (Auguste), 1861. — Vue de **Longwée.** — Dessin au crayon noir. 57

2986. Savart. — Vue de **Mézières**. — Aquarelle gravée sous la direction de Née pour le *Voyage pittoresque de la France*, t. VI, Champagne (pl. V)............................ 58

2987. Savart, 1780. — Vue de **Mézières**. — Aquarelle gravée sous la direction de Née, même ouvrage (pl. VI)................ 59

2988. Savart, 1779. — **Mézières**. — Vue de l'église et de la place. — Aquarelle gravée par Fessart, même ouvrage (pl. VII)....... 59

2989. De la Pointe. — **Rethel**. — *« Vue du château de Rethel du côté du chemin venant de Sedan, dessiné sur les lieux par le Sr de la Pointe. »* — Dessin légèrement teinté à l'aquarelle........... 60

2990. Savart, 1780. — **Rocroi**. — Vue prise des environs de la Maison-Rouge. — Aquarelle gravée par Fessard pour le *Voyage pittoresque de la France*, t. VI (pl. XII).................... 61

2991. Savart, 1779. — Vue du village de **Warque**, près Mézières. — Aquarelle gravée sous la direction de Née, même ouvrage (pl. XII)........................ 62

2992. Clerget. — Vue panoramique prise aux environs de **Givet**. — Croquis à la mine de plomb............................ 63

2993. Clerget. — **Mézières**. — Vue d'une porte. — Dessin à la mine de plomb................................. 63

2994. Clerget. — **Vouziers**. — Vue de la ville. — Croquis à la mine de plomb................................. 63

2995. Clerget. — Vue du château de **Sedan**. — Croquis à la mine de plomb................................. 64

2996. Clerget. — **Attigny**. — Vue de la place Charlemagne. — Dessin à la mine de plomb................................. 64

2997. Clerget. — Vue de **Rethel**. — Croquis à la mine de plomb...... 64

DÉPARTEMENT DU PAS-DE-CALAIS.

2998. Anonyme. — **Aire**. — Vue de la tour de l'église. — Dessin à la mine de plomb................................. 65

2999. Anonyme. — **Aire**. — Vue de l'hôtel de ville. — Dessin à la mine de plomb.................................

3000. Anonyme. — **Arras**. — Vue de l'hôtel de ville. — Dessin à la mine plomb................................. 65

3001. Anonyme, xviiᵉ siècle. — **Aire**. — Vue d'ensemble de la ville prise hors des remparts. — Dessin à la plume................. 66

3002. Anonyme. — Vue prise à **Guines**. — Dessin à la mine de plomb. . 67

3003. Duthoit. — **Ardres**. — Vue d'une place. — Dessin à la mine de plomb rehaussé de blanc. 67

3004. Beaurain (Le chevalier de). — **Arras**. — Vue d'ensemble de la ville, prise à l'extérieur des remparts. — Dessin à la plume. 68

3005. Anonyme. — Vue de ruines aux environs d'**Arras**. — Croquis à la mine de plomb. 68

3006. Anonyme. — **Arras**. — Vue de la grande place. — Dessin lavé à la sépia. 69

3007. Anonyme. — **Arras**. — Vue de l'hôtel de ville et de la petite place. — Dessin lavé à la sépia. 70

3008. Dauzats. — **Arras**. — Vue de l'hôtel de ville. — Dessin lavé à la sépia. 71

3009. Dauzats. — **Douai**. — Vue de l'hôtel de ville. — Dessiu lavé à la sépia. 71

3010. Wagnet (Louis). — **Calais**. — Vue de l'ancienne porte Richelieu. — Dessin à la plume. 71

3011. Beaurain (Le chevalier de). — **Bapaume**. — Vue d'ensemble de la ville prise en dehors des remparts. — Dessin à la plume. 72

3012. Goblain (L.). — **Calais**. — Vue de la place d'armes. — Dessin lavé à la sépia. . . . . 73.

3013. Wagnet (Louis). — **Calais**. — Vue de la porte de la rue du Havre. — Dessin à la plume. 73

3014. Wagnet (Louis). — **Calais**. — Vue de l'hôtel de ville. — Dessin à la plume. 73

3015. Wagnet (Louis). — **Calais**. — Vue de l'église Notre-Dame. — Dessin à la plume. 73

3016. Wagnet (Louis). — **Calais**. — Restes de l'église Saint-Pierre. — Dessin à la plume. 74

3017. Wagnet (Louis). — **Calais**. — Vue de l'ancien hôtel du duc de Guise. — Dessin à la plume. 74

3018. Wagnet (Louis). — **Calais**. — Vue de l'ancienne gare maritime. — Dessin à la plume. 75

3019. Clerget. — **Arras**. — Vue d'un boulevard. — Croquis à la mine de plomb. 76

3020. Anonyme. — Fonts baptismaux de l'église d'**Halinghes**. — Dessin lavé à l'encre de Chine. 76

3021. Clerget. — Vue de **Bapaume**. — Croquis à la mine de plomb... 76

3022. Anonyme, xviiie siècle. — Plan de **Saint-Omer**. — Plan teinté d'aquarelle... 77

3023. Anonyme. — **Saint-Omer**. — Vue de la tour de la cathédrale. — Dessin à la mine de plomb rehaussé de blanc... 78

3024. Anonyme. — **Saint-Omer**. — Vue de la cathédrale. — Dessin à la mine de plomb... 78

3025. Anonyme. — **Saint-Omer**. — Vue de l'hôtel de ville. — Dessin à la mine de plomb... 79

3026. Anonyme. — **Saint-Omer**. — Vue des ruines de l'abbaye Saint-Bertin. — Dessin à la mine de plomb... 79

3027. Anonyme. — **Saint-Omer**. — Vue de la tour de la cathédrale. — Dessin à la mine de plomb... 79

3028. Anonyme. — **Saint-Omer**. — Vue de la cathédrale. — Croquis à la plume. — Au revers de cette feuille, un croquis lavé à la sépia. 80

3029. Clerget. — **Calais**. — Vue de l'église Notre-Dame. — Dessin rehaussé d'aquarelle... 81

3030. Clerget. — **Boulogne**. — Vue de l'église Notre-Dame. — Aquarelle... 81

3031. Michel, 1810. — **Wissant**. — *« Wissant près le cap Gris-Nez. »* — Dessin à la pierre noire rehaussé d'encre de Chine... 82

3032. Anonyme. — **Béthune**. — Vue de la porte de Calais. — Dessin à la mine de plomb... 83

3033. Anonyme. — **Béthune**. — Vue de l'hôtel de ville, du beffroi et de la place. — Dessin à la mine de plomb... 83

3034. Anonyme. — **Béthune**. — Vue d'une vieille maison (hôtel du Nord). — Dessin à la mine de plomb... 83

3035. Anonyme. — Vue de l'église de **Racquinghem**. — Dessin à la mine de plomb... 83

3036. Chauvet. — **Béthune**. — Vue de la grande place et du beffroi. — Croquis à la mine de plomb... 84

3037. Clerget. — Vue prise dans le port de **Calais**. — Croquis à la mine de plomb... 84

DÉPARTEMENT DU NORD.

3038. Dauzats. — **Bergues**. — Vue du beffroi. — Dessin lavé à la sépia... 85

3039. Dauzats. — **Comines.** — Vue du beffroi. — Dessin lavé à la sépia. 85

3040. Anonyme. — **Bergues.** — Vue du beffroi. — Dessin à la plume. . 86

3041. Anonyme, 1676. — **Bouchain.** — Vue de la ville, prise de l'extérieur des remparts. — Dessin teinté à l'aquarelle. 87

3042. Goblain (L.). — Vue du monument élevé à la mémoire du maréchal de Villars dans la plaine de **Denain.** — Dessin lavé à la sépia. 88

3043. Goblain (L.). — **Douai.** — Vue de l'église cathédrale de Saint-Pierre. — Dessin lavé à la sépia. 88

3044. Anonyme, juin 1825. — **Douai.** — Vue de l'hôtel de ville. — Dessin lavé à la sépia. 89

3045. Anonyme, 1797. — **Dunkerque.** — Lancement du corsaire *la Légère*, le 16 mars 1797 ou 26 ventôse an v. — Dessin lavé à l'encre de Chine. 90

3046. Anonyme, 1804. — **Dunkerque.** — Vue d'une écluse. — Dessin à la mine de plomb. 91

3047. Anonyme. — Vue prise à **Dunkerque.** — Dessin à la mine de plomb. 92

3048. Wissant. — **Gravelines.** — Vue d'une scierie. — Dessin à la mine de plomb. 93

3049. Wissant, 1844. — **Gravelines.** — Vue du puits Morin. — Dessin à la mine de plomb. 94

3050. Clerget. — **Douai.** — Vue d'une église et d'une place. — Croquis à la mine de plomb. 94

3051. Anonyme, xvııᵉ siècle. — Plan de **Lille.** — Plan lavé à l'aquarelle. 95

3052. Anonyme. — **Lille.** — Plan de la citadelle. — Plan lavé à l'aquarelle. 96

3053. Anonyme. — **Landrecies.** — Vue d'une rue. — Dessin à la mine de plomb. 97

3054. Anonyme, xvııᵉ siècle. — **Marly.** — « *Plan du giardin et de l'étang de Marly.* » — Plan lavé à l'aquarelle. 98

3055. Anonyme. — **Marquette-lès-Lille.** — Vue d'une esplanade. — Dessin à la mine de plomb. 99

3056. Anonyme. — **Lille.** — Vue du théâtre. — Dessin au lavis. 99

3057. Anonyme. — **Lille.** — Vue du corps de garde. — Dessin au lavis. 99

3058. Anonyme. — **Lille.** — Vue du pont Royal dans un jardin de la ville. — Dessin au lavis............................ 99

3059. Anonyme, 1724. — **Valenciennes.** — Vue des fortifications et de la ville. — Dessin teinté à l'aquarelle.................... 100

3060. Anonyme, xvii siècle. — Vue de l'abbaye de **Saint-Amand**, prise au chevet de l'église. — Aquarelle....., ... 101

3061. Anonyme, xvii siècle. — Vue de l'abbaye de **Saint-Amand** et de la façade de l'église. — Aquarelle.................... 102

3062. Clerget. — **Bergues.** — Vue de l'église. — Croquis à la mine de plomb.. 103

3063. Clerget. — **Cambrai.** — Vue d'une porte. — Croquis à la mine de plomb.. 103

3064. Clerget. — Vue de l'église **Notre-Dame-du-Saint-Cordon** (diocèse de Cambrai). — Dessin lavé à l'encre de Chine........ 103

3065. Clerget. — **Dunkerque.** — Vue de l'église Notre-Dame-des-Dunes. — Dessin à l'encre de Chine et à la gouache........ 103

3066. Clerget. — **Lille.** — Statue de Notre-Dame-de-la-Treille. — Croquis à la mine de plomb............................. 104

3067. Clerget. — **Douai.** — Vue d'une porte. — Croquis lavé à l'encre de Chine.. 104

3068. Clerget. — Vue d'un château aux environs de **Douai.** — Croquis à la mine de plomb................................. 105

DÉPARTEMENT DE LA MEUSE.

3069. Anonyme. — **Bar-le-Duc.** — Vue prise dans la ville haute. — Dessin à la mine de plomb........................... 106

3070. Anonyme. — **Bar-le-Duc.** — Vue prise dans la ville haute. — Dessin à la mine de plomb........................... 106

3071. Pointe (De la), 1678. — **Verdun.** — Vue générale de la ville «dessinée par le Sr de la Pointe, étant sur la hauteur de Saint-Michel». — Dessin lavé à l'aquarelle.................... 107

3072. Anonyme. — **Verdun.** — Vue de la cathédrale. — Dessin lavé à la sépia.. 108

3073. Anonyme. — Vue prise aux environs de **Verdun.** — Croquis à la mine de plomb.................................... 108

MEURTHE ET MOSELLE

ET PAYS ANNEXÉS.

MOSELLE.

3074. Clerget. — Vue d'une ruine aux environs de **Metz**. — Dessin à la mine de plomb rehaussé de gouache...................... 109

3075. Clerget. — **Metz**. — Vue panoramique de la ville. — Croquis rehaussé d'encre de Chine et de gouache............... 110

3076. Clerget. — **Metz**. — Vue latérale de la cathédrale. — Dessin ombré à l'encre de Chine.......................... 111

3077. Soupey, août 1877. — **Metz**. — Vue de la porte des Allemands. — Dessin à la plume.............................. 111

3078. Anonyme. — **Metz**. — Vue de la porte des Allemands à l'intérieur de la ville. — Dessin lavé à l'encre de Chine.............. 112

3079. Delorme (Claudius), 1833. — **Metz**. — Vue de la porte des Allemands, prise à l'extérieur de la ville. — Dessin lavé à la sépia. 112

3080. Silvestre (Israël). — **Le Montot**. — « *Le Montot, près Nancy.* » — Dessin à la plume................................... 113

3081. Silvestre (Israël). — **Nancy**. — Vue de la porte Saint-Nicolas. — Dessin à la plume................................. 114

3082. Silvestre (Israël). — **Nancy**. — Vue de la porte Saint-Georges. — Dessin à la plume................................. 114

3083. Clerget. — Vue de l'église de **Notre-Dame-des-Trois-Épis** (Alsace). — Croquis à la mine de plomb.................. 114

3084. Dauzats. — **Nancy**. — Palais des ducs de Lorraine. — Dessin ombré à la sépia.................................... 115

3085. Anonyme. — **Nancy**. — Grille de fenêtre d'une maison du xvie siècle, située rue Debrière. — Dessin à la mine de plomb. 115

3086. Anonyme. — **Nancy**. — Vue de la porte Notre-Dame. — Dessin lavé à l'encre de Chine.............................. 116

3087. Clerget. — **Metz**. — Vue de la cathédrale. — Dessin à l'encre de Chine et à la gouache.............................. 116

3088. Anonyme. — Vue de **Pont-à-Mousson**. — Dessin teinté à l'aquarelle.. 117

3089. Goblain. — **Metz**. — Vue de la cathédrale et du pont des Basses-Grilles... 117

3090. Sansonetti. — **Nancy**. — Coffret en bois sculpté. — Dessin à la mine de plomb... 118

3091. Sansonetti. — **Nancy**. — Dessus d'un coffret en bois sculpté. — Dessin à la mine de plomb... 118

3092. Clerget (Hubert). — **Metz**. — *« Incendie de la cathédrale de Metz, le 6 mai 1877 ; empereur Guillaume présent ; feu d'artifice en son honneur. »* — Dessin à l'encre de Chine et à la gouache... 119

3093. Anonyme, 24 janvier 1871. — Vue de la **Moselle** aux pays annexés. — Dessin à la mine de plomb... 120

3094. Anonyme. — Vue prise aux bords de la **Moselle** (pays annexés). — Dessin à la mine de plomb rehaussé de gouache... 121

3095. Anonyme, 1850. — Vue prise sur les bords de la **Moselle**. — Dessin à la mine de plomb rehaussé de gouache... 122

DÉPARTEMENT DES VOSGES.

3096. Anonyme. — **Domrémy**. — Détails, façade et intérieur de la maison de Jeanne d'Arc. — Dessin à la mine de plomb sur une feuille contenant divers documents relatifs à l'histoire de la Pucelle... 123

3097. Watelet, 14 juillet 1760. — Vue prise à **Plombières**. — Dessin légèrement lavé à l'aquarelle... 124

3098. Boilly, 13 juillet 1824. — **Plombières**. — Vue de la promenade des Dames. — Dessin à la plume... 125

3099. Goblain. — Le **Passage de la Vierge**. — Gorge dite *le Passage de la Vierge*, dans la chaîne des Vosges. — Dessin lavé à la sépia. 126

3100. Goblain. — **Plombières**. — Vue de la promenade des Dames. — Dessin lavé à la sépia... 126

3101. Clerget. — Vue d'un établissement de pisciculture aux environs d'**Épinal**. — Croquis lavé à l'encre de Chine... 126

3102. (Sachot l'aîné)? 1784. — Vue des Vosges à **Senones**. — Dessin au lavis... 127

3103. Anonyme. — Vue d'une église dans les **Vosges**. — Dessin lavé à la sépia... 128

3104. Sansonetti, 1841. — **Épinal**. — Coffre du xvᵉ siècle au musée de la ville. — Dessin à la mine de plomb... 129

3105. **Clerget.** — **Saint-Dié.** — Vue générale de la ville. — Croquis à la mine de plomb.... 129

3106. **Clerget.** — **Plombières.** — Vue près du val d'Ajol. — Croquis à la mine de plomb.... 130

3107. **Clerget.** — Vue prise à **Saint-Dié.** — Croquis à la mine de plomb. 130

3108. **Watelet,** 31 juillet 1762. — Vue de **Xertigny.** — Dessin à la mine de plomb.... 131

3109. Anonyme, 1790. — **Bussang.** — *« Vue de la montagne et du bâtiment où sont renfermées les sources des eaux minérales de Bussang. »* — Dessin à la mine de plomb.... 132

ALSACE.

3110. **Dauzats.** — Vue du calvaire de **Breitenstein.** — Dessin lavé à la sépia.... 133

3111. **Dauzats.** — Vue de la chapelle de **Nebourg.** — Dessin lavé à la sépia. 133

3112. **Chapuy.** — Vue des ruines du château de **Kinsenn** (Haut-Rhin). — Croquis à la mine de plomb.... 134

3113. Anonyme, xvii siècle. — **Huningue.** — Plan de la ville et des fortifications. — Plan lavé à l'aquarelle.... 135

3114. **Dauzats.** — Vue de la façade de l'église de **Marmoutiers** (Bas-Rhin). — Dessin à la mine de plomb.... 136

3115. **Dauzats.** — **Thann.** — Le tombeau du Christ. — Dessin ombré à la sépia.... 136

3116. **Chapuy.** — **Marmoutiers.** — Chapiteaux et détails de sculpture relevés dans l'église.... 137

3117. **Dauzats.** — Vue de l'église de **Rosheim** (Bas-Rhin). — Dessin à la mine de plomb.... 138

3118. **Dauzats.** — « Octogone d'**Ottmarscheim** (Haut-Rhin). » — Dessin à la mine de plomb.... 138

3119. **Dauzats.** — Vue intérieure de la chapelle **Sainte-Odile.** — Dessin à la mine de plomb.... 139

3120. **Dauzats.** — **Haguenau.** — Vue intérieure de l'église Saint-Georges. — Dessin à la mine de plomb.... 139

3121. **Dauzats.** — **Guebwiller.** — Vue extérieure de l'église. — Dessin à la mine de plomb.... 140

3122. **Dauzats.** — **Thann.** — Vue extérieure de l'église. — Dessin lavé à la sépia.... 140

3123. Luçais. — **Saarbruck.** — Vue du pont et de la ville. — Dessin à
l'estompe.. 141

3124. Anonyme. — **Strasbourg.** — Plan de la citadelle et d'une partie
de la ville. — Plan lavé à l'aquarelle.............................. 142

3125. D'Or (R.)? 1823. — **Strasbourg.** — Vue de la porte de la ville.
— Dessin lavé à la sépia... 143

3126. Goblain. — **Strasbourg.** — Vue de la cathédrale. — Dessin lavé
à la sépia... 143

3127. Dauzats (A.). — **Strasbourg.** — Tour et flèche de la cathédrale.
— Dessin légèrement ombré à la sépia............................... 144

3128. Dauzats (A.). — **Strasbourg.** — Vue de la façade de la cathédrale.
— Dessin légèrement ombré à la sépia............................... 144

3129. Chapuy. — **Strasbourg.** — Fonts baptismaux de la cathédrale.
— Dessin à la mine de plomb.. 145

3130. D'Or (R.)? 1822. — **Strasbourg.** — Vue de la cathédrale. —
Dessin lavé à la sépia... 146

3131. D'Or (R.)? 1822. — **Colmar.** — Vue du temple protestant et de
l'hôpital civil. — Dessin lavé à la sépia.......................... 146

3132. Anonyme. — **Strasbourg.** — Vue d'une vieille maison. — Dessin
à la mine de plomb... 146

3133. Sansonetti. — **Strasbourg.** — Vue du buffet d'orgues de la cathédrale. — Dessin à la mine de plomb................................. 147

3134. Clerget. — **Belfort.** — Vue de la place de l'église. — Croquis
lavé à l'encre de Chine.. 148

3135. Clerget. — **Colmar.** — Vue de la cathédrale. — Croquis à la
mine de plomb.. 148

3136. Ouvrié (Justin), 1831. — **Strasbourg.** — Vue d'une place et de
la cathédrale. — Aquarelle... 149

3137. Anonyme, 1er novembre 1876. — **Strasbourg.** — Vue d'une
porte de la ville. — Aquarelle..................................... 150

DÉPARTEMENT DU DOUBS.

3138. Anonyme. — **Besançon.** — Vue de la ville et des montagnes environnantes. — Dessin lavé à l'aquarelle........................... 151

3139. Pointe (F. de la). — **Besançon.** — Vue d'ensemble de la ville. —
Dessin au lavis.. 152

3140. Lallemand. — Vue de **Besançon**. — Aquarelle gravée sous la direction de Née pour le *Voyage pittoresque de la France*, t. I, Franche-Comté (pl. I) 153

3141. Lallemand. — Vue de **Besançon** prise de la route de Dôle. — Aquarelle gravée par Fessard, même ouvrage (pl. VII) 154

3142. Lallemand. — Vue de **Besançon** prise du pont de Brigitte. — Aquarelle gravée par Duparc, même ouvrage (pl. II) 155

3143. Lallemand. — **Besançon**. — Vue de la porte Noire. — Aquarelle gravée par Née, même ouvrage (pl. XI) 156

3144. Lallemand. — **Besançon**. — Vue d'un pont. — Aquarelle gravée sous la direction de Née, même ouvrage (pl. VIII) 156

3145. Goblain. — **Besançon**. — Vue de l'arc de triomphe romain connu sous le nom de *porte noire*. — Dessin lavé à la sépia 157

3146. Anonyme, 1832. — **Besançon**. — Vue de la porte taillée. — Aquarelle 157

3147. Lallemand. — Vue de **Besançon** prise sur les bords du Doubs. — Aquarelle gravée par Niquet pour le *Voyage pittoresque de la France*, t. I, Franche-Comté (pl. X) 158

3148. Lallemand. — **Besançon**. — Vue de l'intendance. — Aquarelle gravée par Auvray, même ouvrage (pl. IX) 158

3149. Lallemand. — **Besançon**. — Vue d'un tableau de Pietro di Pietro au couvent des Jésuites. — Dessin lavé à la sépia 159

3150. Anonyme. — Vue du château de **La Rochette**, près Chaudefontaine. — Dessin lavé à la sépia 159

3151. Anonyme. — **Besançon**. — Vue de la porte taillée. — Croquis à la mine de plomb 160

3152. Anonyme. — Sculpture et détails d'une porte de l'abbaye de **Montbenoît**. — Dessin à la mine de plomb 161

3153. Anonyme. — Sculptures de la porte de l'abbaye de **Montbenoît**. — Dessin à la mine de plomb 162

3154. Clerget. — **Montbéliard**. — Vue d'ensemble de la ville. — Croquis à la mine de plomb 163

DÉPARTEMENT DE LA HAUTE-SAÔNE.

3155. Lallemand. — Vue du château de **Bauffremont** à Scey-sur-Saône. — Aquarelle gravée sous la direction de Née pour le *Voyage pittoresque de la France*, t. I, Franche-Comté (pl. XXVII) 164

3156. Vue du château de **Bauffremont** à Scey-sur-Saône. — Aquarelle gravée sous la direction de Née, même ouvrage (pl. XXVIII).. 165

3157. Lallemand. — Vue d'une chute de la **Cuisance**. — Aquarelle gravée par Née, même ouvrage (pl. XXV)..................... 166

3158. Lallemand. — **Gray**. — Vue de la place de l'hôtel de ville. — Aquarelle gravée par Née, même ouvrage (pl. XIII)......... 166

3159. Lallemand. — **Gray**. — Vue d'ensemble de la ville. — Aquarelle gravée par Niquet l'aîné, même ouvrage (pl. XII).......... 167

3160. Lallemand. — **Gray**. — Tableau d'autel de l'église des Capucins. — Dessin lavé à l'encre de Chine...................... 168

3161. Lallemand. — **Gray**. — Tableau d'autel de l'église des Carmélites. — Dessin lavé à l'encre de Chine..................... 168

3162. Anonyme. — Vue prise à **Gray**. — Dessin à la mine de plomb... 169

3163. Anonyme. — Vue prise à **Gray**. — Dessin à la mine de plomb... 169

3164. Anonyme. — Vue d'une tour en ruine du château de **Rupt**. — Dessin lavé à la sépia.................................. 170

3165. Anonyme. — **Luxeuil**. — Vue d'une porte du xv° siècle. — Dessin à la mine de plomb................................ 170

3166. Clerget. — Vue de **Vesoul**. — Croquis à la mine de plomb.... 171

3167. Clerget. — Vue de **Marnay**. — Croquis à la mine de plomb... 171

3168. Clerget. — Vue de **Héricourt**. — Croquis à la mine de plomb. 171

3169. Clerget. — **Lure**. — Vue d'une rue. — Dessin ombré à l'encre de Chine... 172

3170. Anonyme. — Vue de **Pesmes**. — Dessin lavé à la sépia........ 172

3171. Anonyme. — Vue de **Pesmes**. — Dessin lavé à la sépia........ 173

DÉPARTEMENT DU JURA.

3172. Clerget. — Vue d'**Arbois**. — Dessin à la mine de plomb...... 174

3173. Anonyme. — Vue de **Dôle**. — Dessin lavé à la sépia.......... 174

3174. Lallemand. — **Arbois**. — Vue d'ensemble de la ville. — Aquarelle gravée par Fessard pour le *Voyage pittoresque de la France*, t. I, Franche-Comté (pl. XXIV)................................ 175

3175. Lallemand. — Vue de la source de la Seille, près de **Baume-les-Messieurs**. — Aquarelle gravée sous la direction de Née, même ouvrage (pl. XXVI)................................... 176

3176. LALLEMAND. — Vue de la ville et de l'abbaye de **Baume-les-Moines** dite **Baume-les-Messieurs**. — Aquarelle gravée par NÉE, même ouvrage (pl. XXI)...... 176

3177. Anonyme. — Vue des ruines de l'abbaye du château de **Châlon**. — Croquis à la mine de plomb...... 177

3178. Anonyme. — Vue de **Champagnole-sur-l'Ain**. — Dessin à la mine de plomb...... 178

3179. JOLY. — Vue d'un chemin près de la **Dôle**. — Dessin lavé à la sépia. 179

3180. TAYLOR, 1829. — Vue des grottes d'**Osselles**. — Les Orgues. — Dessin lavé à la sépia...... 180

3181. CHARLET, 1829. — Vue des grottes d'**Osselles**. — La Chaire à prêcher. — Dessin lavé à la sépia...... 181

3182. TAYLOR, 1829. — Vue des grottes d'**Osselles**. — Le Tombeau. — Dessin lavé à la sépia...... 182

3183. Anonyme. — Vue de **Fontaine-sur-la-Roche**. — Croquis à la mine de plomb...... 183

3184. JOLY, 1828. — Vue du château de **Joux** sur les bords du Doubs. — Dessin lavé à la sépia...... 184

3185. LALLEMAND. — Vue des salines de **Lons-le-Saunier**. — Aquarelle gravée par FESSARD pour le *Voyage pittoresque de la France*, t. I, Franche-Comté (pl. XVIII)...... 185

3186. LALLEMAND. — Vue du village de **Montmorot** et des salines de Lons-le-Saunier. — Aquarelle gravée par FESSARD, même ouvrage (pl. XIX)...... 186

3187. LALLEMAND. — **Vereux**. — Vue «de la forge et du village d'Eureux-sur-la-Saône». — Aquarelle gravée sous la direction de NÉE, même ouvrage (pl. XIV)...... 187

3188. LALLEMAND. — Vue de **Lons-le-Saunier**, prise de la hauteur en face des salines. — Aquarelle gravée sous la direction de NÉE, même ouvrage (pl. XX)...... 187

3189. LALLEMAND. — **Lons-le-Saunier**. — «Vue d'une grande roue qui sert à porter l'eau salée aux salines de Lons-le-Saunier». — Aquarelle gravée par NÉE, même ouvrage (pl. XXIII)......... 188

3190. LALLEMAND. — Vue de la chaudière des salines de **Lons-le-Saunier**. — Aquarelle gravée par NÉE, même ouvrage (pl. XXII). 188

3191. Anonyme. — Vue des environs de **Lons-le-Saunier**, prise des hauteurs de Montmorot. — Croquis à la mine de plomb...... 189

3192. Anonyme. — Vue de la **Tour du Meix.** — Dessin lavé à la sépia . 190

3193. Anonyme. — Vue de l'église **Saint-Hymetière** et du château d'Oliferne. — Dessin lavé à la sépia.................... 190

3194. Anonyme. — Vue de l'entrée du château de **Pressilly.** — Dessin lavé à la sépia........................ 191

3195. Anonyme. — Vue d'une croix au Moulin-des-Planches, près **Orgelet.** — Dessin lavé à la sépia........................ 192

3196. Anonyme. — Vue de **Mantry.** — Dessin lavé à la sépia........ 192

3197. Anonyme. — Vue des ruines du château de **Nozeroy.** — Dessin à la mine de plomb........................ 193

3198. Anonyme. — Vue d'une pierre dressée à **Courgenay,** près Porentruy (canton de Berne). — Dessin à la mine de plomb ... 194

3199. Lallemand. — Vue de **Salins** et des hauteurs environnantes. — Aquarelle gravée sous la direction de Née pour le *Voyage pittoresque de la France*, t. 1, Franche-Comté (pl. IV).......... 195

3200. Lallemand. — Vue de **Salins.** — Aquarelle gravée sous la direction de Née, même ouvrage (pl. V)........................ 196

3201. Lallemand. — Vue d'un moulin à **Saint-Amour.** — Aquarelle gravée par Née, même ouvrage (pl. XVI).............. 197

3202. Lallemand. — Vue des ruines d'un château à **Saint-Amour.** — Aquarelle gravée par Née, même ouvrage (pl. XVI)........ 197

3203. Anonyme. — Vue d'un autel dit *autel d'Holbein* à **Saint-Claude.** — Croquis à la mine de plomb.................... 198

3204. Anonyme, 1850. — **Montmirey-le-Château.** — Vue des ruines du château. — Dessin lavé à la sépia.................. 199

3205. Anonyme, 20 juillet 1850. — **Moissey.** — Vue de l'église. — Dessin à la mine de plomb.................... 199

3206. Anonyme. — Vue de **Sellières.** — Dessin lavé à la sépia....... 200

SUISSE.

3207. Chapuy. — Vue du château de **La Porche** et du cours du Rhône à son entrée en France. — Dessin à la mine de plomb....... 201

3208. Chapuy. — Vue du glacier de **Montfurca** où le Rhône prend sa source. — Dessin à la mine de plomb.................. 202

3209. Chapuy. — Vue de **Paters,** sur le cours du Rhône. — Dessin à la mine de plomb........................ 203

3210. Chapuy. — Vue de **Brigg**, sur le Rhône. prise au-dessus du premier pont du Simplon. — Dessin à la mine de plomb.......... 204

3211. Chapuy. — Vue du cours du **Rhône**. — Dessin à la mine de plomb..................... 205

3212. Chapuy. — Vues des trois châteaux de **Sion**, sur le cours du Rhône. — Dessin à la mine de plomb..................... 206

3213. Chapuy. — **Sion**. — Vue générale de la ville et du cours du Rhône. — Dessin à la mine de plomb................. 207

3214. Chapuy. — Vue du château de **Chillon**. — Dessin à la mine de plomb..................... 208

3215. Chapuy. — Vue de **Bex** et de la Dent du Midi. — Dessin à la mine de plomb..................... 209

3216. Chapuy. — Vue de **Noche** sur le cours du Rhône. — Dessin à la mine de plomb..................... 210

3217. Chapuy. — **Genève**. — Vue des quais. — Dessin à la mine de plomb..................... 211

3218. Chapuy. — Vue générale de **Genève**. — Dessin à la mine de plomb..................... 212

TOME XIV.

HAUTE-SAVOIE. — SAVOIE. — DAUPHINÉ. — COMTAT D'AVIGNON, PROVENCE. — COMTÉ DE NICE.

DÉPARTEMENT DE LA HAUTE-SAVOIE.

Pages.

3219. CHAPUY. — Vue de **Conflans**, sur le cours du Rhône. — Dessin à la mine de plomb.... 1

3220. CLERGET. — Vue d'un coin du lac d'**Annecy**. — Croquis à la mine de plomb.... 2

3221. GOBAUT (?), 23 juillet 1863. — Vue prise à **Saint-Martin**, près Sallanches. — Dessin légèrement lavé à l'aquarelle.... 3

DÉPARTEMENT DE LA SAVOIE.

3222. Anonyme, juin 1839. — Vue de la ville d'**Aix** et du lac du **Bourget**, près d'Aix-les-Bains. — Dessin lavé à l'encre de Chine.... 5

3223. LUCAS. — Vue du lac du **Bourget**, près d'Aix-les-Bains. — Dessin lavé à l'encre de Chine.... 6

3224. BONPORT, août 1836. — Vue prise sur le lac du **Bourget**. — Croquis à la mine de plomb.... 6

3225. BONPORT, août 1836. — Bateau de forme spéciale en usage au lac du **Bourget**. — Dessin à la mine de plomb.... 7

3226. LUCAS. — Vue prise aux environs de **Chambéry**. — Dessin au crayon.... 8

3227. LUCAS. — Vue des montagnes environnant **Chambéry**. — Dessin à l'encre de Chine.... 9

3228. Anonyme. — Vue des **Charmettes**. — Aquarelle.... 10

3229. Anonyme, 1819. — **Chambéry**. — Vue d'une vieille tour et d'une chapelle. — Dessin lavé à la sépia.... 11

3230. Anonyme, 1820. — **Chambéry**. — Vue du château. — Dessin lavé à la sépia.... 12

3231. LUCAS. — Vue de montagnes aux environs de **Chambéry**. — Dessin au crayon noir.... 13

3232. Lucas. — Vue d'une rivière aux environs de **Chambéry**. — Dessin au crayon noir.. 14

3233. Lucas. — Vue prise aux environs de **Chambéry**. — Dessin au crayon noir.. 15

3234. De Vèze (Ch.), 1828. — Vue des **Charmettes**. — Croquis à la mine de plomb.. 16

3235. Clerget. — Vue des bains de **Valdieri**. — Croquis lavé à l'encre de Chine.. 16

3236. Anonyme, 1869. — Vue de l'abbaye de **Tamié**. — Croquis à la mine de plomb.. 16

3237. Valenciennes. — **Genève**. — *« Maison dans laquelle est né J.-J. Rousseau, à Genève, en 1712. »* — Dessin au crayon noir.......... 17

3238. Anonyme. — Vue de **Saint-Michel-de-Maurienne**. — Dessin lavé à l'encre de Chine.. 18

3239. Clerget. — Vue de **Montrond**. — Croquis à la mine de plomb... 19

3240. Clerget. — Vue du tunnel du **Mont-Cenis**. — Croquis à la mine de plomb.. 19

DÉPARTEMENT DE L'ISÈRE.

3241. Sabatier. — **Allevard**. — Vue de la tour de **Treuil**. — Dessin à la mine de plomb.. 20

3242. Gaucherel (Léon), 1847. — Armes du **Dauphiné**. — Dessin à la mine de plomb.. 21

3243. Sabatier. — Vue de la route d'**Allevard** à la montagne des Sept-Lacs. — Croquis à la mine de plomb.. 21

3244. Anonyme. — Le fort **Barreau**. — Dessin au lavis............. 23

3245. Ballin. — Vue du site du château de **Bayard** et du fort **Barreau**. — Aquarelle gravée par Mlle Denis pour le *Voyage pittoresque de la France*, t. I, Dauphiné (pl. XXVIII)................... 24

3246. Anonyme, 1820. — Vue des ruines du château de **Bayard**, à trois lieues de Montmélian. — Aquarelle..................... 25

3247. Anonyme, 1813. — Vue d'ensemble des ruines du château de **Bayard** — Croquis à la mine de plomb................ 26

3248. Ballin. — Vue du **Bec-de-l'Aigle**. — Aquarelle gravée par Fessard pour le *Voyage pittoresque de la France*, t. I, Dauphiné (pl. XXXIII).. 27

3249. BALLIN. — Vue de la tour de **Sans-Venin**. — Aquarelle gravée par AVELINE, même ouvrage (pl. XX)..................

3250. SABATIER. — Vue de la tour de **Sans-Venin**. — Dessin à la mine de plomb.................. 28

3251. BALLIN. — Vue d'une cascade au-dessus de la fonderie royale d'**Allemont**. — Aquarelle gravée par FESSARD pour le *Voyage pittoresque de la France*, même ouvrage, Dauphiné (pl. XXXVII).. 29

3252. BALLIN. — **Dents de Gargantua.** — Vue des rochers connus sous le nom de *Dents de Gargantua*. — Dessin au crayon noir gravé par FESSARD, même ouvrage (pl. XXXII)................ 30

3253. BALLIN. — Vue du rocher de **Cornillon**. — Aquarelle gravée par FESSARD, même ouvrage (pl. V).................. 30

3254. BALLIN. — Vue de la roche pointue de **Royannez**. — Aquarelle gravée sous la direction de NÉE, même ouvrage (pl. XLII).... 30

3255. MEUNIER. — **Grande-Chartreuse.** — «*Vue de la seconde entrée de la Grande Chartreuse en venant par Voreppe.*» — Gouache..... 31

3256. Anonyme. — Vue de la caverne du **Pont-Morand**. — Aquarelle.. 31

3257. Anonyme. — Vue de la fonderie royale d'**Allemont**. — Aquarelle. 32

3258-3259. BALLIN. — **Têtes d'Engins.** — Vues des rochers connus sous le nom de *Têtes d'Engins*. — Aquarelles gravées par DUPARC pour le *Voyage pittoresque de la France* (pl. XIV).............. 32

3260. BALLIN. — Vue des gorges du **Furon** du côté de sa source. — Aquarelle.................. 33

3261. BALLIN. — Vue des Cortes de **Sassenage**. — Aquarelle......... 33

3262. BALLIN. — Vue de la cascade du **Furon**. — Dessin au crayon noir.. 34

3263. SILVESTRE (ISRAËL). — **Grenoble.** — Vue de l'hôtel de Lesdiguières. — Dessin à la plume.................. 35

3264. Anonyme. — **Grenoble.** — Vue du pont de bois. — Dessin à la mine de plomb.................. 35

3265. Anonyme. — **Grenoble.** — Vue du palais de justice, de la statue de Bayard et de la place Saint-André. — Dessin au crayon noir. 36

3266. Anonyme, 6 septembre 1828. — **Grenoble.** — Vue de la porte de Créqui. — Dessin à la mine de plomb.................. 37

3267. HIPOLYTE (*sic*), 23 février 1826. — **Grenoble.** — Vue de la citadelle. — Dessin lavé à la sépia.................. 38

3268. Anonyme, 4 juillet 1829. — Vue de **Grenoble**. — Dessin à la mine de plomb.................. 39

3269. BALLIN. — Vue d'un faubourg de **Grenoble**. — Aquarelle gravée par AUVRAY pour le *Voyage pittoresque de la France*, t. II, Dauphiné (pl. XXIV).. 40

3270. LUCAS. — **Grenoble**. — Vue du chemin qui conduit à la bastille. — Dessin au crayon... 41

3271. BALLIN. — **Grenoble**. — Vue du rocher de la porte de France. — Dessin au crayon noir gravé par FESSARD, même ouvrage (pl. XVI). 42

3272. Anonyme. — **Grenoble**. — Vue d'une face du bastion de la Graille. — Dessin au crayon noir.. 42

3273. MEUNIER. — Vue de la fontaine Ardente, près **Grenoble**. — Aquarelle gravée sous la direction de NÉE, même ouvrage (pl. XX).. 43

3274. Anonyme. — Vue des Alpes, près de **Grenoble**. — Aquarelle.... 44

3275. CHAPUY. — Vue de **Pierre-Chatel**. — Croquis à la mine de plomb. 45

3276. BALLIN. — Structure des roches schisto-calcaires du **Dauphiné**. — Aquarelles gravées par FESSARD pour le *Voyage pittoresque de la France*, t. II (pl. V)... 46

3277. BALLIN. — Vue de **Pont-en-Royans**. — Aquarelle gravée sous la direction de NÉE, même ouvrage (pl. XL)........................ 46

3278. SABATIER. — Vue des ruines de l'abbaye de **Prémol**. — Dessin à la mine de plomb.. 47

3279. BOISSIEU (J.-J. DE). — Vue du rocher de **Pierrenoire**. — Dessin lavé à l'encre de Chine.. 48

3280. BOISSIEU (J.-J. DE). — Vue d'un rocher en **Dauphiné**. — Dessin à la mine de plomb... 49

3281. BOISSIEU (J.-J. DE). — Vue du rocher de **La Thuillière**. — Dessin ombré à l'encre de Chine.. 50

3282. Anonyme. — Vue des faces méridionale et orientale de la roche **Sanadoire**. — Dessin au crayon noir................................ 51

3283. Anonyme, 11 janvier 1777. — Détails de structure des roches du **Dauphiné**. — Dessin au crayon noir.................................. 52

3284. BERTHAUD. — Vue de la face septentrionale de la roche **Sanadoire**. — Dessin au crayon noir.. 53

3285. BERTHAUD, 11 janvier 1877. — Vue de la face occidentale de la roche **Sanadoire**. — Dessin au crayon noir......................... 54

3286. Anonyme. — Vue de la roche **Sanadoire** et de la roche de la **Tuile**. — Croquis à la mine de plomb..................................... 55

3287. Clerget. — Vue du pèlerinage de **Notre-Dame-de-la-Salette.** — Dessin au crayon noir rehaussé de gouache 56

3288. Renou. — Vue de **Sassenage.** — Dessin à la mine de plomb 57

3289. Ballin. — Vue de l'extérieur des grottes de **Sassenage.** — Dessin au crayon noir gravé sous la direction de Née pour le *Voyage pittoresque de la France*, t. II, Dauphiné (pl. XXV) 58

3290-3291. Ballin. — Fossiles et madréporite trouvés dans les rochers de **Sassenage.** — Aquarelles gravées par Baquoy, même ouvrage (pl. XXII) 59

3292. Ballin. — Vue des gorges du **Furon,** près de sa source. — Aquarelle gravée par Giraud l'aîné, même ouvrage (pl. XXVII) 60

3293. Ballin. — Vue des portes de **Sassenage.** — Aquarelle gravée sous la direction de Née, même ouvrage (pl. XXVI) 60

3294. Ballin. — Vue du château de **Beauvoir.** — Aquarelle gravée sous la direction de Née, même ouvrage (pl. XXXVIII) 61

3295. Ballin. — Vue de l'emplacement du préciosier de **Sassenage.** — Aquarelle gravée par Fessard, même ouvrage (pl. XXXIX) 61

3296. Sabatier. — Vue d'une cascade à **Sassenage.** — Dessin au crayon noir rehaussé de blanc 62

3297. Chapuy. — Vue de **Vienne.** — Dessin à la mine de plomb 63

3298. Meunier, 1789. — **Vienne.** — Vue de la façade de l'église Saint-Maurice. — Aquarelle gravée sous la direction de Née pour le *Voyage pittoresque de la France*, t. II, Dauphiné (pl. LIV) 64

3299. Meunier. — **Vienne.** — Vue intérieure de l'église de Saint-Maurice. — Aquarelle gravée par Née, même ouvrage (pl. LIII) 65

3300. Anonyme. — **Vienne.** — Cul-de-lampe et balcon relevés à l'intérieur de la cathédrale. — Dessin à la mine de plomb 66

3301. Anonyme. — **Vienne.** — Vue du portique méridional de la cathédrale. — Croquis à la mine de plomb 67

3302. Stillièrre. — **Vienne.** — Portes de divers monuments de la ville. — Dessin lavé à la sépia, lithographié par Stéphen Martin 68

3303. Stillièrre. — **Vienne.** — Fragments antiques recueillis au Musée. — Dessins à la mine de plomb 69

3304. Meunier, 1788. — **Vienne.** — Vue de l'ancienne église Saint-Sévère. — Aquarelle gravée par Née pour le *Voyage pittoresque de la France*, t. II, Dauphiné (pl. LII) 70

3305. Meunier, 1789. — **Vienne.** — Vue du cloître Saint-Maurice. — Aquarelle gravée par Née, même ouvrage (pl. LV)... 71

3306. Meunier. — **Vienne.** — Vue extérieure de l'église Saint-Pierre. — Aquarelle gravée par Née, même ouvrage (pl. LI)... 72

3307. Meunier. — **Vienne.** — Vue d'un temple romain transformé en église sous le vocable de Notre-Dame-de-Vie. — Aquarelle gravée par Née, même ouvrage (pl. L)... 73

3308. Renou. — **Vienne.** — Vue du temple d'Auguste. — Dessin à la mine de plomb... 74

3309. Bence. — **Vienne.** — Ruine du théâtre antique. — Dessin lavé à la sépia... 75

3310. Goblain. — Vue d'un obélisque élevé par les Romains et connu sous le nom de l'**Aiguille**, près Vienne. — Dessin lavé à la sépia. 75

3311. Meunier. — Vue de l'**Aiguille.** — Aquarelle gravée par Née pour le *Voyage pittoresque de la France*, t. II, Dauphiné (pl. XIL)... 76

3312. Meunier. — Vue du château de la **Batie.** — Aquarelle gravée par Née, même ouvrage (pl. XXI *ter*)... 77

3313. Guedon. — Vue de la cour du château de la **Batie.** — Croquis à la mine de plomb... 78

3314. Meunier. — Vue de l'Ermitage de M. Cherliat, près **Vienne** et du château de la **Batie.** — Aquarelle gravée par Née, même ouvrage (pl. XXI *quater*)... 79

3315. Meunier, 1789. — Vue du cloître de **Notre-Dame-de-l'Isle**, près Vienne. — Aquarelle gravée par Née, même ouvrage (pl. XLVIII). 80

3316. Meunier. — Vue des ruines du château de **Roussillon**, près Vienne. — Aquarelle gravée par Née, même ouvrage (pl. XLIV)... 81

3317. Meunier. — Vue d'une cascade de la **Jère**, près Vienne. — Aquarelle gravée par Née, même ouvrage (pl. XLV)... 82

3318. Anonyme. — [**Poliénas.**] — Vue prise au *bourg de Polineas*, près le *château de la Marcouse*. — Aquarelle... 83

3319. Tirpenne. — Vue du château de **Vizille** autrefois aux Lesdiguières. — Dessin à la mine de plomb... 84

3320. Tirpenne. — Entrée du château de **Vizille.** — Dessin à la mine de plomb... 85

3321. Sabatier. — Ruines du château fort de **Vizille.** — Dessin à la mine de plomb... 86

DÉPARTEMENT DES HAUTES-ALPES.

3322. P.-M., 1824. — «Allefroide. — *Valle Louise.* — *La Misse à Saint-Pierre?*» — Dessin au crayon et à l'encre de Chine 87

3323. Sabatier. — **Le Casset.** — Vallée du Moutier. — Dessin au crayon noir rehaussé de gouache 88

3324. Sabatier. — Vue des ruines du château de **Tallard.** — Dessin à la mine de plomb rehaussé de gouache 89

3325. Guétal (L.). — Vue du lac de l'**Eychauda.** — Dessin à la plume. 90

3326. Anonyme. — **Gap.** — Vue d'une porte de la ville. — Dessin à la mine de plomb 90

3327. Guétal (L.). — Vue du lac de l'**Eychauda** et du glacier de Séguret-Foran. — Dessin à l'encre de Chine 91

3328. Clerget. — **Gap.** — Vue de la ville et des montagnes environnantes. — Croquis légèrement ombré à l'encre de Chine 92

DÉPARTEMENT DE LA DRÔME.

3329. Le May (O.). — **Crest-sur-Drôme.** — Vue de la ville et du château. — Aquarelle gravée par Niquet l'aîné pour le *Voyage pittoresque de la France*, t. II, Dauphiné (pl. III) 93

3330. Le May (O.). — Tombeau antique découvert au cimetière de **Sassenage.** — Aquarelle gravée sous la direction de Née, même ouvrage (pl. XXIII) 94

3331. Le May (O.). — Autels et inscriptions antiques découvertes à **Die.** — Aquarelle gravée sous la direction de Née, même ouvrage (pl. XXIII *bis*) 94

3332. Anonyme, 1818. — Vue des ruines du château de **Grignan.** — Croquis à la mine de plomb 95

3333. Clerget. — Vue intérieure de l'église de **Grignan.** — Croquis à la mine de plomb 95

3334. Anonyme (7 avril 1807). — Vue du château de **Grignan.** — Croquis à la mine de plomb 96

3335. Chapuy. — **Montélimar.** — Vue d'ensemble de la ville. — Dessin à la mine de plomb 97

3336. Le May (O.). — Vue de **Valence.** — Aquarelle gravée par Née pour le *Voyage pittoresque de la France*, t. II, Dauphiné (pl. II) 98

14.

3337. Chapuy. — **Valence.** — Vue de la ville. — Dessin à la mine de plomb 99

3338. Chapuy. — Vue de **Serves.** — Dessin à la mine de plomb 100

3339. Sabatier. — Vue de la tour des **Clausayes,** débris d'une maison attribuée aux Templiers. — Dessin à la mine de plomb rehaussé de blanc 101

3340. Sabatier. — Vue de la grotte de **Roche-Courbière.** — Dessin à la mine de plomb rehaussé de blanc 102

DÉPARTEMENT DE LA LOIRE.

3341. Guédon. — Vue du château de **Couzan.** — Croquis à la mine de plomb 103

3342. Guédon, 1844. — Vue du château de **Couzan.** — Dessin à la mine de plomb rehaussé de blanc 104

3343. Anonyme. — Vue du lac de **Chambon** (Puy-de-Dôme). — Dessin à la mine de plomb 105

3344. Anonyme. — Vue de l'abbaye de **Champ-Dieu,** dans le Forez. — Dessin lavé à la sépia 106

3345. Chapuy. — Vue prise à **Saint-Chamant,** entre Aurillac et Mauriac. — Dessin à la mine de plomb 107

3346. Anonyme. — Vue de **Saint-Chamant.** — Dessin à la plume 108

3347. Guédon. — Vue des ruines du château de **Saint-Chamant.** — Dessin à la mine de plomb rehaussé de blanc 109

3348. Guédon (A.), 1844. — Vue des ruines du château d'**Urfé.** — Dessin à la mine de plomb rehaussé de blanc 110

3349. Chapuy. — Vue des roches et de la cascade d'**Usson.** — Dessin à la mine de plomb 111

3350. Clerget. — **Firminy.** — Pont suspendu. Croquis à la mine de plomb. 112

3351. Thienon. — **Salt-en-Donzy.** — *«Entrée du château de Saltz en Donsy ayant appartenu au connétable de Bourbon.»* — Aquarelle 113

DÉPARTEMENT DU RHÔNE.

3352. Clerget. — Vues de plusieurs villes du département du **Rhône,** réunies en un frontispice. — Croquis à la mine de plomb 114

3353. Clerget. — Vue de l'exposition de **Lyon.** — Croquis légèrement lavé à l'encre de Chine 114

3354. CLERGET. — Vue prise à **Lyon**. — Croquis rehaussé de sépia 114

3355. CHAPUY. — Vue prise à **Condrieu**. — Dessin à la mine de plomb. . 115

3356. (?) 1719. — **Lyon**. — *« L'église Saint-Jean-de-Lyon avec le pont de la Saône. »* — Dessin à la plume rehaussé d'aquarelle. 116

3357. Anonyme, XVIIᵉ siècle. — **Lyon**. — Pont de Belle-Cour. *« Vue du pont de la place de Belle à Lyon aujourd'hui appelée place de Louis-le-Grand. »* — Dessin à la plume. 117

3358. LALLEMAND. — Vue de l'entrée de **Lyon**, en venant de Chalon-sur-Saône. — Aquarelle gravée par AVELINE pour le *Voyage pittoresque de la France*, t. I, Lyonnais (pl. I). 118

3359. LALLEMAND. — Vue de **Lyon** et, au dernier plan, de Pierre-Scise. — Aquarelle gravée sous la direction de NÉE, même ouvrage (pl. II). 119

3360. LALLEMAND. — **Lyon**. — Vue de la Saône et des principaux monuments. — Aquarelle gravée sous la direction de NÉE, même ouvrage (pl. III). 120

3361. LALLEMAND. — **Lyon**. — Vue de la place des Jacobins. — Aquarelle gravée sous la direction de NÉE, même ouvrage (pl. IV). 121

3362. LALLEMAND. — **Lyon**. — Vue de la place des Cordeliers. — Aquarelle gravée sous la direction de NÉE, même ouvrage (pl. V). . 122

3363. LALLEMAND. — **Lyon**. — Vue du pont de la Guillotière et du nouvel hôpital. — Aquarelle gravée sous la direction de NÉE, même ouvrage (pl. VI). 123

3364. LALLEMAND. — **Lyon**. — Vue du pont Saint-Pierre et de la montagne de la Croix-Rouge (Croix-Rousse). — Aquarelle gravée par FESSARD, même ouvrage (pl. VII). 124

3365. LALLEMAND. — **Lyon**. — Vue de la place de Bellecour. — Aquarelle gravée par FESSARD, même ouvrage (pl. X). 125

3366. LALLEMAND. — **Lyon**. — Vue de la place de la Cathédrale. — Dessin lavé à l'encre de Chine 126

3367. CHAPUY. — **Lyon**. — Détails de sculpture relevés à la cathédrale. — Dessin à la mine de plomb. 127

3368. CHAPUY. — **Lyon**. — Vue prise des portes Saint-Clair. — Dessin à la mine de plomb 128

3369. CHAPUY. — **Lyon**. — Vue du port Saint-Pierre. — Dessin à la mine de plomb. 129

3370-3376. Anonyme. — **Lyon**. — Vue de divers monuments. — Dessins à la mine de plomb. 130-132

214   COLLECTION DE DESSINS   [T. XIV.]

3377. Anonyme. — **Lyon**. — Vue de l'hôtel de ville. — Dessin à la mine de plomb... 133

3378. Anonyme. — **Lyon**. — Vue du théâtre. — Dessin à la mine de plomb... 133

3379. Anonyme. — **Lyon**. — Intérieur d'église. — Dessin à la mine de plomb... 134

3380. Anonyme. — **Lyon**. — Cour d'un édifice. — Dessin à la mine de plomb... 135

3381. Anonyme. — **Lyon**. — Vue de la cathédrale et du coteau de Fourvières. — Aquarelle................................. 135

3382. Anonyme. — **Lyon**. — Cour et détails d'une maison construite par Philibert Delorme. — Croquis à la mine de plomb...... 136

3383. Anonyme. — **Lyon**. — Cour d'une maison du xvi⁰ siècle avec un puits de la même époque. — Croquis à la mine de plomb... 137

3384. Nicolle (V.-J.). — **Lyon**. — Vue du pont de la Guillotière et du nouvel hôpital. — Aquarelle........................... 138

3385. Nicolle (V.-J.). — **Lyon**. — Vue de la Charité et du pont de la Guillotière. — Aquarelle.............................. 138

3386-3392. Nicolle (V.-J.). — **Lyon**. — Vues des quais et des ponts. — Dessins à la mine de plomb........................ 139-142

3393-3394. Anonyme. — **Lyon**. — Vues intérieure et extérieure d'une église. — Dessin à la mine de plomb.................. 143

3395. Anonyme. — **Lyon**. — Vue d'un marché sur l'une des places de la ville. — Dessin à la mine de plomb................ 144

3396. Anonyme. — **Lyon**. — Vue de la cathédrale et du coteau de Fourvières. — Dessin à la mine de plomb................. 144

3397. Anonyme. — **Lyon**. — Vue latérale de l'archevêché. — Croquis à la mine de plomb.................................. 145

3398. Anonyme. — **Lyon**. — Vue de l'abside d'une église. — Croquis lavé à la sépia...................................... 146

3399. Anonyme. — **Lyon**. — Vue latérale d'une église. — Dessin à la mine de plomb.................................... 146

3400. Chapuy. — **Lyon**. — Vue du pont de la Guillotière et de l'hôpital. — Dessin à la mine de plomb.................... 147

3401-3402. Anonyme. — **Lyon**. — Vues prises sur les quais. — Dessins à la mine de plomb............................ 148

3403. Clerget. — **Lyon.** — Vue du cours de la Saône. — Croquis rehaussé d'encre de Chine et de gouache............... 149

3404. Anonyme. — **Lyon.** — Vue d'anciens bâtiments à Pierre-Scise — Croquis à la mine de plomb................ 150

3405. Anonyme. — **Lyon.** — Vue du confluent de la Saône et du Rhône, prise du pont de la Mulatière. — Dessin à la mine de plomb sur papier gris............... 151

3406. Nicolle (J.-V.). — Vue de l'île **Barbe**, sur la Saône. — Aquarelle.. 152

3407. Perignon. — Vue d'une église de l'île **Barbe**, sur la Saône. — Aquarelle............... 153

3408. Anonyme, xviiie siècle. — Vue d'une église de l'île **Barbe**. — Dessin à la sépia............... 154

3409. Lallemand. — Ruines d'un aqueduc romain, près **Beaune**, à une lieue de Lyon. — Aquarelle gravée par Née pour le *Voyage pittoresque de la France*, t. I, Lyonnais (pl. XII)........... 155

3410. Le May (O.). — **Lyon.** — Ruines d'un aqueduc romain, près la porte Saint-Just. — Aquarelle gravée par Née, même ouvrage (pl. XI)............... 155

3411-3412. Anonyme. — Vue des différentes façades du château de la **Motte.** — Dessins à la mine de plomb........... 156 et 157

3413. Anonyme, 20 octobre 1838. — Ruines sur la route de **Villefranche-sur-Saône.** — Dessin à la mine de plomb...... 158

3414. Anonyme. — **Lyon.** — Cour intérieure d'un édifice. — Croquis à la mine de plomb............... 159

3415. Anonyme. — **Lyon.** — Vue de la rue des Loges, qui conduit à Fourvières. — Dessin lavé au bistre............... 159

3416. Anonyme, xviiie siècle. — Vue du château de **Pierre-Scise.** — Dessin lavé à l'encre de Chine............... 160

3417. Clerget. — **Lyon.** — Vue de la façade de l'hôtel de ville. — Croquis à la mine de plomb............... 160

3418. De Boissieu (J.-Jacques). — **Lyon.** — Vue de la porte de Vaize. — Dessin lavé à l'encre de Chine............... 161

DÉPARTEMENT DE VAUCLUSE.

3419. Anonyme. — **Avignon.** — Vue du clocher de l'église Saint-Didier. — Dessin à la mine de plomb............... 162

3420. Anonyme. — **Avignon.** — Vue des remparts, prise à l'extérieur de
la ville. — Dessin à la mine de plomb............................... 162

3421. Anonyme, 1810. — **Avignon.** — Vue du pont Saint-Bénézet. —
Dessin à la mine de plomb relevé d'aquarelle............. 163

3422. Jorand. — **Avignon.** — Vue de l'ancienne église métropolitaine.
— Dessin lavé à la sépia.................................... 164

3423. Anonyme. — **Avignon.** — Façade de l'église Notre-Dame-des-
Doms. — Dessin à la mine de plomb.................... 164

3424. Aligny (?). — **Avignon.** — Vue du château des Papes. — Dessin
lavé à l'encre de Chine.................................... 165

3425. Anonyme, 1830. — Vues des **Baumes.** — Dessin à la mine de
plomb.. 166

3426. Bence. — Vue de l'arc de **Cavaillon.** — Dessin lavé à la sépia... 167

3427. Bourgeois. — Vue des roches de **Mornas** sur la route d'Avignon.
— Dessin lavé à la sépia................................ 167

3428. Chapuy. — Vue du château de **Mornas.** — Dessin à la mine de
plomb.. 167

3429. Chapuy. — Vue de **Mornas.** — Dessin à la mine de plomb..... 168

3430. Anonyme. — Vue de **Lourmarin,** entre Cadenet et Apt. — Dessin
à la mine de plomb.. 169

3431. Anonyme. — **Orange.** — Vue latérale de l'arc romain. — Dessin
à la mine de plomb.. 170

3432. Robert (Hubert). — **Orange.** — Vue de l'arc romain. — Dessin
à la sanguine.. 171

3433. Anonyme. — **Orange.** — Vue de l'arc romain. — Croquis à la
mine de plomb.. 172

3434. Anonyme. — Vue d'**Orange.** — Dessin lavé à la sépia......... 172

3435. Goblain (L.). — **Orange.** — Vue de l'arc romain............ 173

3436. Bence. — Vue prise sous l'arc de triomphe de **Cavaillon.** — Dessins lavés à la sépia...................................... 173

3437. Anonyme. — Vue d'un pont à **Saint-Hippolyte.** — Croquis à la
mine de plomb.. 174

3438. Anonyme. — Vue prise à **Saint-Hippolyte.** — Dessin à la mine
de plomb.. 174

3439. Chapuy. — **Orange.** — Vue prise de l'intérieur de l'amphithéâtre
romain. — Dessin à la mine de plomb.................... 175

3440. Lallemand. — Vue de la fontaine de **Vaucluse.** — Aquarelle ... 176

3441. Anonyme, 10 octobre 1851. — Vue de **Vaison.** — Dessin lavé à la sépia et rehaussé de blanc.................... 177

3442. Anonyme. — **Villeneuve-lez-Avignon.** — Vue du donjon. — Dessin lavé à la sépia..................... 178

3443. Anonyme. — Vue de **Villeneuve-lez-Avignon.** — Croquis à la mine de plomb.................... 178

3444. Chapuy. — **Villeneuve-lez-Avignon.** — Vue des quais. — Dessin à la mine de plomb.................... 179

3445. Clerget (H.). — Vue de la fontaine de **Vaucluse,** dans la vallée de la Sorgue. — Croquis à la mine plomb.............. 180

3446. Clerget (H.). — Vue du village de **Vaucluse.** — Croquis à la mine de plomb.................... 180

3447. Clerget (H.), 10 octobre 1884. — **Avignon.** — Vue du rocher de Doms. — Croquis à la mine de plomb............... 180

3448. Anonyme. — **Avignon.** — Vue d'une tour romane de forme hexagonale. — Dessin à la mine de plomb............. 181

3449. Anonyme. — Vue du mont Ventoux, prise des boulevards de **Carpentras.** — Dessin à la mine de plomb.............. 181

3450. Anonyme, 30 septembre. — Vue des ruines du château où séjourna Pétrarque. — Dessin à la mine de plomb............... 182

3451. Anonyme. — Vue intérieure du château de **Teillan.** — Croquis à la mine de plomb.................... 182

3452. Chapuy. — Vue des ruines du château de Pétrarque, près la fontaine de **Vaucluse.** — Dessin à la mine de plomb............ 183

DÉPARTEMENT DES BOUCHES-DU-RHÔNE.

3453. Anonyme. — Débris des édifices antiques de **Saint-Remy.** — Dessin à la mine de plomb....................... 184

3454. Tassy, 1798. — **Arles.** — Les Aliscamps. — Aquarelle........ 185

3455-3458. Anonyme. — Fragments d'un pavé en mosaïque découvert, en janvier 1790, près de la ville d'**Aix.** — Aquarelle....... 186

3459. Chapuy. — **Aix.** — «Chevalet de M. Clérian, peintre à Aix.» — Dessin à la mine de plomb...................... 187

3460. Chapuy. — Bahut de style Renaissance appartenant à M. de l'Estang-Parade à **Aix.** — Dessin à la mine de plomb............ 188

3461. Meunier, 1792. — **Aix.** — Vue de l'entrée de la ville par le cours Mirabeau. — Aquarelle gravée par Née dans le *Voyage pittoresque de la France*, t. II, Provence (pl. II).............. 189

3462. Jorand. — **Aix.** — Restes d'un autel dans la chapelle du couvent des Grands-Carmes. — Dessin lavé à la sépia............. 190

3463. Jorand. — **Aix.** — Vue du baptistère de l'église Saint-Sauveur. — Dessin lavé à la sépia............. 191

3464. Jorand, 1822. — **Aix.** — Vue de la fontaine des bains de Sextius. — Dessin à la mine de plomb.............. 192

3465. Anonyme, octobre 1846. — **Aix.** — Vue de l'église Saint-Jean. — Dessin à la mine de plomb rehaussé de blanc.......... 193

3466. Grégoire (Paul), 1780. — Incendie de l'hôtel de ville d'**Aix** en 1780. — Croquis à la pierre noire.................. 194

3467. Meunier, 1792. — **Aix.** — Vue intérieure du baptistère de l'église Saint-Sauveur. — Aquarelle gravée par Née pour le *Voyage pittoresque de la France*, t. II (pl. III).................. 195

3468. D. G., 1794. — **Orgon.** — *«Canal d'arrosage pris à la Durance, son passage à Orgon.»* — Aquarelle.................... 196

3469. Meunier, 1792. — **Orgon.** — Vue du canal d'arrosage appelé canal de Boisgelin puis canal des Alpines. — Aquarelle gravée par Née, même ouvrage (pl. XVIII).................... 197

3470. Meunier, 1792. — **Malemort.** — Vue du canal de Boisgelin ou des Alpines. — Aquarelle gravée par Née, même ouvrage (pl. XIX)................................. 198

3471. Meunier, 1792. — Vue du canal des **Alpines** et du pont par où passe la grande route d'Aix. — Aquarelle gravée par Née, même ouvrage (pl. XX)............................. 199

3472. Meunier, 1793. — **Arles.** — Vue de la place de la maison commune. — Aquarelle................................. 200

3473. Anonyme. — **Arles.** — Vue du cloître Saint-Trophime. — Dessin à la mine de plomb................................. 201

3474. Clerget. — **Aix.** — Vue de l'église Saint-Sauveur. — Croquis à la mine de plomb................................. 201

3475. Meunier. — **Arles.** — Vue intérieure de l'église Notre-Dame. — Aquarelle................................. 202

3476. Meunier. — **Arles.** — Vue des Aliscamps. — Aquarelle....... 203

3477. Chapuy. — **Arles.** — Vue des arènes. — Dessin à la mine de plomb................................. 204

3478. Chapuy. — **Arles.** — Vue du port. — Dessin à la mine de plomb. 205

3479. Renou. — **Arles.** — Vue extérieures des arènes. — Dessin à la mine de plomb.. 206

3480. Monvader (A.). — **Arles.** — Vue d'une partie de la ville à vol d'oiseau. — Dessin à la plume........................ 207

3481. Anonyme. — **Arles.** — Vue d'une église en ruine. — Dessin légèrement lavé à la sépia.............................. 208

3482. Anonyme. — **Arles.** — Vue d'une rue. — Croquis à la mine de plomb.. 208

3483. Anonyme. — **Arles.** — Vue prise à l'extérieur de la ville. — Croquis à la mine de plomb.............................. 209

3484. Meunier, 1792. — Vue de la ville des **Baux.** — Aquarelle gravée par Née pour le *Voyage pittoresque de la France*, t. II, Provence (pl. IV)... 210

3485. Meunier, 1791. — Vue de **Salon d'Istres.** — Aquarelle gravée par Née, même ouvrage (pl. XI)........................ 211

3486. Meunier, 1792. — Vue du couvent de **Saint-Pierre-de-Canou** transformé en asile d'infirmes et d'aliénés lors de la Révolution. — Aquarelle gravée par Née, même ouvrage (pl. XIV)..... 212

3487. Meunier, 1792. — Vue de la ville et de l'étang d'Istres. — Aquarelle gravée par Née, même ouvrage (pl. XVI)............ 213

3488. Meunier. — **Istres.** — Vue d'une terrasse dans le parc Saint-Pierre, propriété du P. de Régis. — Aquarelle gravée par Née, même ouvrage (pl. XII)................................... 214

3489. Meunier, 1792. — **Istres.** — Vue de l'entrée d'un souterrain dans le parc Saint-Pierre. — Aquarelle gravée par Née, même ouvrage (pl. XXI)..................................... 215

3490. Meunier, 1792. — Vue de l'étang des **Martigues.** — Aquarelle gravée par Née, même ouvrage (pl. XVII)............... 216

3491. Anonyme. — Vue prise sur la côte auprès de **Marseille.** — Dessin à la sanguine.................................... 217

3492. Anonyme. — Vue prise à **Marseille.** — Croquis à la mine de plomb.. 218

3493. D'après Israël Silvestre. — **Marseille.** — Vue de l'église de la Major. — Dessin à la plume.......................... 218

3494. Anonyme. — Vue prise aux environs de **Marseille** — Croquis à la mine de plomb...................................... 218

3495. Anonyme. — Vue de **Marseille** au commencement du xvii° siècle. — Dessin à la plume.................................... 219

3496-3497. D'après J. Vernet. — Vues du port de **Marseille**. — Dessins lavés au bistre.................................... 220 et 221

3498. Nicolle (V.-J.). — **Marseille**. — Vue intérieure de l'église de la Major. — Aquarelle.................................... 222

3499. Anonyme. — Vue prise à **Marseille**. — Croquis à la mine de plomb. 222

3500. Meunier, 1791. — **Marseille**. — Vue de l'église Saint-Victor. — Aquarelle gravée par Née pour le *Voyage pittoresque de la France*, t. XI, Provence (pl. XX).................................... 223

3501. Jorand, 1822. — **Marseille**. — Vue de l'église Saint-Victor. — Dessin lavé à la sépia.................................... 224

3502. Chauvet, 1847. — **Marseille**. — Vue du fort et de la chapelle de Notre-Dame-de-la-Garde, du côté qui fait face à la mer. — Dessin à la mine de plomb.................................... 225

3503. Chauvet. — **Marseille**. — Vue du fort et de la chapelle de Notre-Dame-de-la-Garde, du côté de la ville. — Dessin à la mine de plomb.................................... 226

3504. Meunier, 1791. — **Marseille**. — Vue du couvent des Chartreux. — Aquarelle gravée par Née pour le *Voyage pittoresque de la France*, t. II (pl. XXVII).................................... 227

3505. Meunier. — **Marseille**. — Vue de la façade de l'église des Chartreux. — Aquarelle gravée par Née en guise de frontispice du *Voyage en Provence*, même ouvrage.................................... 228

3506. Anonyme. — **Marseille**. — Vue prise à droite de la route de Toulon. — Dessin à la plume.................................... 229

3507. Anonyme. — **Marseille**. — Vue de la rue du Cimetière. — Dessin à la plume.................................... 229

3508. Chapuy. — Vue de l'abbaye de **Montmajour**, près Arles. — Dessin à la mine de plomb.................................... 230

3509. Jorand. — Vue de la tour et du couvent de **Montmajour**, près Arles. — Dessin lavé à la sépia.................................... 231

3510. Jorand. — Vue du cloître du couvent de **Montmajour**. — Dessin lavé à la sépia.................................... 232

3511. Jorand. — Vue intérieure du cloître du couvent de **Montmajour**. — Dessin lavé à la sépia.................................... 233

3512. Meunier, 1792. — Vue de la **Sainte-Baume**. — Aquarelle gravée par Née pour le *Voyage pittoresque de la France*, Provence, dép. du Var (pl. I).. 234

3513. Meunier. — Vue des monuments antiques de **Saint-Remy**, près Arles. — Aquarelle gravée par Née, même ouvrage, Bouches-du-Rhône (pl. I).. 235

3514. Aligny. — Vue du Mausolée de **Saint-Remy**. — Dessin à la plume ombré à la sépia.................................. 236

3515. Anonyme, 1811. — Vue du Mausolée de **Saint-Remy**. — Dessin lavé à la sépia.. 237

3516. Anonyme. — Vue de l'arc de triomphe de **Saint-Remy**. — Dessin lavé à la sépia.. 238

3517. Goblain, 1818. — Vue du pont de **Saint-Chamas**. — Dessin lavé à la sépia.. 239

3518. Goblain. — Vue de l'arc de triomphe de **Saint-Remy**. — Dessin lavé à la sépia.. 239

3519. Goblain. — Vue du Mausolée de **Saint-Remy**. — Dessin lavé à la sépia.. 239

3520. Anonyme. — Vue de l'église **Saint-Gabriel**, entre Saint-Remy et Arles. — Dessin lavé à la sépia...................... 240

3521. Anonyme, 21 septembre. — Vue de **Château-Renard**, près Avignon. — Dessin à la mine de plomb........................ 241

3522. Anonyme. — Vue intérieure des ruines du **Château-Renard**. — Dessin à la mine de plomb........................ 241

3523. Meunier, 1792. — Vue du village et des ruines du **Château-Renard**. — Aquarelle gravée par Née pour le *Voyage pittoresque de la France*, t. II, Bouches-du-Rhône (pl. XXVIII)........ 242

3524. Meunier. — Vue prise au sommet de la colline de **Sainte-Victoire**, à deux lieues d'Aix. — Aquarelle................ 243

3525. Jorand. — Le château de **Beaucaire**. — Vue de **Tarascon**. — Dessin lavé à la sépia............................ 244

3526. Chapuy. — Vue du château de **Tarascon**. — Dessin à la mine de plomb.. 245

3527-3528. Anonyme. — Vue du château de **Tarascon**. — Croquis à la mine de plomb.. 245

3529. Jorand. — Vue du pont de **Saint-Chamas**. — Dessin lavé à la sépia. 246

3530-3531. Anonyme. — Vues de **Marseille**. — Dessins lavés à la sépia. 247

DÉPARTEMENT DU VAR.

3532. Anonyme. — **Brusc.** — *«Plan de la rade de Brusch et de celle de Bandol.»* — Plan lavé à l'aquarelle...................... 248

3533. Anonyme. — Vue des chutes de l'Issole, affluent de l'Argens. — Dessin lavé à la sépia........................ 249

3534. Anonyme. — Vue intérieure des ruines du château de **Boucoiran.** — Dessin lavé à la sépia........................ 250

3535. Anonyme. — Vue de **Brignoles.** — Dessin lavé à la sépia 251

3536. Anonyme. — Vue de **Colignac.** — Dessin lavé à la sépia....... 251

3537. Anonyme. — Vue de la grotte des Carmes, près **Barjols.** — Dessin lavé à la sépia........................ 251

3538. Anonyme. — Vue du château de la **Garde-Freynet.** — Dessin lavé à la sépia........................ 251

3539. Anonyme. — **Colignac.** — Vue de la chapelle de Notre-Dame-de-Grâce. — Dessin lavé à la sépia........................ 251

3540. Anonyme. — Vue de la chute de l'**Argens.** — Dessin lavé à la sépia........................ 251

3541. Dauzats, octobre 1830. — Vue des ruines du château d'**Hyères.** — Croquis à la mine de plomb........................ 252

3542. Meunier. — Vue du gouffre où se déversent en partie les eaux de l'**Argens.** — Aquarelle........................ 253

3543. Meunier. — Vue des cataractes de l'**Argens.** — Aquarelle...... 254

3544. Meunier. — Débris de constructions romaines dans le port de **Fréjus.** — Aquarelle........................ 255

3545. Meunier, 1793. — **Fréjus.** — Vue des restes de l'arc romain dit la «porte Dorée». — Aquarelle........................ 256

3546. Meunier. — **Fréjus.** — Vue des ruines de l'aqueduc construit par les Romains. — Aquarelle........................ 257

3547. Meunier. — **Fréjus.** — Vue extérieure des ruines des arènes. — Aquarelle........................ 258

3548. Meunier. — **Fréjus.** — Vue des restes de fortifications romaines. — Aquarelle........................ 259

3549. Meunier. — **Fréjus.** — Vue des restes de l'aqueduc romain. — Aquarelle........................ 260

3550. Grégoire (Paul), 1783. — Vue prise à **Toulon**. — Dessin à la pierre noire... 261

3551. D'après J. Vernet. — Vue du port de **Toulon**. — Dessin lavé au bistre... 262

3552. Anonyme. — Vue de la ville et de la rade de **Toulon** prise du fort Rouge. — Aquarelle.. 263

3553. Meunier. — Vue de la chute de **Sillans**. — Aquarelle.......... 264

3554. Anonyme. — **Saint-Maximin**. —Tombeau de Sainte-Madeleine. — Dessin lavé à la sépia.. 265

3555. Anonyme. — Vue de la cascade de **Sillans**. — Dessin lavé à la sépia.. 265

3556. Anonyme. — **Salernes**. — Vue des ruines du château Sarrazin. — Dessin lavé à la sépia.. 265

3557. Anonyme. — **Fréjus**. — Vue de la porte Dorée. — Dessin lavé à la sépia.. 265

3558. Anonyme. — **Fréjus**. — Vue prise à l'intérieur des arènes. — Dessin lavé à la sépia... 265

3559. Clerget. — **Toulon**. — Vue du port. — Croquis à la mine de plomb.. 266

3560. Aligny. — Vue du château de **Villeneuve**. — Dessin à la plume rehaussé de blanc... 267

3561. Aligny. — Vue du château de **Villeneuve**. — Dessin à la mine de plomb... 267

DÉPARTEMENT DES BASSES-ALPES.

3562. Meunier, an III de la République. — Vue extérieure du panthéon de **Riez**. — Aquarelle.. 268

3563. Meunier. — **Riez**. — Vue de quatre colonnes, débris d'un temple antique. — Aquarelle.. 269

3564. Goblain. — **Riez**. — Vue de quatre colonnes antiques. — Dessin lavé à la sépia.. 270

3565. Clerget. — Vue du château de **Quiraz**. — Vue de **Briançon**. — Croquis à la mine de plomb... 270

3566. Clerget. — Vue de **Digne**. — Croquis à la mine de plomb...... 270

3567. Chapuy. — Vue du rocher de la Douzère à **Robines**. — Dessin à la mine de plomb... 271

3568. Aligny. — Vue de **Sisteron**. — Dessin à la mine de plomb...... 272

DÉPARTEMENT DES ALPES-MARITIMES.

3569. Chapuy, juillet 1834. — Vue du golfe d'**Antibes**. — Croquis à la mine de plomb.. 273

3570. Anonyme, xviie siècle. —Plan de la ville, du fort et du golfe d'**Antibes**. — Plan lavé à l'aquarelle........................ 274

3571. Anonyme, fin du xvie siècle. — **Antibes**. — Vue à vol d'oiseau de la ville, du fort et du golfe. — Dessin lavé à l'aquarelle..... 275

3572. Anonyme, 1744. — Plan de **Villefranche**. — Plan au lavis.... 276

3573. Anonyme. — Relevé d'une porte de style Renaissance à l'intérieur du château de la **Roquette**. — Dessin à la mine de plomb.. 277

3574. Aligny. — Vue prise à **Cannes**. — Dessin à la mine de plomb... 277

3575. Clerget. — Vue prise à **Nice**. — Croquis à la mine de plomb... 278

3576. Aligny. — **Cannes**. —Vue d'une maison située au bord de la mer.

3577. Taverne (G.). — Vue de la forteresse de l'île **Sainte-Marguerite**. — Dessin à la plume.. 279

3578. Auniet (?), ingénieur des travaux maritimes. — Tracé de la côte de France *«représentant les divers points de la ligne sémaphorique depuis Toulon jusqu'à Bordigiera»*. Plan en deux feuilles et au lavis.. 280

TABLE ALPHABÉTIQUE.

A

A. D., 388, 389, 745, 746, 1086.

A. de B., 1675.

Abbeville (Église Saint-Wulfran à), 1069 à 1073.

— (Rue et tour de Notre-Dame à), 1072.

- (Vues d'), 1068.

Agde (Moulin d'), 2236.

Agen (Chapiteau à l'église Saint-Caprais à), 1857.

— (Vues d'), 1855, 1856.

Agonges (Église d'), 2665.

Ahuy (Vue d'), 2397.

Aidat (Lac d'), 2717.

Aigues-Mortes (Porte des Cordeliers à), 2244.

— (Remparts d'), 2246-2247.

— (Tours à), 2243, 2245.

— (Vue d'), 2242.

Aiguille (Obélisque dénommé l'), près de Vienne, 3310, 3311.

Ailly-sur-Noye (Vue d'), 1075.

Ainay-le-Vieil (Château d'), 1695.

Airaines (Ruines du château d'), 1076.

Aire (Hôtel de ville d'), 2999.

— (Tour de l'église d'), 2998.

— (Vue de la ville d'), 3001.

Aix (Chevalet et bahut anciens à), 3459, 3460.

— (Église Saint-Jean à), 3465.

— (Église Saint-Sauveur à), 3463, 3467, 3474.

— (Entrée d') par le cours Mirabeau, 3461.

— (Fontaine des bains de Sextius à), 3464.

— (Fragments de mosaïque découverts à), 3455-3458.

Aix (Incendie de l'Hôtel de ville d'), 3466.

— (Restes d'un autel au couvent des Grands Carmes d'), 3462.

Aix-les-Bains (Vue d'), 3222.

Ajaccio (Baie d'), 2059.

Alaux, 632, 2673.

Albas (Ruine du château des), 2273.

Albi (Cathédrale Sainte-Cécile d'), 2211-2223.

— (Vue d'), 2210.

Alençon (Détails de Notre-Dame d'), 889.

— (Entrée du château des ducs d'), 893.

Aligny, 1756-1760, 1877-1880, 1902-1904, 2111, 2112, 2118-2123, 2148, 2232-2235, 2268-2272, 2688, 2759, 2822, 2823, 3424, 3514, 3560, 3561, 3568, 3574, 3576.

Aliscamps (Les), à Arles, 3454, 3476.

Alise-Sainte-Reine (Vue d'), 2391.

Allemont (Fonderie royale d'), 3251, 3257.

Allevard (Tour du Treuil à), 3241.

— (Vue prise sur la route d'), 3243.

Alpes (Montagnes dans les Hautes-), 3322.

— (Vue des) près Grenoble, 3274.

Alpines (Vues prises sur le canal de Bois-gelin ou des), 3468-3471.

Altalayas (Les tours d') entre la France et l'Espagne, 2056, 2057.

Ambleny (Tour d') près Soissons, 1239.

Amboise (cardinaux d'), leurs tombeaux à Notre-Dame de Rouen, 724, 725.

— (Le Mail et la rue du Marché à), 1491.

— (Plan du château d'), 1479.

— (Vieux pont d'), 1495.

Amboise (Vues d'), 1481, 1482.
— (Vues du château d'), 1480, 1481, 1483-1490, 1492-1494.
Amiens (Cathédrale d'), 1068, 1084 à 1098, 1101, 1102, 1106 à 1113.
— (Église Saint-Firmin-en-Castillon à), 1114.
— (Église Saint-Remy à), 1115, 1116.
— (Fête de la chasse au Cygne près), 1081.
— (Hôtel de l'Élection à), 1082.
— (Ruines de l'église des Carmes à), 1103.
— (Triptyque en ivoire et divers sceaux à), 1100.
— (Vue du cours à), 1079.
— (Vues d'), 1068, 1077, 1078, 1080, 1083, 1099.
Ancone (Ruines d'), 2139.
Ancy-le-Franc (Château d'), 2279-2281, 2305.
Andely (Vue du petit), 572, 575.
Andelys (Fontaine Sainte-Clotilde aux), 571.
— (Vue de la ville des), 570, 574.
André (J.), 2423.
André (M.), 528, 529.
Anduze (Vue d'), 2248.
Anet (Château d'), 569.
Angers (Cathédrale d'), 1571, 1572.
— (Église Saint-Martin à), 1568.
— (Maison du roi René à), 1573.
— (Portail de l'église Saint-Maurice à), 1566.
— (Sculptures du cloître Saint-Aubin à), 1567.
— (Tour du diable au château d'), 1575.
Angoulême (Cathédrale d'), 1813.
— (Collège d'), 1803, 1804, 1806.
— (Hôpital d'), 1804.
— (Vues prises à), 1797-1802, 1805, 1807-1810, 1814, 1815, 1821.
Angoumois (Fontaine dans l'), 1817.
Annecy (Lac d'), 3220.
Annonay (Vue d'), 2126.
Antibes (Golfe d'), 3569 à 3571.
— (Ville et fort d'), 3570, 3571.
Apchon (Château d'), 2921.
Apollon (Bains d') à Versailles, 489.

Apollon (Jardins d') à Versailles, 486.
Arbois (Vues d'), 3172, 3174.
Arc (Maison de Jeanne d') à Domrémy, 3096.
— (Monument de Jeanne d') à Rouen, 744.
Arcueil (Aqueduc d'), 20 à 23.
— (Moulin de la roche à), 29.
— (Vues d'), 18, 19, 24 à 29.
Arcy (Château d'), 35 à 37.
Ardres (Place à), 3003.
Argens (Cataractes de l'), 3540, 3542, 3543.
Argenteuil (Plaine d'), 30.
— (La Seine à), 32, 33, 441, 443.
— (Carrière près d'), 34.
Argilly (Château d'), 2392.
Arles (Les Aliscamps à), 3454, 3476.
— (Les arènes à), 3477, 3479.
— (Cloître Saint-Trophime à), 3473.
— (Église en ruines à), 3481.
— (Église Notre-Dame à), 3475.
— (Place de la Maison commune à), 3472.
— (Port d'), 3478.
— (Vues d'), 3480, 3482, 3483.
Arles-sur-Tech (Tombeau des saints Abdon et Sennen au couvent des bénédictins d'), 2017.
Armand (E.), 2113.
Arnay-le-Duc (Château d'), 2390, 2396.
— (Vues d'), 2393 à 2395.
Arques (Ruines du château d'), 623 à 630.
Arras (Vue d') [Ardèche], 2124.
Arras (Boulevard à) [Pas-de-Calais], 3019.
— (Grande place d'), 3006.
— (Hôtel de ville d'), 3000, 3007, 3008.
— (Petite place d'), 3007.
— (Ruines près d'), 3005.
— (Vue d'), 3004.
Arvant-sur-Loire (Vue d'), 2153.
Asnières (Jardin de M. Hennequin à), 695.
Asnières-sur-Oise (Château de la Reine Blanche à), 39.
Attigny (Place Charlemagne à), 2996.
— (Vue d'), 2981.

Aubusson (Ruines du château d'), 2714.
Auch (Cathédrale d'), 1835 à 1844.
— (Vue de la ville d'), 1833, 1834.
Audibert de Lussan (Louis-Jacques d'), 1014.
Aulnay (Maison du comte de Girardin à), 42.
— (Maison de Mme Récamier à), 41.
Auniet, ingénieur, 3578.
Auray (Ville d'), 1637.
Aurec (Vue d'), 2154.
Auteuil (Église d'), 38, 40.
— (Maison du baron Gérard à), 45.
— (Maison Lacaze à), 46.
— (Maison de Molière à), 43, 44.
Autun (Abbaye de Saint-Martin à), 2556.
— (Cathédrale d'), 2564, 2567.
— (Descente de croix existant à), 2565.
— (Fête sur le Champ de Mars à), 2562.
— (Fontaine Renaissance à), 2546.
— (Jardins de Montjeu à), 2542, 2543.
— (Maisons au bord de l'eau à), 2568.
— (Moulin à), 2558.
— (Murs Romains à), 2561.
— (La pierre de Couard à), 2557, 2559, 2563.
— (Pont d'Aroux à), 2549.
— (Porte d'Aroux à), 2553.
— (Porte Saint-André à), 2563, 2570.
— (Ruines du temple d'Hercule à), 2563.
— (Temple de Janus à), 2560, 2561, 2569.
— (Temple de Pluton à), 2551, 2552.
— (Tour de l'Horloge à), 2550.
— (Tour, rue Chauchy à), 2547.
— (Tour romaine à), 2554, 2555.

Autun (Vues d'), 2540, 2541, 2544.
Auval (Château d'), 2718.
— (Rochers de la gorge d'), 2719.
— (Vue prise à), 2720.
Auvergne (Types d'), 2919.
Auvers (Chapelle Saint-Nicolas à), 514.
— (L'Oise à), 515.
— (Ruines d'une chapelle à), 516.
Auvillars (Château d'), 2398.
— (Église d'), 2399.
Auxerre (Arc Saint-Renobert à), 2283, 2286.
— (Chapelle de la Vierge à Saint-Étienne d'), 2292-2293.
— (Église Saint-Germain à), 2284, 2288, 2291.
— (Tour de l'horloge à), 2287, 2289.
— (Vues d'), 2278, 2282, 2285, 2290.
Avallon (Église et beffroi d'), 2298.
— (Porte Auxerroise à), 2295.
Avallon (Vues d'), 2294, 2297, 2299 à 2301.
— (Vue prise sur le chemin de l'Orme à), 2296.
Avignon (Ancienne église métropolitaine d'), 3422.
— (Château des Papes à), 3424.
— (Clocher de l'église Saint-Didier à), 3419.
— (Église Notre-Dame-des-Doms à), 2423.
— (Pont Saint-Bénézet à), 3421.
— (Remparts d'), 3420.
— (Rocher de Doms à), 3447.
— (Tour romane à), 3448.
Avon (Église d'), 2361.

B

Bagatelle (Château de), au bois de Boulogne, 47 à 50.
Bagnères-de-Bigorre (Fontaine ferrugineuse à), 1999.
— (Thermes de), 1998.
— (Tour de Maouhourat et Bains du Dauphin à), 1997.
— (Vue de), 2000.
Bagneux (Église de), 52 à 54.
Bagnolet (Chemin de), 51.

Baillargé (Alphonse), 1157, 1158.
Ballin, 3245, 3248, 3249, 3251-3254, 3258, 3262, 3269, 3271, 3276, 3277, 3289-3295.
Balloy, près Montereau (Vue prise à), 2356.
Bandol (Rade de), 3532.
Bapaume (Vue de), 3011, 3021.
Barbezieux (Église de), 1820.
Barèges (Entrée de), 1995.

Barèges (La tour Sainte-Marie près), 1994.
— (Vue de), 2011.
Barjols (Grotte des Carmes près), 3537.
Bar-le-Duc (Vues prises à), 3069, 3070.
Barthe, 2087, 2263.
Barthed, 1826.
Basire (J.), 397, 1963.
Bas-Meudon (La Seine au), 250.
Bas Poitou (Paysages et moulins dans le), 1772-1775.
Bastia (Cathédrale de), 2064.
— (Citadelle de), 2063, 2064.
— (Couvent des Capucins près), 2067, 2068.
— (Environs de), 2067.
— (Jardin de Mᵍʳ de la Guillaumye près), 2065.
— (Môle et fanal de), 2062.
— (Route de) à Saint-Florent, 2060.
— (Vue de), 2061.
Batailley (Château de), 1973, 1974.
Batignolles (Octroi de), 55.
Bauffremont (Château de), à Scey-sur-Saône, 3155, 3156.
Baume-les-Messieurs (Ville et abbaye de), 3176.
Baumes (Vue des), 3425.
Baux (Vue des), 3484.
Bavelincourt (Pierre d'Oblicamp près de), 1135.
Bayard (Ruines du château de), 3245-3247.
— (Statue de), à Grenoble, 3265.
Bayeux (Cathédrale de), 772 à 779.
— (Tapisserie de), 780-783.
Bayres(?), 1933.
B. D., 1696.
Beaucaire (Château de), 2250, 3525.
Beaucaire à Tarascon (Pont de), 2249.
Beaucastel (Vue de), 2129.
Beauce (B. de), 2060
Beaudoin (Eugène), 1071, 1076, 1119, 1145.
Beaufort (Pavillon de Gabrielle d'Estrées, duchesse de), à Charenton, 102.
Beaugency (Détail de l'église Notre-Dame à), 1431.
— (Détails de la maison des Templiers à), 1432, 1433.

Beaugency (Donjon de), 1329.
Beaumanoir (Pierre tombale du sire de), à Dinan, 1649.
Beaumont (Puy-de-Dôme) [Chapelle située entre Beaumont et Royat], 2722.
— (Rue à), 2721.
Beaumont-sur-Oise (Église de), 517.
— (L'Oise à), 519.
Beaune (Château de), 2400, 2402, 2403, 2407, 2408.
— (Construction du xvᵉ siècle à), 2420.
— (Cour de l'hôpital de), 2414, 2415, 2417.
— (Église Saint-Pierre à), 2406
— (Fontaine d'Aigues à), 2401, 2409.
— (Porte de Dijon à), 2405.
— (Porte Saint-Nicolas à), 2418.
— (Promenade de), 2404.
— (Remparts de), 2402.
— (Vue de), 2389, 2413.
Beaune (Rhône) [Aqueduc romain près], 3409.
Beaurain (Chevalier de), 1137, 3004, 3011.
Beauregard (Château de), 56.
Beaurepaire (Château de), 57.
Beauvais (Abbaye de Saint-Lucien près), 957.
— (Canal à), 942.
— (Cathédrale de), 941, 944-948.
— (Chapiteaux relevés à), 951.
— (Colonnes de l'ancien hôpital de), 943.
— (Détail d'un cloître à), 955.
— (Détails de maisons de bois à), 949, 950.
— (Église de la Basse-Œuvre à), 956.
— (Manufactures de), 935.
— (Moulin à la porte de), 937.
— (Place à), 938-941.
— (Porte de la Préfecture à), 954.
— (Porte de Paris à), 936.
— (Procession à), 952.
— (Tour de l'horloge à), 953.
— (Travée de Saint-Pierre de), 729.
— (Vue de), 934, 1068.
Beauvoir (Château de), 3294.
Bec (Abbaye du), 580.
Bec-de-l'Aigle (Vue du), 3248.

Belanger (Ferme de M.), à Courbevoie, 118-120.
Belfort (Place de l'église de), 3134.
Belleau (Château de), 115.
Bellegarde (Château de), 2018.
— (Le Rhône au Moulin de), 2661.
Belleville (Vue prise à), 58.
Bellevue (Entrée du parc à), 60.
— (Ferme de Mesdames à), 59.
Bence, 1847, 2240, 2936, 3309, 3426, 3436.
Bénévent (Château de Maurice de Talley-rand, prince de), à Valençay, 1478.
Benodet (Maison Lemoine à), 1634.
— (Rochers à), 1636.
— (Vue prise sur la route de), à Pont-l'Abbé, 1635.
Benoit, 1326.
Benoit (Château de M.), à Mardogne, 2787.
Bercy (Château de), 62.
— (La Seine à), 63.
Bergues (Beffroi de), 3038, 3040,
— (Église de), 3062.
Bernay (Vue prise sur le chemin de Men-neval à), 581.
Bernier, 679.
Berthaud, 3284, 3285.
Berthault (Maison de M.), à Neuilly, 329, 331, 333-336.
Berthier, 464.
Bertrem [Val d'Arran] (Vue de), 1982.
Besançon (Intendance de), 3148.
— (Montagnes autour de), 3138.
— (Pont à), 3144.
— (La Porte Noire à), 3143, 3145.
— (La porte taillée à), 3146, 3151.
— (Tableau aux Jésuites de), 3149.
— (Vues de), 3138-3142, 3147.
Béserve? (Église de), près Saint-Gervais (Puy-de-Dôme), 2723.
Besse-en-Chandèze (Tour de l'horloge à), 2724.
Bétharram (Pèlerinage et pont de), 1989, 1990.
Béthune (Hôtel de ville, beffroi et place de), 3033, 3036.
— (Porte de Calais à), 3032.
— (Vieille maison à), 3034.

Beugnet, 2017, 2042, 2046, 2047, 2048, 2058.
Beusite (Clocher à), 1586.
Bevat (E.), 885.
Bex (Vue de), 3215.
Beycherelle (Château de), 1969.
Bezons (Clocher de), 69.
— (Vues du Moulin-Joly), 67, 68.
Biarritz (Casino de), 1977.
— (Falaises à), 1978, 1979.
— (Villas à), 1980, 1993.
Bicêtre (Vue de), 70.
Billancourt (Vue de l'île de), 71.
Bisson (P.), 2379, 2380.
Blandy (Ruines du château de), 73, 74.
Blanquefort (Vue de), 1899.
Blaye (Château de), 1898.
— (Vues de), 1894, 1896.
Blécourt (Église de), 2933.
Bléré (Chapelle funéraire à), 1496.
Blois (Château de), 1430, 1434.
— (Pont romain près de), 1472.
Blot-les-Roches (Ruines du château de), 2725, 2726.
Bodin (Maison de M.), à Launay, 1581.
Boilly, 1291, 1292, 3098.
Bois de Boulogne (Château de Madrid au), 72.
Boissieu (J.-J. de), 3279-3281, 3418.
Boissy d'Anglas (Maison de), à Bougival, 64.
Boissy-le-Châtel (Usine et moulin de), 2357.
Bondy (Chapelle dans la forêt de), 61.
Bonhommé (J.), 1090-1095, 1236, 1237.
Bonnétable (Château de), 1522-1524.
Bonneval (Crypte de l'abbaye de), 1349.
— (Église de), 1348.
Bonport, 3224, 3225.
Bonshommes (Couvent des), près Passy, 75.
Bordeaux (Bergers des landes de), 1902.
— (La Chartreuse à), 1917.
— (Château du Ha à), 1910.
— (Le Château-Trompette à), 1908, 1909.
— (Chevet et tour de la cathédrale de), 1976.
— (La flèche Saint-Michel à), 1901.

Bordeaux (La grosse cloche à), 1901, 1903.
— (Plan de la ville et des faubourgs de),
    1919.
— (Port de), 1921, 1923.
— (Ruines romaines à), 1911-1913.
— (Ruines de l'amphithéâtre romain dit
    Palais Gallien à), 1904, 1912,
    1914-1916.
— (Tombeau de François de Foix de Can-
    dale à), 1951, 1952.
— (Tombeau du maréchal d'Ornano dans
    l'église de la Merci à), 1950.
— (Vue de), 1900, 1905-1907, 1960,
    1961.
Bordelais (Vignobles du), 1971, 1972.
Borghèse (Pavillon de la princesse Pauline),
    à Saint-Cloud, 361.
Bosio (Maison de), à Seineport, 439.
Bouchain (Vue de), 3041.
Bouchardon (Groupes de), 486.
Boucher (J.), 18, 19, 978.
Boucher-Desnoyers (Propriété du baron),
    à Saint-Germain-en-Laye, 404.
Boucoiran (Ruines du château de), 3534.
Bougainville (Jardins du comte de), à
    Suippes, 2974-2976.
Bougival (Carrières à), 520.
— (Chaussée de) [Maison de M. Boissy
    d'Anglas], 64.
— (Chaussée près) [Plan de la propriété
    de Mᵐᵉ Darlu], 76.
— (Croquis pris à), 66.
— (Le moulin Landry), 65.
— (La Seine à), 77.
Boulloire (Château de), 1525, 1526.
Boulogne (Église Notre-Dame à), 3030.
Bourbilly (Château de), 2419.
Bourbon (Château de Salt-en-Donzy, autre-
    fois possédé par le connétable de),
    3351.
Bourbon (Tombeau de Marguerite de), à
    Notre-Dame-de-Brou, 2650, 2652.
Bourbon - l'Archambault (Château de),
    2668-2670.
Bourg-en-Bresse (Collégiale de), 2633,
    2636.
— (Environs de), 2635.
— (Faubourgs de), 2634, 2638.
— (Hôtel de ville de), 2633.

Bourg-en-Bresse (Porte de), 2651.
— (Vues de), 2631, 2632, 2657.
Bourg-Saint-Andéol (Église de), 2125.
— (Le Rhône à), 2127.
Bourg-sur-Gironde (La Gironde à), 1892,
    1893.
— (Vue de), 1948.
Bourgachard (Stalle dans l'église de), 590.
Bourgeois (C.), 44, 223, 230, 1242,
    2003, 2651, 2766, 2767, 2828-
    2830, 2861, 2862, 3427.
Bourges (Détails d'une maison Renaissance
    à), 1711.
— (Détails de l'hôtel Louis XI à), 1709,
    1710.
— (Ensemble, portail et détails de la ca-
    thédrale de), 1698-1704.
— (Escalier de l'ancien Hôtel de ville de),
    1705.
— (Hôtel Cujas à), 1707, 1708.
— (Tour de la maison de Jacques-Cœur
    à), 1706.
— (Vue de), 1696.
Bourget (Bateau en usage sur le lac du),
    3225.
— (Lac du), 3222-3224.
Bourgfontaine (Chartreuse de), 1152.
Bourgogne (Tombeau de Jean sans Peur,
    duc de), à Dijon, 2454, 2457.
— (Tombeau de Marguerite de Bavière,
    duchesse de), 2454, 2457.
— (Tombeau de Philippe le Hardi, duc
    de), à Dijon, 2455, 2456.
Bouron (Château de), 2360.
Bouscault [Relai de poste près Bordeaux],
    1918.
Bouton, 2722, 2817, 2903.
Bouzols (Château de), aux environs du
    Puy, 2202, 2727.
Boves (Vue de), 1117.
Braine (Château de), 1153, 1154.
— (Église Saint-Yved-de-), 1155.
Brandon (Château de), 2572, 2573.
Brasparts (Clocher de), 1585.
Bredous (Ensemble et détails de l'église
    de), 2899-2901.
Breitenstein (Calvaire de), 3110.
Bresles (Château de), près Beauvais, 958.
Brest (Arsenal de), 1633.

Brest (Baie de), 1587.
— (Hôtel de Tanneguy du Châtel, à Recouvrance), 1594.
— (Maison de Tourville, à Recouvrance), 1595.
— (Plan et vue du château de), 1588, 1590-1592.
— (Pont tournant à), 1633.
— (Salle du bagne de), 1589.
— (Vue prise près de), 1597.
— (Vues prises au faubourg de Recouvrance), 1593-1595.
Bretagne (Pierre de Dreux, duc de), dans une verrière de Chartres, 1388.
Breuil (Château du), 2574, 2575.
Breuil-Sainte-Geneviève (Domaine du), 583.
Briançon (Vue de), 3565.
Briare (Entrée de), 1330.
Brienne (Entrée du collège de), 2927.
Brigg (Vue de), 3210.
Brignoles (Vue de), 3535.
Briis (Église de), 1303.
— (Tour, rue de l'Orme-Maillard, à), 1302.

Brionne (Ruine à), 582.
Brioude (Église Saint-Julien, à), 2155, 2157, 2159.
— (Vieilles maisons à), 2158.
Brongniart (Habitation de), au Vert-Buisson, près Gisors, 603.
Brou (Notre-Dame de), 2637, 2639-2650, 2652-2656.
Brunoy (Les Beausserons à), 81.
— (Vue prise à), 80.
Brusc (Rade du), 3532.
Bry-sur-Marne (Vue d'un moulin à), 79.
Buc (Aqueduc de), dans le bois de Verrières, 470.
Buffon (Tour et jardins de), à Montbard, 2508, 2511.
Bugey (Montagnes du), 2660.
Burguet (Château du), à Clastres, 1156.
Burnand (Château de), 2571.
Buron (Château de), près du Coude-sur-Allier, 2728.
Bussang (Sources de), 3109.
Butte-aux-Cailles [Paris] (Vues prises à la), 83-89.
Buvry (J.), 2577.

C

C. V., 1391, 1400.
Cachan (Pavillon à), 114.
Cadillac (Château du duc d'Épernon à) 1934, 1935, 1940.
— (Port de Begay à), 1937.
— (Tombeau du duc d'Épernon à), 1938, 1941.
— (Vue de), 1936, 1939.
Cadot, 2231.
Caen (Ancien Hôtel de ville de), 814, 824.
— (Château de Guillaume le Conquérant à), 832-834).
— (Édifices gothiques à), 815, 821.
— (Église Saint-Étienne à), 798-802, 804, 806-809.
— (Église Saint-Jean à), 797.
— (Église Saint-Julien à), 811-813.
— (Église Saint-Nicolas à), 874, 888.
— (Église Saint-Pierre à), 791-794, 796.

Caen (Église du Vieux-Saint-Sauveur à), 818, 819, 872, 873.
— (Église de la Sainte-Trinité à), 786, 788-790, 803, 810, 829.
— (Hôtel à), 875.
— (Hôtel de la Monnaie et types populaires de), 871.
— (Maison des Gens d'armes à), 816, 817, 820.
— (Maison de Malherbe à), 825-827.
— (Plan de la ville et des environs), 784.
— (Porte de l'aumônerie de Saint-Blaise à), 823.
— (Porte au Berger à), 879.
— (Porte romane à), 876.
— (Ensemble et détails du prieuré de Saint-Gabriel, près), 805, 859.
— (Quais de), 853.
— (Religieuse de l'Hôtel-Dieu de), 838.

Caen (Ruines de l'église Sainte-Paix à), 828.
— (Tour des Gens d'armes à), 787.
— (La tour Guillaume-le-Roi à), 831.
— (La tour Machart à), 830.
— (Vieilles maisons à), 822.
— (Vue prise à), 785.
Cahors (Pont de Valendre à), 1867.
— (Vue de), 1866.
Calais (Ancienne gare maritime à), 3018.
— (Église Notre-Dame à), 3015, 3029.
— (Église Saint-Pierre à), 3016.
— (Hôtel de ville de), 3014.
— (Hôtel du duc de Guise à), 307.
— (Place d'armes à), 3012.
— (Porte de la rue du Havre à), 3013.
— (Porte Richelieu à), 3010.
— (Vue prise au port de), 3037.
Calliat (V.), 2218-2222.
Calluc (Rocher de), près du Tarn, 2234.
Calon-Ségur (Vue de), 1967.
Cambon (Vue prise au), près du Tarn, 2235.
Cambrai (Porte à), 3063.
Cabrens (Ruines des tours de), 2019.
Camon (Borne de), près Amiens, 1081.
Cancale (Baie de), 1665.
Candale (Tombeau de François de Foix, comte de), à Bordeaux, 1951, 1952.
Canet (Domaine de), près Pauillac, 1890.
Cannes (Maison au bord de la mer à), 3576.
— (Vue prise à), 3574.
Cantal (Le mont), 2918.
Cap Saint-Mathieu 1630.
Capucin (Montagne du), 2729, 2730, 2775.
Carentan (Église de), 592, 909, 910.
Carlepont (Château de), 959.
Carmes (Grotte des), près Barjols, 3537.
Carnac (Champs de), 1645.
— (Église de), 1653.
— (Fontaine de Saint-Cornély à), 1655.
Carpentras (Le mont Ventoux vu de), 3449.
Cassagne, 2345.
Castel (Calvaire à), 1118.
Castres (Vues de), 2224, 2229.
Causane (Source de la), 2514.

Cauterets (Vue prise dans les gorges de), 2001.
Cavaillon (Arc de), 3426.
— (Vue prise sous l'arc de), 3436.
Cazères (Église de), 2072.
— (Vue de), 2071.
Cébazat (Église de), 2731.
Céret (Pont de), 2021.
Cernay-la-Ville (Église et mairie de), 1305.
— (Grande place de), 1304.
— (Vue sur la route de Rambouillet), 1306.
— (Moulins de la vallée de), 1307.
Cérons (Vue de), 1930.
Cessard (De), ingénieur, 916.
Cette (Vue de), 2237.
Ceyrat (Vue prise à), 2732.
Chagny (Château de), 2425, 2577.
— (Tourelle à), 2576.
Chailly (Château de), près de Bourg-en-Bresse, 2638.
Châlon (Ruines de l'abbaye de), 3177.
Chalon-sur-Saône (Cathédrale de), 2583, 2586.
— (La chancellerie à), 2587.
— (Citadelle de), 2580.
— (Porte de Dijon à), 2580, 2585.
— (Promenade Saint-Jean-de-Mugelle à), 2582.
— (Promenade Saint-Marcel à), 2581.
— (Vues de), 2578, 2579.
Châlons-sur-Marne (Église Notre-Dame à), 2940-2950.
— (Hôtel de ville de), 2953, 2954.
— (Rue Croix-des-Teinturiers à), 2951.
— (Vieilles maisons à), 2955.
— (Vue de), 2939.
Chalus (Propriété de M. de), à Saint-Cloud, 353.
Chalus (Ruines du château de), 1765.
Chamalières (Abside de l'église de), 2751.
— (Calvaire à), 2752.
— (Église de), 2749, 2754.
— (Place de l'église à), 2753.
Chambertin - Gevrey (Vue de), 2389, 2434.
Chambéry (Château de), 3230.
— (Environs de), 3226, 3227, 3231, 3233.

Chambéry (Rivière près de), 3232.
— (Tour et chapelle à), 3229.
Chambolle (Vue de), 2433.
Chambon (Lac), près de Saint-Nectaire, 2735, 3343.
Chambord (Château de), 1435, 1436, 1438-1446.
Champagnole-sur-l'Ain (Vue de), 3178.
Champ-Dieu (Abbaye de), 3344.
Champeix (Coupe du vallon de), 2736, 2737.
Champigny-sur-Marne (Vues prises à), 93-95.
Changey (Vues prises à), 2435.
Chanivari (Montagne de), en Vivarais, 2133.
Chanteloup (Château et parc de), 1497-1502.
Chanteuges (Vue de), 2160.
Chantilly (Château et parc de), 960-974, 977.
— (Château de la Reine-Blanche dans la forêt de), 979, 980, 982, 984, 1066.
— (Écuries de), 978.
— (Étang de Commelles, dans la forêt de), 980-982.
— (Grand canal de), 976.
— (Ménagerie de), 975.
Chapon (A.), 1627-1629, 1652.
Chapuy, 354, 588, 680, 777, 946, 1058, 1698, 1700, 1718, 1732, 1746, 1747, 1830, 1840, 1855, 1856, 1858, 1860, 1862, 1863, 1889, 1898, 1943, 1964, 1976, 1981, 1982, 2009, 2025, 2071-2075, 2077-2079, 2082-2085, 2093, 2099, 2100, 2104, 2109, 2124, 2125, 2127-2132, 2139-2141, 2143-2146, 2149-2152, 2191, 2213, 2249, 2250, 2262, 2264, 2293, 2329, 2451, 2453, 2478, 2658, 2659, 2661-2663, 3112, 3116, 3129, 3207-3219, 3275, 3297, 3335, 3337, 3338, 3345, 3349, 3355, 3367-3369, 3400, 3428, 3429, 3439, 3444, 3452, 3459, 3460, 3477, 3478, 3508, 3526, 3567, 3569.

Charenton (Moulin à), 98, 101, 104-106, 109, 111.
— (Pavillon de Gabrielle d'Estrées à), 102.
— (Pont de), 96.
— (Temple protestant de), 103.
— (Vue prise à), 97.
Charentonneau (Moulin de), 107, 108.
Chareuil (Cheminée du château de), 2666, 2667.
Charité (Moulin de la), 310.
Charlet, 3181.
Charleville (Le pont d'Arche, faubourg de), 2983.
— (Vue de), 2982.
Charmettes (Vue des), 3228, 3234.
Charonne (Vue de l'église de), 90.
Charp (De), 1873, 1874.
Charroux (Église de l'Abbaye de), 2671, 2672.
Chars (Vue de rochers à), 2002.
Chartres (Abbaye de Saint-Père à), 1351.
— (Autel de Notre-Dame-Sous-Terre à), 1357.
— (Cathédrale de), 1362-1381, 1384-1386, 1388-1396, 1400.
— (Châsse en cuivre émaillé à), 1383.
— (Crosse de l'évêque Ragenfroi à), 1382.
— (Détails de l'église Saint-André à), 1397, 1398.
— (Escalier dans une maison du xvᵉ siècle à), 1399.
— (L'Eure à), 1350.
— (Notre-Dame-du-Pilier à la cathédrale de), 1387.
— (Propriété de M. de la Martraye, près), 1401.
— (Ruelle à), 1352.
— (Vieilles maisons à), 1356, 1358-1361.
— (Vues prises dans la basse ville de), 1353-1355.
Chastellux (Château de), 2304.
Châteaubourg (Vues de), 2128.
Châteaubriant (Maison de), à la Vallée-aux-Loups, 496.
Château-Chinon (Plan de) et des environs, 1691.

234   TABLE ALPHABÉTIQUE.

Château-du-Loir (Notre-Dame-de-la-Feigne à), 1529.

Châteaudun (Chapelle du Champdé à), 1403.

— (Église de la Madeleine à), 1402, 1404-1408.

Château-Gaillard (Vue de), 573, 578, 594-596.

Château-Gay (Chapelle de), près Riom, 2733.

Château-Gontier (Vue de), 1558.

Châteaulin (Église Notre-Dame à), 1599.

— (Ruines du château des ducs à), 1598.

Château-Margaux (Vue de), 1966.

Châteauneuf (Pont du Massacre à), 2697.

— (Reliquaire du cimetière de), 1666.

Château-Renard (Ruines du château de), 3522, 3523.

— (Vue de), 3521.

Château-Thierry (Château et église de), 113.

— (Ruines du château de), 1291, 1292.

Châteauvieux, 533.

Châteldon (Église de), 2755.

Châtelet, 172.

Châtel-Guyon (Village et ruines de), 2740.

— (Vue de), 2757.

Châtellerault (Château près de), 1755.

— (Parc et tour en ruine à), 1734.

— (Pont sur la Vienne à), 1735.

Châtel-Raould (Église de), 2956.

Châtenay (Clocher de), 112.

Châtillon (Moulin de), 116.

— (Vue de), 99, 117.

Châtillon-sur-Seine (Ruines du château de), 2428-2430.

Chaudesaigues (Croix à), 2902.

— (Fontaine à), 2903.

— (Rocher de Gibraltar, près de), 2904.

Chaufournier, 265.

Chaumont (Prieuré de Saint-Martin à), 1576.

Chaumont-en-Bassigny (Vue de), 2073.

Chaumont-sur-Loire (Château de), 1447.

Chauvet, 115, 131-134, 209, 452, 554-556, 1019-1021, 1302-1307, 1310-1313, 2537, 3036, 3502, 3503.

Chelles (Porte de), au Raincy, 350.

Chenonceaux (Château de), 1503-1507.

Cherbourg (Napoléon visitant le port de), 920.

— (Rade de), 916, 917.

— (Ville et château de), 918.

— (Vue d'ensemble de), 919.

Cherliat (Ermitage de M.), près Vienne, 3314.

Chevreuse (Auberge établie dans le château de), 129.

— (Château de), 121, 123-130, 133, 134.

— (Chemin conduisant au château de), 122.

— (Maison des bannières à), 131.

Chillac (Château de), 2739.

Chillon (Château de), 3214.

Chinon (Rue à), 1519.

Choisy-le-Roi (Château de), 136, 137.

— (Parc de), 135.

Choue (Château de), 1776.

Chouy (Église de), 577.

— (Vue de), 576.

Ciceri (E.), 689, 922, 1590, 1591, 1593, 1597, 1598, 1605-1608, 1613, 1630, 1632, 1639-1642, 1650, 1690, 2344, 2729.

Ciceri (Propriété de), à Saint-Chéron, près Baville, 367.

Cierp (Vue de), 2074.

Cîteaux (Tombeau de Philippe Pot, autrefois à l'abbaye de), 2421.

— (Vue d'ensemble de l'abbaye de), 2422.

Civray (Église de), 1731, 1732.

Clamart (Le cimetière des suppliciés à), 100.

— (Vue de), 139, 140.

Clastres (Château du Burguet à), 1156.

Clausayes (Tour des), 3339.

Clavareau, 138.

Clavières (Église de), 2922.

Clerget (Hubert), 140, 271, 368, 415, 450, 511, 536, 537, 547, 550, 980, 981, 984, 1064, 1066, 1067, 1073, 1083, 1099, 1212, 1309, 1327, 1328, 1332, 1333, 1336, 1346, 1357, 1387, 1409, 1429, 1529, 1548, 1549, 1556, 1557, 1563, 1564, 1570, 1583, 1584, 1612, 1664, 1687-1689, 1694,

1695, 1729, 1730, 1744, 1754, 1755, 1762, 1765, 1771, 1779-1782, 1823, 1827, 1828, 1831-1833, 1846, 1850, 1864, 1866, 1872, 1875, 1876, 1920, 1922, 1942, 1977-1980, 1985, 1988-1990, 1992, 1993, 2010, 2012-2016, 2098, 2103, 2110, 2117, 2126, 2137, 2138, 2153, 2154, 2174, 2179-2182, 2197, 2229, 2230, 2241, 2276-2280, 2290, 2294, 2304, 2311, 2312, 2328, 2338, 2375, 2388, 2389, 2391, 2419, 2435, 2439, 2459, 2469, 2481, 2484, 2486, 2487, 2498, 2500, 2509, 2512, 2513, 2537, 2538, 2566, 2576, 2624, 2648, 2656, 2657, 2677, 2682, 2683, 2687, 2692, 2693, 2695, 2696, 2697-2700, 2702-2713, 2715, 2734, 2746, 2750, 2757, 2763, 2764, 2782, 2800, 2807, 2812, 2831-2841, 2859, 2896, 2922, 2923, 2925, 2928, 2931, 2933, 2992-2997, 3019, 3021, 3029, 3030, 3037, 3050, 3062-3068, 3074-3076, 3083, 3087, 3092, 3101, 3105-3107, 3134, 3135, 3154, 3166-3169, 3172, 3220, 3235, 3239, 3240, 3287, 3328, 3333, 3350, 3352-3354, 3403, 3417, 3445-3447, 3474, 3559, 3565, 3566, 3575.

Clérian (Chevalet de), peintre à Aix, 3459.

Clermont en Beauvaisis (Château de), 1000.

— (Hôtel de ville fortifié de), 1001.

— (Vue de), 998, 999.

Clermont-Ferrand (Cathédrale de), 2742, 2750.

— (Croix sur la route de), à Royat, 2756.

— (Église Notre-Dame-du-Port à), 2734, 2744, 2745, 2896, 2897.

— (Fontaine de la place Delille à), 2741.

— (Montagnes proches de), 2759.

— (Vue de), 2743, 2746, 2747.

Clignancourt (Masure et moulin à), 149.

Clisson (Château de), 1674, 1690.

— (Vue prise à), 1673.

Clos-Vougeot (Domaine de), 2423, 2432.

Clouet, architecte, 1662.

Cluny (Abbaye de), 2588-2595.

Cochin (C. N.), 266, 1178, 1179, 1218.

Cœur (Maison de Jacques) à Bourges, 1706.

Cognac (Vue de), 1942.

Coire (Vue de), 2545.

Colignac (Chapelle Notre-Dame-de-Grâce à), 3539.

— (Vue de), 3536.

Collioure (Plan et vue de), 2023, 2024.

— (Port de), 2025.

Colmar (Cathédrale de), 3135.

— (Temple protestant et hôpital de), 3131.

Colombes (Garenne appartenant à M. Corvisart à), 138.

Combs-la-Ville (Maison de M. Duval à), 143.

Comeyra (Vues du val de), 1756-1759.

Comines (Beffroi de), 3039.

Commelles (Étang de) dans la forêt de Chantilly, 980-982.

Compans (Église de), 2382.

Compiègne (Château de), 983.

— (Église Saint-Antoine à), 992-994.

— (Église Saint-Corneille à), 995.

— (Église Saint-Jacques à), 991.

— (Hôtel de ville de), 990.

— (Pont à), 988.

— (Porte Chapelle à), 996, 997.

— (Prison de l'abbaye de Saint-Corneille à), 989.

— (Ruines de l'abbaye de Saint-Pierre dans la forêt de), 985, 986.

— (Vue de), 987.

Conches (Église Sainte-Foi à), 579.

Condé (Château du prince de), à Palaiseau, 345.

Condé (Tertre où fut tué le prince de), à Jarnac, 1819.

Condé-sur-Aisne (Élévation et plan de l'église de), 1157, 1158.

Condom (Autel de Notre-Dame-des-Douleurs à), 1850.

Condorcet (Maison de), près Poissy, 558.

Condrieux (Vue prise à), 3355.
Conflans (Vue de) [Haute-Savoie], 3219.
Conflans-l'Archevêque (Château de), 141.
— (Moulin de), 142.
— (Plan des carrières), 144.
Conflans-Sainte-Honorine (Église de), 145.
— (Vue générale de), 146.
Connerré (Clocher de), 1528.
— (Cour d'une vieille maison à), 1530.
Connilhac (Église de), 2274.
Contant d'Ivry, 356.
Conty (Église de), 1119.
Corabœuf (Château de), 2424, 2427, 2431.
— (Étang de), 2424.
Corbeil (Église de), 203.
— (Maison de M. Laharpe à), 523.
— (La Seine à), 521.
Cordouan (Tour de), 1885, 1887.
Cormatin (Château de), 2599.
Cormery (Clocher de l'abbaye de), 1508.
Cornillon (Rocher de), 3253.
Corvisart (Garenne de M.) à Colombes, 138.
Côte-d'Or (Vue prise dans le département de la), 2497.
Coubon (Cuve de l'église de), 2166.
Couches (Temple protestant à), 2598.
— (Vues de), 2596, 2597.
Coucy-le-Château (Château de), 1159-1167, 1172, 1281-1284, 1289.
Coucy-le-Château (Église de), 1168, 1169.
— (Hôtel de ville de), 1171.
— (Portes de Chauny, de Laon et de Soissons à), 1285-1288.
— (Vue de la ville de), 1170.
Coude-sur-Allier (Tour du), 2748.
— (Vue du), 2673.
Courbevoie (Casernes de), 147.
— (Ferme de M. Belanger à), 118-120.
— (Habitation de MM. de Fontanes et Dupuytren à), 148.
Courcelles (Pont de), près de Chalon-sur-Saône, 2584.
Courcy (Église de), 2952.
Courgenay (Pierre dressée à), 3198.
Courgeon (Église de), 891.

Courtin (L.), 278-280.
Courval (Marquis de), 2620.
Courville (Vue de), 1409.
Coutances (Dôme de la cathédrale de), 911.
— (Vue prise auprès de), 914.
— (Vue et détails du chœur de la cathédrale), 912, 913.
Couzan (Château de), 3341, 3342.
Creil (Château de), 1002, 1003.
Crépy (Tombeau d'Adée, comtesse de), dans l'église de Nanteuil, 1275.
— (Tombeaux dans l'église de), 1276.
Crépy-en-Valois (Anciennes fortifications à), 1007.
— (Église Saint-Aubin à), 1008.
— (Église Saint-Thomas à), 1006.
— (Porte de), 1241.
— (Porte du beffroi et boulevard à), 1005.
— (Porte du pont à), 1004.
Crest-sur-Drôme (Ville et château de), 3329.
Créteil (Bouquet d'arbres à), 155.
— (Chemin à), 154.
— (Église de), 151.
— (Laveuses à), 153.
— (Moulin à), 425.
— (Vieux pont du moulin neuf à), 156.
— (Vue prise à), 152.
Creully (Château de), 850-852.
Creuse (Bords de la), 2716.
Creusot (Forges du), 2602-2605.
— (Vue d'ensemble du), 2600, 2601.
Creyter, 1624.
Criquebœuf (Tour à), 631.
Cropière (Château de), 2776.
Crouy (Chapelle Notre-Dame-du-Chêne à), 2388.
Cruas (Vue de), 2130.
Crussol (Château de), 2131, 2132.
Cuisance (Chute de la), 3157.
Cumignac (Château de), 2206.
Cusset (Chapelle de la Trinité à), 2674, 2675.
— (Église de Saint-Saturnin à), 2676.
— (Place du Marché à), 2676.
— (Rue à), 2677.
— (Ruines du château de), 2674, 2675.
Cussy (Colonne de), 2436, 2437.
C. V., 1391, 1400.

D

D. G., 3468.

Dagobert (Trône et tombeau de), 381, 389.

Daguerre, 2880, 2891.

Dalayrac (Maison de ... à Fontenay-sous-
Bois), 168.

Daman (?), 659.

Dampierre (Église de) [Seine-et-Oise],
524.

— (Église de) [Calvados], 836.

Dampmart (Vue de), 159.

Darbrès (*Henri*), 2935.

Darlu (Propriété de Mme) à Bougival, 76.

Darnetal (Clocher de), 632.

Daubigny (*J.*), 378, 998, 1914-1917,
2061-2064, 2066-2070, 2257.

Dauphiné (Armes du), 3242.

— (Rochers en), 3276, 3280, 3283.

Dauzats (*A.*), 814, 815, 953, 954,
1363, 1445, 1446, 1473, 1643,
1644, 1660, 1699, 1750, 1829,
2101, 2102, 2189, 2196, 2198,
2199, 2208, 2209, 2211, 2212,
2214, 2286, 2287, 2415, 2416,
2431, 2446, 2460, 2461, 2467,
2468, 2470-2472, 2645, 2646,
2652, 2654, 2655, 2670, 2681,
2684-2686, 2691, 2724, 2852,
2853, 2868, 2899, 2900, 2906,
2907, 2913, 2916, 2920, 2921,
2924, 2958, 2963, 3008, 3009,
3038, 3039, 3084, 3110, 3111,
3114, 3115, 3117-3122, 3127,
3128, 3541.

Debucourt (Attribué à), 407, 408.

Decamps, 294.

Dejouy (Propriété de M.) à Asnières-sur-
Oise, 39.

Delaval, 75.

Deletrez (*Joseph*), 2342.

Delille (Maison de Jacques) à la Falaise,
247.

Delle, 466.

Delorme (*Claudius*), 3079.

Delorme (Maison construite à Lyon par
Philibert), 3382.

Delorme (*V.*), 1349.

Demus, 1120.

Denain (Monument de Villars à), 3042.

Dent du Midi (Vue de la), 3215.

Deroy, 225, 1172, 1173, 1356, 2254,
2258, 2288, 2787, 2809, 2911.

Descoumiers (*A.*), 1637, 1654.

Desfriches, 1345, 1817.

Desperet, 1645-1647.

Devizes, 2348.

Die (Autel et inscriptions découvertes à),
3331.

Diénay (Vue prise à), 2466.

Dieppe (Casino et bains de), 658.

— (Château de), 636, 653, 656, 662.

— (Départ des bateaux de pêche à), 661.

— (Détails d'une église à), 637.

— (Église Saint-Jacques à), 641, 642,
644.

— (Église Saint-Remy à), 643, 645-
650.

— (Falaises à), 638-640, 659.

— (Port de), 654, 657.

— (Rochers à), 640.

— (Statue de Duquesne à), 655.

— (Tombeau de M. de Montigny dans
l'église Saint-Remi à), 650.

— (Vue de), 635.

Dieppedale (Ancienne porte à), 759.

Digne (Vue de), 3566.

Digoine (Château de), 2606, 2607.

Dijon (Ancien château de), 2438.

— (Chartreuse de), 2426, 2462, 2475.

— (Château des gendarmes à), 2537,
2538.

— (Cheminée sculptée à), 2458.

— (Cheminée au palais des ducs de Bourgogne à), 2460.

— (Église Saint-Bénigne à), 2445, 2447,
2449, 2473.

— (Église Saint-Michel à), 2476, 2477.

— (Église Saint-Philibert à), 2473.

— (Fontaine Saint-Bernard à), 2485.

— (Hôtel des Ambassadeurs d'Angleterre
à), 2471.

Dijon (Hôtel de Vogüé à), 2464, 2465.
— (Maison des Cariatides à), 2482, 2483.
— (Maison du Griffon à), 2479.
— (Maison Renaissance à), 2472.
— (Maison de Rude à), 2439.
— (Monument de la Défense nationale à), 2484.
— (Notre-Dame de), 2446, 2450, 2451, 2469.
— (Palais des ducs de Bourgogne à), 2463, 2470.
— (Piédestal à Saint-Michel de), 2478.
— (Place à), 2464.
— (Place des Ducs à), 2448.
— (Porte des Chartreux à), 2467.
— (Puits de Moïse à), 2461.
— (Rue à), 2474.
— (Sonnerie du beffroi à), 2468.
— (Tableau aux Jacobins de), 2452.
— (Tombeaux des ducs de Bourgogne à), 2454-2457, 2459.
— (Tour et porte Saint-Nicolas à), 2443, 2444.
— (Vue de), 2453, 2481, 2486, 2487, 2539.
Dinan (Bénitier de l'église Saint-Sauveur et tombeau de Beaumanoir à), 1649.
— (Vieille rue à), 1656.
Dol (Tympan de la cathédrale de), 1667.
Dôle (Chemin près de la), 3179.
Dôle (Vue de), 3173.
Domes (P.) [?], 2776.
Domrémy (Maison de Jeanne d'Arc à), 3096.
Dordogne (Naissance de la), à la gorge d'Enfer, 2854.
Douai (Château près de), 3068.
— (Église et place à), 3050.
— (Église Saint-Pierre à), 3043.

Douai (Hôtel de ville de), 3009, 3044.
— (Porte à), 3067.
Doue ou Doué (Ancienne abbaye de), 2168.
Doullens (Plan ancien de), 1120.
Douteau, 2065.
Douville (Vue prise à), 835.
Douvres (Porte de la Baronnie à), 848.
Dracy-lès-Couches (Château de), 2608, 2609.
Draveil (La Seine près), 440, 442.
Dreux (Portail et détails de l'église Saint-Pierre à), 1414-1421.
— (Ruines du château de), 1410-1413.
Drevet, 1280.
Du Bré (O.), 1633, 1653, 1655.
Dubut, 597.
Duchâtel (Hôtel de Tanneguy) à Recouvrance, faubourg de Brest, 1594.
Du Mège (?), 2225.
Dunkerque (Écluse à), 3046.
— (Lancement du corsaire La Légère à), 3045.
— (Notre-Dame-des-Dunes à), 3065.
— (Vue prise à), 3047.
Dunouy, 57, 1317-1324.
Duparc, 971, 987, 1047, 1077.
Duperrony, 1986.
Dupuytren (Maison de) à Courbevoie, 148.
Duquesne (Statue de) à Dieppe, 655.
Duramy, 1163.
Durand, 1308.
Durand (Hyppolite), 951, 2968.
Durand-Brager, 640.
Durolle (Cours de la), 2871, 2898.
Duthoit (A.), 1118, 1143, 3003.
Duthoit (Louis), 1117.
Duval (Maison de M.) à Combs-la-Ville, 143.

E

E. B., 1168, 1169.
Eaubonne (Château d'), 160, 161.
Écouen (Château d'), 163.
Éguille (Temple de Diane à), 2162.
Elbeuf (Clocher de l'église Saint-Jean à), 766.

Elbeuf (Vieilles maisons à), 660.
Elne (Vue d'), 2027.
Elven (Tour d'), 1639.
— (Ruines du château d'), 1640-1642.
Enfantin (A.), 673.
Enfer (Gorge d') où naît la Dordogne, 2854.

Engelmann, 690.

Enghien (Lieu d'exécution du duc d'), à Vincennes, 505.

Ennezat (Collégiale d'), près Riom, 2758,

Épernon (Château et tombeau du duc d') à Cadillac, 1934, 1935, 1938, 1940, 1941.

Épinal (Coffre au musée d'), 3104.

— (Établissement de pisciculture près d'), 3101.

Épiry (Château d'), 2627.

Époisses (Château d'), 2489.

Ermenonville (Brasserie à), 164.

— (Entrée d'), 1010.

— (J.-J. Rousseau dans son ermitage à), 165, 166.

— (Moulin d'), 1009.

— (Parc d'), 1011.

— (Tombeau de J.-J. Rousseau à), 1012.

— (Vue du parc d'), 162.

Escoubous (Lac d'), 2004.

Espaly (Roches basaltiques près du château d'), 2165.

— (Ruines du château d'), 2163, 2164.

Essarois (Fragments provenant des antiquités d'), 2488, 2490-2495.

Essey (Vue d'), 2496.

Essonnes (Maison de Bernardin de Saint-Pierre à), 527.

— (Moulin d'), 167.

— (Tombe du fondateur de l'Abbaye d'), 526.

— (Vierge provenant de l'Abbaye d'), 525.

Étigny (Tombeau d'Antoine d') à Auch, 1845.

Étrépigny (Château d'), 2984.

Étretat (Falaises à), 665.

Eu (Chapelle du collège à), 663.

— (Tombeau des Guise à), 664.

Eure (L') à Chartres, 1350.

Eureux-sur-la-Saône [Véreux] (Vue d'), 3187.

Ève (Église d'), 1013.

Évreux (Cathédrale d'), 586-589, 591, 592.

— (Margelle au musée d'), 593.

Eychauda (Lac de l'), 3325, 3327.

Eyne (Tour d'), Cerdagne française, 2026.

F

F. T., 862.

Falaise (Château de), 839-843.

— (Église Saint-Gervais à), 837.

— (Porte des Cordeliers à), 844.

Falfas (Château de), 1975.

Fargues (Vue de), 1858.

Faure, 578.

Fécamp (Abbaye de), 666, 667.

— (Port de), 634.

Fées (Pierre des), près Saint-Eble, 2203.

Ferdaud (?), 2532.

Ferrières (Habitation de Fouché, duc d'Otrante, à), aujourd'hui propriété de la famille de Rothschild, 169.

Ferry de Beauvoir (Tombeau de) à Notre-Dame d'Amiens, 1095.

Fessard (l'aîné), 996, 1046-1048.

Fessard (le jeune), 991.

Ficajola (Fontaine de), près de Bastia, 2066.

Fichot (*Charles*), 2932.

Figaret (Château de), 2251.

Filleul (*A.*), 970, 972-975.

Firminy (Pont à), 3350.

Fixin (Maison Noizeau à), 2500.

Flamen (*A.*), 281.

Flavien (Abbaye de) à Valence-sur-Boise, 1846.

Flaviguy (Restes de l'abbaye de), 2502.

— (Vues prises à), 2498, 2499.

Foix (Sceaux de la maison de), 2058.

Folgoet (Église du), 1600, 1601, 1612.

Fongombaúlt (Église de), 1729.

Fontaine, 201, 1315, 1316.

Fontaine-Henri (Château de), 845, 846.

Fontaine-le-Port (Église de), 2346.

Fontaine-lès-Dijon (Église de), 2480.

Fontaine-sur-la-Roche (Vue de), 3183.

Fontainebleau (Cabinet particulier du roi à), 2339.

— (Château de), 2336, 2337, 2340, 2342.

Fontainebleau (Cour du Cheval blanc à),
2333.
— (Cour des Fontaines et galerie d'Ulysse
à), 2334.
— (Naissance du Grand Dauphin à),
2332.
— (Orangerie de), 2335.
— (Pressoirs du roi à), 2381.
— (Pyramide à l'entrée de la forêt de),
2343.
— (Vue prise dans la forêt de), 2345.
Fontanal (Source de) 2760.
Fontanes (Maison de) à Courbevoie, 148.
Fontenay-aux-Roses (Vue prise à), 170.
Fontenay-le-Comte (Vue de), 1779.
Fontenay-sous-Bois (Maison de Dalayrac
et de Guilbert de Pixérécourt à),
168.
— (Ravin à), 171.
Fontevrault (Ruines de l'abbaye de),
1578.
— (Tour en ruine à l'abbaye des Dames
de), 1577.
Formigny (Chapelle de), 847.
Fort (Siméon), 123.
Fort-Barreau (Le), 3244, 3245.
Fouilloy (Tombeau de l'évêque Évrard de),

à Notre-Dame d'Amiens, 1097,
1107.
Fragonard (Alexandre-Évariste), 668, 690,
2107.
France (Côte de), de Toulon à Bordigiera,
3578.
France (Jardin de Mme Élisabeth de), à
Montreuil près Versailles, 315.
— (Naissance de Louis, dauphin de), à
Fontainebleau, 2332.
— (Princes et princesses de la maison de),
1104.
Franconville (Butte des Trois-Moulins près),
530.
— (Vue de), 566.
Fréjus (Antiquités de), 3544, 3546-
3549, 3558.
— (Arc romain dit «Porte Dorée» à),
3545, 3557.
Frenay (Dolmen à), près Falaise, 849.
Fréteval (Tour de), 1448-1450.
Froidmont (Abbaye de), 1014, 1015.
F. T. (862).
Fulbert, évêque de Chartres, entre deux
diacres; statues de la cathédrale de
Chartres, 1394.
Furon (Gorges du), 3260, 3262, 3292.

G

G. B., 2960.
Gaildrau, 370.
Gaillon (Plan, ruines et détails du château
de), 597-601, 602.
Gap (Porte de), 3326.
— (Vue de) et des montagnes environ-
nantes, 3328.
Garamey (Domaine de), près Saint-Es-
tèphe, 1891.
Gard (Pont romain sur le), 2259, 2260.
Garde-Freynet (Château de la), 3538.
Gardien, 691.
Gardina, 357.
Gargantua (Rochers dits Dents-de-), 3252.
Garonne (Sources de la), 2075.
— (Vues prises sur le cours de la), 1863,
1884, 1945-1947, 1953-1959,
1963, 2077.

Gaube (Lac de), 2005.
Gaucherel (Léon), 504, 1586, 1604,
1605, 1609, 1620, 1622, 1648,
1649, 1658, 1663, 1685, 3242.
Gavarnie (Cirque de), 2006.
Gavart, 2957.
Genève (Maison où naquit J.-J. Rousseau
à), 3237.
— (Quais de), 3217.
— (Vue de), 3218.
Genillion, 137, 2236, 2238, 2239, 2259-
2261.
Gentilly (Vues de), 70, 172-177.
Geoffroy (G.), 56.
Georges (J.), 1022, 1026.
Gérard (Maison du baron) à Auteuil, 45.
Gerberoy (Porte Saint-Martin à), 1063.
Gergovie (Vue de), 2763.

Germain, 96.
Germolles (Château de), 2610.
Gernicourt (Porte à), 1290.
Gevrey-Chambertin (Vue de), 2389, 2434.
Gevrolles (Église de), 2503.
Gien (Vue de), 1331.
Gignac (Autel de Notre-Dame-de-Grâce à). 2241.
Gilbert, 517.
Girardin (Maison du comte de) à Aulnay, 42.
Gironde (Rives de la), 1882, 1883, 1889, 1892, 1893.
Gisors (Vue prise à), 605.
— (Vue du donjon de), 604.
Giustiniani (Ruines de la villa), près Bastia, 2067.
Givet (Environs de), 2992.
Gobaut [?], 3221.
Goblain (*L.*), 25, 102, 124, 162, 173, 175, 229, 238, 282, 457, 458, 514, 515, 518, 519, 521, 522, 534, 535, 941, 943, 1141, 1142, 1436, 1794, 2255, 2289, 2347, 2349, 2360, 3012, 3042, 3043, 3089, 3099, 3100, 3126, 3145, 3310, 3435, 3517-3519, 3564.
Godefroy ou Geoffroy (Tombeau de l'évêque) à Notre-Dame d'Amiens, 1106.
Godinière (Forêt de la), 1448.
Gouesnou (Vue, plan et détails de l'église de), 1602, 1603.
Guillaumot (*Auguste*), 54, 182, 185, 198, 205, 220, 222, 224, 233-235, 252, 305, 406, 434, 437, 455, 456, 465, 480, 540, 892, 997, 1001, 1148, 1329, 1366, 1386, 1393, 1670, 1671, 2544-2547, 2985.
Gournay (Vue de), 178.
Grandchamp (Ruines du château de), 855.
Grande-Chartreuse (Entrée de la), 3255.
Grandménil (Château de), 1309.
Granet, 2731.
Granvilliers (Église de), 1064.
Gravelines (Le Puits Morin à), 3049.
— (Scierie à), 3048.
Gravelle (Moulin de), 179-181.

Graville (Église de), 600, 668.
— (Escalier à), 668.
Graville-Sainte-Honorine (Église de), 669.
Gray (Place de l'Hôtel-de-Ville à), 3158.
— (Tableau aux capucins de), 3160.
— (Tableau aux carmélites de), 3161.
— (Vues de), 3159, 3162, 3163.
Grégoire (*Paul*), 3466, 3550.
Grenoble (Les Alpes près de), 3274.
— (Bastion de la Graille à), 3272.
— (Chemin de la bastille à), 3270.
— (Citadelle de), 3267.
— (Faubourg de), 3269.
— (Fontaine ardente près de), 3273.
— (Hôtel de Lesdiguières à), 3263.
— (Palais de justice de), 3265.
— (Pont de bois à), 3264.
— (Porte de Créqui à), 3266.
— (Roche de la porte de France à), 3271.
— (Statue de Bayard et place Saint-André à), 3265.
— (Vue de), 3268.
Griel (L'abbé), 917.
Grignan (Château de), 3332, 3334.
— (Église de), 3333.
Grivard (Usines de), près Vichy, 2709.
Groslay (Église et village de), 182.
— (Village de), 183.
Gudin, 703, 2728.
Guebwiller (Église de), 3121.
Guélin, 346.
Guériteau (Prieuré de), près Montdoubleau, 1467.
Guesdon, 1614, 3313, 3341, 3342, 3347, 3348.
Guétal (*L.*), 3325, 3327.
Guiche (Château de), 1992.
Guilbert de Pixérécourt (Habitation de) à Fontenay-sous-Bois, 168.
Guines (Vue prise à), 3002.
Guingamp (Vue prise à), 1664.
Guiraud, 372.
Guise (Beffroi et moulins à), 1177.
— (Cour du château de), 1176.
— (Entrées de la ville de), 1174, 1175.
— (Hôtel du duc de) à Calais, 3017.
— (Tombeau des) à Eu, 664.
Guizot (Villa de) à Trouville-sur-Mer, 877.
Guyot, 1241.

H

Habert, 2719.
Haguenau (Église Saint-Georges à), 3120.
Halinghes (Fonts baptismaux de l'église d'), 3020.
Ham (Château de), 1121-1128.
Harcourt (Château d'), 585.
— (Hôpital d'), 584.
Harcourt (Vue de Lay prise du château du prince d'), 206.
Harding, 1063.
Harfleur (Clocher d'), 679, 746.
Hastrel (Adolphe d'), 1785, 1786.
Haute-Bruyère (Église des religieuses de), 82.
Haute-Isle (Village de), près la Roche-Guyon, 538.
Hautot (Vues prises près d'), 675, 678.
Hébert, 2306.

Heilly (Château de), 1129, 1130.
Hem (Hermann), 1882-1884.
Hem (Ysbrandt), 1881.
Hénencourt (Tombeau du doyen Adrien de) à Notre-Dame d'Amiens, 1096.
Hennebon (Église d'), 1651.
— (Vue d'), 1652.
Hennequin (Jardin de M.) à Asnières, 695.
Henri II (Maison de) à la Rochelle, 1786.
Héricourt (Vue de), 3168.
Hervier, 100, 822.
Hintze (H.), 728.
Hippolyte, 1673, 1677, 3267.
Honfleur (Château d'), 854.
Hubert, 2768.
Huningue (Plan de), 3113.
Huré, 315.
Hyères (Ruines du château d'), 3541.

I

Île Barbe (Église dans l'), 3407, 3408.
— (L') sur la Saône, près Lyon, 3406.
Île-en-Jourdain (Vue de l'), 1851.
Ingouville (La Seine à), 680.
Isabey (Eugène), 639, 2717, 2747, 2778, 2779, 2848-2850, 2902, 2908.
Isle-Adam (Château de l'), 528, 529, 533, 535.
— (Ferme à l'), 532.
— (Masures à l'), 531.
Issoire (Place et église à), 2761.
Issole (Chutes de l'), 3533.

Issoudun (Église Notre-Dame-du-Sacré-Cœur à), 1730.
— (Prison et beffroi d'), 1728.
Issy (Ancien fort d'), 184.
— (Ruines du château d'), 185, 192.
Istres (Parc de Saint-Pierre à), 3488, 3489.
— (Ville et étang d'), 3487.
Ivry-sur-Seine (Église d'), 190, 191.
— (Intérieur de ferme à), 189.
— (La Seine à), 187.
— (Vue d'), 193.
Ivry (Vue prise du fort d'), 186.

J

J., 1763, 2337.
J. D., 1665.
J. T. G., 1815, 1816.
J. V., 755.
Jachet ? 3102.
Jackson (W.), 1657.
Jacque (L.), 71, 98, 250, 339.

Jacquemin, 1479.
Jacquin (Maison de M.) à Amiens, 1080.
Jaime, 2760, 2890, 2904.
Jalange (Château de), 2504.
Jarnac (Château de), 1818.
— (Tertre où fut tué le prince de Condé à la bataille de), 1819.

Jarousset (Château de), 2906. 2907.
Javel (La Seine à), 195.
J. D., 1665.
Jère (Cascade de la), près Vienne, 3317.
Joigny (Détail d'une maison à), 2303.
— (Vue de), 2302.
Joinville (Château de), 2934.
Jolimont (T. de), 38, 40, 645-652, 686-688, 799, 809, 872, 1350, 1352, 1354, 1355, 1397, 1398, 1706, 2308, 2309, 2325.
Jolivard (A.), 1170.
Joly (A.), 692, 2171, 2674, 2730, 2777, 2846, 2854, 2863, 3179, 3184.
Jongkind, 116.
Jorand, 1402, 1448-1451, 1455-1467, 1469-1471, 1476, 1477, 1522-1528, 1530, 1531, 1534-1544, 1552, 1553, 1559-1561, 2155, 2159, 2160, 2164, 2175, 2186, 2192-2195, 2204, 2206, 2291, 2352, 2665, 2674, 2675, 2714, 2718, 2720, 2723, 2725, 2726, 2733, 2739, 2740, 2753, 2754, 2761, 2769, 2780, 2786, 2788, 2791-2793, 2795, 2797-2799, 2805, 2808, 2815, 2820, 2821, 2826, 2843-2845, 2857, 2858, 2869, 2873, 2875, 2876-2878, 2882, 2883, 2892, 2895, 2897, 3422, 3462-3464, 3509-3511, 3525, 3529.
Josselin (Château de), 1643, 1644.
Joux (Château de), 3184.
Jouy-le-Comte (Intérieur de l'église de), 196.
J. T. G., 1815, 1816.
Jumièges (Église abbatiale de), 681-683.
— (Ruines de l'église abbatiale de), 733.
Junte (Vue prise au bord de la), 2122.
Juvisy (Château de), 194.
— (La Cour de France à), 199-201.
— (Statues à), 197, 198.
J. V., 755.

K

Kerfeunteun (Église de), 1604.
Kermo [?] (Pierre et lavoir près de), 1646.
Kinsenn (Ruines du château de), 3112.
Koser, 2508.

L

L. G., 1651.
L. M., 1.
La Bastie (Château de), 3312-3314.
Laberge, 2910.
La Brède (Château de), où naquit Montesquieu, 1924, 1926.
La Briche (Château de la belle Gabrielle à), 78.
Lacauchie (Alexandre), 1166.
Lacaze (Château de), 1823, 2226.
— (Maison) à Auteuil, 46.
La Celle-Saint-Cloud (Vues prises à), 91, 92.
La Chaise-Dieu (Danse des morts dans l'église de), 2200.
— (Église de), 2195, 2196, 2198, 2199.
La Chapelle (Vue prise à), 203.
La Chapelle-sous-Crécy (Église de), 2387.
La Chesnaie (Habitation de Lamennais à), 1661.
Lacombe, 971, 976, 977.
Lacoumette, 1983, 1984.
La Couronne (Ruines de l'abbaye de), près Angoulême, 1811, 1812.
La Falaise (Habitation de J. Delille à), 247.
La Fargue (Paul-Constantin), 488.
La Fère (Église de), 1178.
— (Faubourg de), 1179.
La Ferté-Bernard (Portes de), 1531, 1532, 1555.
— (Vue de), 1533.
La Ferté-Milon (Entrée de), 1181.
— (Porte et château de), 1180.

La Ferté-Milon (Promenade et château
    de), 1183.
— (Vue de), 1182.
La Ferté-Saint-Aubin (Vue de), près Or-
    léans, 1346, 1347.
La Ferté-sous-Jouarre (Crypte de l'église
    de), 2338.
— (Église de), 2375.
Lafontaine, 473.
Lafosse, 1996.
Lagarde (Maison de M.) à Suresnes, 373-
    375.
La Garenne-Saint-Denis (La Seine à), 400.
Lagny (La Marne à), 2349.
La Gorraye (Ruines du château de), près
    Dinan, 1657.
La Guillaumye (Plan du jardin de l'in-
    tendant de), près Bastia, 2065.
Laharpe (Maison de) à Corbeil, 523.
La Houblonnière (Porte du château de),
    866.
Laigle (Vue et détails de l'église Saint-
    Martin à), 887, 888.
Laïta (Embouchure de la), 1627.
La Laive (Côte de) près Chalon-sur-
    Saône, 2611.
La Lande-Tronquoy (Domaine de), près
    Saint-Estèphe, 1965.
Lalanne (*Maxime*), 1167, 1995, 2001,
    2002, 2004, 2005, 2007, 2008,
    2076.
Lallemand, 246, 697-700, 701, 705-
    708, 1077-1081, 2282, 2283,
    2295-2297, 2393, 2394, 2400-
    2402, 2404-2412, 2424, 2425,
    2436-2438, 2440-2444, 2452,
    2454, 2455, 2514-2518, 2527-
    2530, 2540-2543, 2549-2565,
    2567, 2578-2588, 2611-2618,
    2631-2639, 2643, 2644, 2649,
    2650, 2940, 2953, 3140-3145,
    3147-3149, 3155, 3157-3161,
    3174-3176, 3185-3189, 3199-
    3202, 3358-3366, 3409, 3440.
La Loyère (Château de M. de) à Savigny,
    2525.
La Madeleine (Vue de) à Chevreuse, 132.
Lamartelle (Propriété de M. de) sur les
    bords de la Seine, 675.

Lamartine (Maison de M. de) à Milly,
    2620.
La Martraye (Propriété de M. de), près
    Chartres, 1401.
Lamennais (Habitation de) à la Chesnaie,
    1661.
La Misse à Saint-Pierre, 3322.
La Motte (Château de), 2368, 2369.
— (Château de), près Lyon, 3411, 3412.
Lamy (*Voyage en France*, publié par), 2.
Landerneau (Ancienne place de la Halle à),
    1606.
— (Clocher de Saint-Houardon à), 1605.
Landes (Échassiers des), 1886.
Landrecies (Rue à), 3053.
La Neuville (Sculptures relevées dans l'église
    de), 1131-1133.
Langlois (*Hyacinthe*), 733.
Longonnet (Détails relevés à l'abbaye de),
    près Brest, 1596.
Langouran (Vues de), 1931, 1932.
Langres (Abside de la cathédrale de),
    2935.
— (Ruines d'un arc de triomphe romain
    à), 2936.
Lannejouls (Mausolée romain à), 2113.
Lantara, 501, 1039.
Laon (Abbaye de Saint-Jean à), 1219.
— (Abbaye et église Saint-Martin à),
    1196-1198, 1201.
— (Abbaye et église de Saint-Vincent à),
    1203-1205.
— (Abreuvoir près de), 1187.
— (Cathédrale de), 1188-1193.
— (Chapelle du palais de justice à),
    1199.
— (Citadelle de), 1206, 1207.
— (Palais épiscopal de), 1194.
— (Place principale de), 1195.
— (Portes de), 1185, 1186, 1271.
— (Vue de), 1184.
La Piazza (Village de), au cap Corse,
    2069.
La Pointe (*F. de*), 2984, 2989, 3071,
    3139.
La Pommeraie (Donjon de), 892.
La Porche (Château de), 3207.
Larchant (Ruines de l'abbaye de), 2347.
Lardy, 2701.

La Réole (Vue de), 1943.
La Réveillerie (Closerie à), près Vernon, 1521.
Largentière (Entrée de la ville de), 2138.
La Rivière-Thibouville (Village de), 615.
La Roche (Château de), près Landerneau, 1607, 1608.
La Roche-Guyon (Île de la Seine près), 567.
— (Vue prise à), 1325.
La Rochelle (Hôtel de ville de), 1784, 1785.
— (Maison de Henri II et de Diane de Poitiers à), 1786.
— (Tour construite dans le port de), 1822.
La Rochepot (Château de), près Nolay, 2518, 2522, 2531, 2536.
— (Village de), 2536.
La Roche-sur-Yon (Place à), 1780.
La Rochette (Château de), près Chaude-fontaine, 3150.
— (Château de), près Livry, 2350, 2351.
La Roche-Tuilière (Église de), 2856.
Laroque (Ruines du château de), 1859.
La Roquette (Porte Renaissance au château de), 3573.
Larrey (Prieuré de), près Dijon, 2440.
La Sauve (Abbaye de), 2205.
Lasson (Détails du château de), 857, 858.
Lassus, 1667.
La Tour-du-Meix (Vue de), 3192.
La Tremblais (E. de), 654-658, 661, 2522, 2606.
Launay (Habitation de M. Bodin à), 1581.
Lautey (H.), 2952.
Laval (De), 982.
Laval (Vue de), 1563.
Lavardin (Détails de maisons anciennes à), 1452-1454.
— (Fenêtre de l'église de), 1544.
— (Restes du château de), 1534-1543.
La Verrière (Cascade de), 2889.
La Voulte (Vue de), 2151, 2152.
La Voulte de Polignac (Château de), 2171, 2172.
Lay [L'Hay] (Vue prise du château du prince d'Harcourt à), 206.

Le Bon-en-Vexin [?] (Château avec parterre à), 564.
Leborne, 2842.
Le Boucher-aux-Corneilles (Ruine dénommée), 1583.
Le Breil (Chapelle de l'église), 1527.
Le Breuil (Vue du château), 2574, 2575.
Le Breuil-Sainte-Geneviève (Domaine). 583.
Lecarpentier, 713.
Le Casset (Dans la vallée du Moutier), 3323.
Leclerc (S.), 141, 474.
Lectoure (Fontaine gothique à), 1847.
— (Vue prise à), 1849.
Ledru, 1550.
Le Folgoët (Vue de l'église), 1600, 1601, 1612.
Legrand (Anatole), 1150.
Legrand (E.), 665.
Le Havre (Détails de l'église Notre-Dame), 677.
— (Souvenir), 674.
— (Vue), 673.
— (Vue du port), 670-672.
— (Vue prise dans la citadelle), 676.
Léhon (Ruines du prieuré de), près Dinan, 1658.
Le Mans (Cathédrale), 1545-1547, 1550.
— (Église Saint-Julien), 1551.
— (Escalier des Pangourrons), 1551.
— (Vue), 1548, 1556.
Le Marais, près Meung-sur-Loire (Habitation de Raoul Rochette), 1335.
Le May (O.), 2133-2136, 2142, 3329-3331, 3336, 3410.
Lémé (Église de), 1213.
Le Mesnil (Château), 551.
— (Pièce d'eau dans le parc), 552.
Lemoine, 551, 552, 694, 695.
Le Montot, près Nancy, 3080.
Le Mouthier, près Thiers, 2872.
Lempereur, 430.
Lenguisne (Vallon de) à Angoulême, 1808, 1809.
Lenoir (A.), 278-280.
Léotoing (Château de), 2858, 2905.
Léoville (Château de), 1787.

Lepautre, 2332.
Le Pont du Roi (Frontière entre la France et l'Espagne), 2009.
Le Puy-en-Velay (Costumes), 2894.
— (Détails d'une maison romane), 2190.
— (Église Notre-Dame), 2187, 2192-2194, 2199.
— (Meubles anciens), 2208, 2209.
— (Place du Fort), 2188.
— (Rocher Saint-Michel), 2185, 2186.
— (Vues générales), 2183, 2184, 2189, 2191, 2197.
Le Raincy (Château) 348.
— (Hameau), 351.
— (Porte de Chelles), 350.
Le Saillant (Fontaine), 2914, 2915.
Les Baux (Vue), 3484.
Lesdiguières (Château de) à Vizille, 3319, 3320.
— (Hôtel de) à Grenoble, 3263.
Les Montalets-sous-Meudon, 251.
Les Moulineaux (Ruines du château de Robert le Diable près), 609.
Lesparre (Château de), 1888.
Lespinasse (Chevalier de), 499, 1075, 2018, 2022, 2024, 2027, 2033, 2036-2038, 2044, 2049, 2050, 2055, 2939.
L'Estang-Parade (Bahut appartenant à M. de) à Aix, 3460.
Létang-la-Ville (Clocher de), 205.
— (Vue prise à), 204.
Letellier, 1156.
Le Toureil (Vue), 1569.
Le Tréport (Portail de l'église), 765.
— (Vue), 764.
Leveau, 398, 542, 566, 572-574, 576, 595, 596, 608, 709, 710, 712.
Le Vernet (Vue), 2028.
Levy-Saint-Non (Église et presbytère de), 209.
— (Pèlerinage de Notre-Dame-des-Roches à), 209.
L. G., 1651.
L'Hay (Château de), 206.
Liancourt (Château de), 1016, 1017.
Lignon (Gorge du), 2765.
— (Pont du), 2764, 2765.
Lille (Citadelle de), 3052.

Lille (Corps de garde à), 3057.
— (Plan de), 3051.
— (Pont dans un jardin de), 3058.
— (Statue de Notre-Dame-de-la-Treille à), 3066.
— (Théâtre de), 3056.
Limagne (Vue de la), 2792.
Limoges (Ensemble et porte de la cathédrale de), 1761, 1763, 1764.
— (Vue de), 1762.
Limours (Entrée de), 1313.
Limozin, 1082, 1103, 1104, 1106, 1107, 1109-1116.
Lion-sur-Mer (Château de), 868, 869.
Lisieux (Cathédrale de), 861-864.
— (Vue de), 860.
Lison (Source du), 867.
Livry (Abbaye de Notre-Dame de), 212, 213.
— (La Seine près), 2350.
L. M., 1.
Loches (Ville et château de), 1509 à 1511.
Loctudy (Cimetière de), 1609.
— Église de), 1609, 1610.
Lodève (Moulin de), 2239.
— (Pont et manufacture de), 2238.
Loire (La) à Nantes, 1679.
Longchamp (Abbaye de), 207, 208.
— (Bac de) à Suresnes, 214.
— (Moulin de), 215.
Longpont (Abbaye de) [Aisne], 1209, 1211.
— (Abbaye de) [Seine-et-Oise], 229.
— (Église Notre-Dame-de-Bonne-Garde à), 547.
Longwée (Vue de), 2985.
Lons-le-Saunier (Environs de), 3191.
— (Salines de), 3185, 3186, 3189, 3190.
— (Vue de), 3188.
Lormont (La Garonne à), 1963.
Lorraine (Palais des ducs de) à Nancy, 3084.
Louhans (Vue de), 2628.
Louis IX (Sacre de), 1105.
Louis XV (Titre au chiffre de), 1.
Loulay (Vue prise à), 1788.
Lourdes (Basilique et grotte de), 2013, 2014.

Lourdes (Fort de), 2076.
— (Vues de), 2010, 2015.
Lourmarin (Vue de), 3430.
Louveciennes (Aqueduc de), 220.
— (Paysages à), 216-219.
Louviers (Église de), 606, 617.
Louvres-en-Parisis (Ancienne prison de), 539.
Lozère (Rochers et paysages de la), 2119, 2120.
Lucas, 3123, 3223, 3226, 3227, 3231-3233, 3270.
Luchon (Grotte de), 2007.
— (Villas à), 2008.
Lude (Château du), 1557.
Lue (Château de), 1769.
Lure (Rue à), 3169.
Luxeuil (Porte à), 3165.
Luz-de-Barèges (Vue prise à), 1996.
Lyon (Anciens bâtiments à Pierre-Scise), 3404, 3416.
— (Archevêché de), 3397.
— (Cathédrale Saint-Jean à), 3356, 3367, 3381, 3396.
— (La Charité à), 3385.
— (Confluent de la Saône et du Rhône à), 3405.
— (Coteau de Fourvières à), 3381, 3396.
— (Cour d'un édifice à), 3380, 3414.
— (Églises à), 3379, 3393, 3394, 3398, 3399.

Lyon (Entrée de), 3358.
— (Exposition de), 3353.
— (Hôpital de), 3363, 3384, 3400.
— (Hôtel de ville de), 3377, 3417.
— (Maison construite par Philibert Delorme à), 3382, 3383.
— (Marché sur une place à), 3395.
— (Montagne de la Croix-Rousse à) 3364.
— (Place Bellecour à), 3365.
— (Place de la Cathédrale à), 3366.
— (Place des Cordeliers à), 3362.
— (Place des Jacobins à), 3361.
— (Pont de Bellecour à), 3357.
— (Pont de la Guillotière à), 3363, 3384, 3385, 3400.
— (Pont sur la Saône à), 3356.
— (Pont Saint-Pierre à), 3364.
— (Le port Saint-Pierre à), 3369.
— (Porte de Vaize à), 3418.
— (Portes Saint-Clair à), 3368.
— (Quais et ponts de), 3386-3392.
— (Rue des Loges à), 3415.
— (Ruines d'un aqueduc auprès de la porte Saint-Just à), 3410.
— (La Saône à), 3360, 3403.
— (Théâtre de), 3378.
— (Vues de), 3354, 3359, 3401, 3402.
— (Vues de divers monuments de), 3370-3376.

M

Mâcon (Cathédrale de), 2616.
— (Église Saint-Pierre à), 2615.
— (Faubourg Saint-Laurent à), 2617.
— (Pont de), 2617.
— (Porte Saint-Laurent à), 2613.
— (Restes de fortifications à), 2618.
— (Vue de), 2612, 2614.
Madeleine (Tombeau de Sainte), à Saint-Maximin, 3554.
Madrid (Vue du château de), 72.
Magenta (Habitation du maréchal duc de), près Montargis, 1332.
Maguelone (Fontaine antique près), 2240.

Mailly (Église de), 1134.
Maintenon (Château de), 1422, 1423.
Maisons (Vue prise à), 231, 239.
Malay (Église de), 2619.
Malemort (Le canal de Boisgelin ou des Alpines à), 3470.
Mantes (Pont de), 540, 543-546.
— (Vue de), 541, 542.
Mantry (Vue de), 3196.
Marais (Écuries du château du), 548.
Marchand (M*me*), 21.
Mardogne (Château de M. Benoît à), 2787.
Maréchal (François), 47, 228, 249, 495, 948.

Margouët, 2034, 2035, 2039, 2045, 2051, 2053.
Marie, 197.
Marle (Ville et château de), 1214, 1215.
Marlotte (Mare à), 2344.
Marly (Jardin et étang de) [Nord], 3054.
Marly-le-Roi (Abreuvoir de), 233.
— (Aqueduc de), 225, 227, 228.
— (Bains d'Agrippine à), 224.
— (Bassin à), 235.
— (Machine de), 226.
— (Maison de campagne à), 236, 237.
— (Pavillon à), 222.
— (Pont du chemin de fer à), 221.
— (Propriété de M. Sardou à), 234.
— (Vue prise près de la machine de), 232.
Marmande (Vue de), 1860.
Marmoutier (Église de), 3114, 3116.
Marnay (Vue de), 3167.
Marne (Vues prises sur les bords de la), 343, 344, 423, 2349.
Marquette-lès-Lille (Esplanade à), 3055.
Marsat (Église de), 2788.
— (Tour et fontaine de), 2789.
Marseille (Chapelle et fort Notre-Dame-de-la-Garde à), 3502, 3503.
— (Chartreuse de), 3504, 3505.
— (Église de La Major à), 3493, 3498.
— (Église Saint-Victor à), 3500, 3501.
— (Port de), 3496, 3497.
— (Rue du Cimetière à), 3507.
— (Vues de), 3491, 3492, 3494, 3495, 3499, 3506, 3530, 3531.
Martignac (Habitation du vicomte de), à Miramont, 1853.
Martigues (Étang des), 3490.
Martres (La Garonne à), 2077.
Marvejols (Porte fortifiée à), 2118.
Massy (Église de), 241.
— (Ruines du château de), 238, 240.
Mathilde (Tombeau de la reine), dans l'église de la Sainte-Trinité, à Caen, 788.
Maulny, 1550.
Mausson (*Théodore*), 586, 590, 771, 2313.
Maulmont (Château de), 2683.
Mauzun (Ruines du château de), 2766-2768.

Maximin (*Frère*), 2977.
Mayenne (Intérieur de cour à), 1559.
Mayer (*A.*), 1592, 1600, 1601, 1606, 1610, 1615-1618, 1623, 1625, 1631, 2020, 2028.
Meaux (Église à), 242.
Mehun-sur-Yèvre (Château de), 1697.
Meillant (Château de), 1712-1724, 1726, 1727.
— (Forges de), 1725.
Meix (La tour du), 3192.
— (Vue prise au), 2505.
Mello (Château de), 1018-1021.
Melun (Moulin à eau à), 2354, 2355.
— (Pont de), 2353.
— (Vue prise à), 2352.
Menat (Église de), 2770.
— (Vue de), 2769.
Menne (Hameau du), 1635.
Mende (Cathédrale de), 2114, 2117.
— (Pierre branlante près de), 2116.
— (Vue de), 2115.
Menevault (Cul-de-sac de), 2514.
Ménilmontant (Masures à), 243.
Menneval (Vue prise sur le chemin de Bernay à), 581.
Merville (Ferme de), près Saint-Denis, 399.
Méry (Entrée du village de), 1065.
Méry-sur-Oise (Environs de), 1022.
Mesnières (Château de), 684-688.
Mesnil-le-Roi (Église du), 550.
Mesnil-Lugny (Vue du), 397.
Mesnil-Saint-Denis (Château de), 396.
— (Église et village de), 395.
— (Entrée du village de), 549.
Mettray (Constructions rustiques à), 1512.
Metz (Cathédrale de), 3076, 3087, 3089.
— (Incendie de la cathédrale de), 3092.
— (Pont des Basses-Grilles à), 3089.
— (Porte des Allemands à), 3077-3079.
— (Ruines auprès de), 3074.
— (Vue d'ensemble de), 3075.
Metz (Henri, seigneur de), dans une verrière de Notre-Dame de Chartres, 1385.

Meudon (Château et parc de), 244-246, 248, 253.
— (Les deux châteaux de), 249.
— (Porte de Fleury dans le bois de), 254, 255.
— (Terrasse dans le parc de), 252.
Meulen (*Van der*), 1435.
Meunier, 358-360, 2161-2163, 2165, 2167-2170, 2172, 2183-2185, 2187, 2188, 2202, 2205, 2207, 2265, 3255, 3273, 3298, 3299, 3304-3307, 3311, 3312, 3314-3317, 3461, 3467, 3469-3472, 3475, 3476, 3484-3490, 3500, 3504, 3505, 3512, 3513, 3523, 3524, 3542-3549, 3553, 3562, 3563.
Meursault (Vignoble de), près Beaune, 2410.
Meynier, 1565.
Mézières (Église de), 2988.
— (Porte à), 2993.
— (Vues de), 2986, 2987.
Michallon, 248, 448, 500, 633-635.
Michel, 563, 3031.
Mifry (Tombeau du chanoine Pierre) à Notre-Dame d'Amiens, 1102.
Migne, 2339.
Milhau (Paysage des environs de), 2272.
— (Pont de), 2271.
— (Vue de), 2270.
Milliard (Château de), 1869.
Milling, 2266.
Milly (Maison de M. de Lamartine à), 2620.
Miramont (Habitation du vicomte de Martignac à), 1853.
Mirande (Porte-clocher à), 1852.
Misbach, 3-17, 48, 49, 64, 118-120, 208, 329, 331, 333-336, 373-376, 507, 558.
Moirax (Église de), 1864.
Moireaux, 475.
Moissac (Anciens murs de), 1825.
— (Place Sainte-Catherine à), 1824, 1826.
— (Sculptures relevées à l'abbaye de), 1829.
Moissey (Église de), 3205.

Molière (Maison dite de) à Auteuil, 43, 44.
Molinier (Tombeau de Guillaume) à Toulouse, 2087.
Monceau (Vues prises sur le chemin de), 316-319.
Monistrol (Vue de), 2169.
Montagny (Église Sainte-Félicité à), 1023, 1024.
Montaigne (Tour où habita Michel de), au château de Saint-Michel-de-Montaigne, 1871.
Montaigu (Château de), 915.
Montargis (Habitation du maréchal, duc de Magenta, près de), 1332.
Montataire (Château de), 1028.
Montauban (Église à), 1828.
— (Pont de), 2230.
— (Rempart de), 2227.
— (Vue de), 1827.
Montbard (Jardin et tour de Buffon à), 2508, 2511.
Montbéliard (Vue de), 3154.
Monthenoît (Sculptures d'une porte de l'abbaye de), 3152, 3153.
Mont-Cenis (Tunnel du), 3240.
Montdidier (Porte de Paris à), 1136.
Mont-Dieu (Chartreuse de), 2957.
Mont-Dore (Costumes du), 2893.
— (Grande cascade du), 2771-2773.
— (Route du), 2774, 2800.
— (Village du), 2777-2780, 2783, 2784.
— (Vue du), 2775.
Montdoubleau (Tours de), 1465, 1466.
Montélimar (Vue de), 3335.
Montepilloy (Entrée du château de), 1029.
Montesquieu (Château de la Brède où naquit), 1924.
— (Église ruinée près), 2029.
— (Tombeau d'un comte de), 2030.
Monte Rotto (Le), au cap Corse, 2069.
Montfarre (Vue prise à), 2031.
Montferrand (Entrée de), 2790.
— (Porte gothique à), 1848.
Montfort (Château de M. de Nicolaï), 1554.
Montfort (Amauri VI, comte de) [dans

un vitrail de N.-D. de Chartres],
1400.
Montfort-l'Amaury (Chemin et porte à),
256.
— (Église Saint-Laurent à), 257-259.
Montfurca (Glacier de), 3208.
Monthélier, 2827.
Montigny (Tombeau de M. de), dans l'église
Saint-Remi à Dieppe, 650.
Montigny-le-Gannelon (Porte de Roland
à), 1424.
Montigny-Montfort (Château de), 2506.
Montivilliers (Édicule au cimetière de),
691.
— (Église de), 690.
— (Vieilles maisons et clocher de), 689.
Montjay (Tour de), 2358.
Montjeu (Château de), 2548.
— (Jardins de) à Autun, 2542, 2543.
Mont-Lévêque (Abbaye de la Victoire à),
1026.
— (Château de), 1025.
— (Ruines de l'abbaye de la Victoire à),
1026.
Montlhéry (Château de), 260.
— (Tour de), 202, 261-263.
Montlignon (Rendez-vous de chasse à),
264.
Montmajour (Abbaye de), 3508-3511.
Montmartre (Abreuvoir de), 294.
— (Ancienne église et télégraphe à), 269,
270, 272-275.
— (Carrière à), 267, 290, 295, 297.
— (Détails de l'église Saint-Pierre de),
278-280.
— (Fontaines à), 287, 298-300.
— (Moulins à), 281, 283-286, 296.
— (Ruines d'église à), 276, 277.
— (Télégraphe à), 282.
— (Versants de), 292, 301.
— (Vue de), 265, 266, 268, 271, 288,
289, 291, 293.
Montmélian (Église de Notre-Dame de),
1067.
Montmirey-le-Château (Ruines du château
de), 3204.
Montmorency (Château et parc de), 302,
303.
— (Cour du palais des Capitouls où fut

exécuté le duc de), à Toulouse,
2107, 2108.
Montmorency (Église de), 312, 314.
— (Ermitage de J.-J. Rousseau à), 230.
— (Tombeau du duc Henri II de), à
Moulins, 2679.
— (Vieux château de), 313.
— (Vues prises à), 304, 305.
Montmorillon (Détails d'architecture à),
1733.
Montmorot (Vue de), 3186.
Montoire (Ruines du château de), 1451.
— (Vue et détails de la chapelle Saint-
Gilles à), 1455-1464.
Montpeyroux (Vue de), 2678.
Mont-Renaud (Chartreuse de), 1027.
Montreuil (jardin de Mme Élisabeth) [près
Versailles], 315.
— (La rue de) à Saint-Mandé, 411, 412.
Montreuil-sur-Mer (Église de), 1142.
Montrichard (Vue prise à), 1468.
Montrognon (Château de), 2794, 2795.
Montrond (Vue de), 3239.
Montrouge (Plan du petit), 308.
Mont-Saint-Michel (Abbaye du), 903-907,
923, 924, 929, 931-933.
— (Vue d'ensemble du), 928.
— (Vues prises au), 925-927, 930.
Mont-Valérien (Moulin au), 468.
— (Vue du), 354, 467.
Monvader (A.), 2267, 3480.
Moreau (Maison où naquit le général), à
Morlaix, 1617.
Moreau (F.), 20.
Moret (Crypte des Templiers à), 2361.
— (Détail d'une chapelle à), 2362.
— (Le moulin Galaurin à), 2364.
— (Moulin du Petit-Pont à), 2365.
— (Murs et église de), 1310.
— (Pont à), 2363.
— (Portes de), 1311, 1312, 2366, 2367.
— (La Seine près), 2359.
Morlaix (Cheminée monumentale à), 1614.
— (Cour de l'Hôtel de ville à), 1616.
— (Cour d'une maison à), 1611.
— (Maison où naquit le général Moreau),
1617.
— (Le Pavé à), 1615.
— (Porte Bourette à), 1617.

Morlaix (Roche de Primel dans la rade de), 1619.
— (Ruines du Carmel de), 1618.
— (Vieilles maisons à), 1613.
Mornas (Château de), 3428.
— (Roches de), près d'Avignon, 3427.
— (Vue de), 3429.
Morris (Henry), 757.
Mortemer (Ruines de l'abbaye de), 692.
Moselle (Cours de la), 3093-3095.
Moulins (Chapelle de la Sainte-Vierge à), 2682.

Moulins (Maison d'Aillon à), 2680.
— (Pavillon du château à), 2681.
— (Tombeau du duc Henri II de Montmorency à), 2679.
Moulins-les-Planches (Croix à), 3195.
Moulins sur la route d'Orléans, 310, 311.
Mousin, 1554.
Moutier (Le Casset dans la vallée du), 3323.
Mozac (Église Saint-Calmin à), 2791, 2793.
Muret (Pont de), 2078.
Murols (Château de), 2786.

N

Nancy (Coffret en bois sculpté à), 3090, 3091.
— (Détail d'une maison de la rue Debrière à), 3085.
— (Palais des ducs de Lorraine à), 3084.
— (Porte Notre-Dame à), 3086.
— (Porte Saint-Georges à), 3082.
— (Porte Saint-Nicolas à), 3081.
Nangué (D.), 845.
Nantes (Château de), 1680-1684.
— (Église Notre-Dame-de-Toutes-Aides en Doulon, près), 1688.
— (La Loire à), 1679.
— (Plan de la ville et des environs de), 1678.
— (Vue de), 1689.
Nanteuil (Mausolées dans l'église de), 1275, 1276.
— (Tombeau du maréchal Gaspard de Schomberg dans l'église Notre-Dame de), 1060.
Nanteuil (Célestin), 2824.
Nantouillet (Château de), 2370, 2371.
— (Tour de la chapelle du château de), 2372.
Nantua (Lac de), 2658, 2659.
Napoléon III (Villa de l'Empereur) à Vichy, 2705.
Narbonne (Hôtel de ville de), 2276.
— (Vue prise à), 2277.
Nebourg (?) (Chapelle de), 3111.
Necker (Maison de M.) à Saint-Ouen, 435.

Nemours (Château de), 2348, 2373.
— (Église de), 2374.
Nérac (Pont à), 1861.
Neufchâteau (Vue de), 2510.
Neuilly (Barricade de la rue Peyronnet à), 339.
— (Bouquets d'arbres à), 337, 338.
— (Entrée du parc de), 330.
— (Pont de), 326-328.
— (Propriété de M. Berthault à), 329, 331, 333-336.
— (La Seine à), 325, 326, 328, 332, 340.
— (Vues prises près du pont de), 320, 322-324.
— (Vue prise sur le chemin neuf de), 321.
Neuville (L'Oise au château de), 534.
Nevers (Chapiteau relevé à), 1693.
— (Porte de Paris à), 1692.
— (Ville et pont de), 1694.
Nice (Vue prise à), 3575.
Nicolaï (Château de M. de) à Montfort, 1554.
Nicolle (V.-J.), 734, 738, 1340-1343, 1348, 3384-3392, 3406, 3498.
Nîmes (Arènes de), 2267.
— (Église Saint-Castor à), 2256.
— (Maison Carrée à), 2252.
— (Place à), 2254.
— (Porte antique à), 2255.
— (La tour Magne à), 2257, 2258.
— (Vue de), 2253.

Niort (Donjon de), 1767.
— (Hôtel de ville de), 1768.
— (Vue prise à), 1766.
Noche (Vue de), 3216.
Noël (Jules), 1666.
Nogent-le-Rotrou (Château de), 1425,
    1426, 1428.
— (Église Saint-Laurent à), 1427.
— (Rue à), 1429.
Nogent-sur-Marne (L'Île de Beauté à), 342.
— (Vue de), 341.
Nogent-sur-Seine (Quais de), 2926.
Nolau, 1049.
Nolay (Ancienne fabrique à), 2517.
— (Chapelle Saint-Pierre à), 2515,
    2516.
— (Château de La Rochepot, près), 2518.
— (Église de), 2501.
— (Maison des Carnot à), 2512.
Norblin, 487.
Notre-Dame-du-Cèdre (Statue de), 1771.
Notre-Dame-du-Chêne (Chapelle) [Aube],
    2928.
Notre-Dame-d'Eas (Vue de), 2003.
Notre-Dame-de-Grace près Honfleur,
    856.
Notre-Dame-de-l'Épine (Détails de l'église),
    près Châlons-sur-Marne, 2950.
Notre-Dame-de-l'Isle (Cloître de), 3315.
Notre-Dame-de-la-Roche (Église de), 536,
    537.
Notre-Dame-de-la-Salette (Pèlerinage de),
    3287.

Notre-Dame-de-Liesse (Église de), 1208,
    1212.
Notre-Dame-de-Livron (Église de), 1831.
Notre-Dame-de-Livry (Abbaye de), 212,
    213.
Notre-Dame-du-Saint-Cordon (Église de),
    3064.
Notre-Dame-de-Sée (Chapelle de), 2509.
Notre-Dame-de-Seyragud (Pèlerinage de),
    1865.
Notre-Dame-de-Toutes-Aides en Doulon
    (Église de), près Nantes, 1688.
Notre-Dame-des-Trois-Épis (Église de),
    [Alsace], 3083.
Nouaillé (Église Notre-Dame-de-Montrinard
    à), 1744.
Nouelle (Château de), 2796.
Noury (Eugène), 587, 591.
Nouvion-le-Vineux (Église de), 1216.
Noyant (Vue de), 2687.
Noyon (Cathédrale de), 1030-1034.
— (Châsse de Saint-Éloi à), 1034.
— Détails relevés à l'Hôtel de ville de),
    1038.
— (Église et abbaye de Saint-Éloi à),
    1035, 1036.
— (Place de l'Hôtel-de-Ville de), 1037.
— (Ruines de Saint-Pierre de), 1031.
Nozeroy (Ruines du château de), 3197.
Nozières (Ruines du château de), 2917.
Nuits (Église Saint-Symphorien à), 2507.
Nyez (Tour en ruines dans la vallée de),
    2032.

O

O (Château d'), 890.
Oise (Vues des bords de l'), 515, 518,
    519, 534, 535, 2925.
Oissel (Clocher d'), 693.
— (Village d'), 694.
Oléron (Vue prise du château et du fort de
    l'île d'), 1789, 1790, 1795.
Oliferne (Château d'), 3193.
Olivet (Vue prise à), 1333.
Oloron (Vue d'), 1983.
Omerville (Édifices gothiques à), 815.
Onet-le-Château (Château d'), 1873.

Or (R. d'), 3125, 3130, 3131.
Orange (Arc romain à), 3431-3433, 3435.
— (Vue d'), 3434, 3439.
Orcival (Église Notre-Dame d'), 2781,
    2782.
Orgon (Canal des Alpines à), 3468,
    3469.
Orléans (Cathédrale d'), 1337, 1338.
— (Château près d'), 1336.
— (Cloître de la maison d'Agnès Sorel à),
    1344.
— (Église Saint-Aignan à), 1340, 1341.

Orléans (Église Saint-Jacques à), 1339.
— (Église Saint-Paul à), 1343.
— (Escalier du palais de justice à), 1342.
— (Moulins sur la route d'), 310, 311.
— (Plan de la route de Paris à), 309.
— (Vue d'), 1334.
Ornano (Tombeau du maréchal d') à Bordeaux, 1950.
Orne (Cours de l') depuis Caen jusqu'à la mer, 784.

Osselles (Grottes d'), 3180-3182.
Otrante (habitation de Fouché, duc d'), à Ferrières, 169.
Ottin (L.), 196, 631, 1474, 2503.
Ottmarscheim (Octogone d'), 3118.
Oudon (Château d'), 1675-1677.
Ourscamp (Abbaye d'), près Noyon, 1039-1042.
— (Colonne dans la forêt d'), 1043.
Ouvrié (Justin), 1867, 3136.
Ozanne, 702.

P

P. M. 3322.
Pacy (Pierre de) [Tombeau de] dans l'église de Nanteuil, 1275.
Pagny-sur-Saône (Vue de), 2519.
Palaiseau (Vue du château du prince de Condé à), 345.
Paray-le-Monial (Vieilles maisons à), 2566.
Páris, 1018.
Paris, Bassins (Barrière des), 4.
— Bercy (Barrière de), 3.
— Courcelles (Barrière de), 5.
— Fontainebleau (Barrière de), 6.
— Grenelle (Barrière de), 7.
— Italie (Barrière d'), 6.
— Martyrs (Barrière des), 8.
— Montparnasse (Barrière de), 9.
— Montreuil (Barrière de), 10.
— Picpus (Barrière de), 11.
— Reuilly (Barrière de), 12.
— Saint-Mandé (Barrière de), 13.
— Santé (Barrière de la), 14.
— Trône (Barrière du), 15.
— Vaugirard (Barrière de), 17.
— Vertus (Barrière des), 16.
— (Environs de), 306, 307.
— (Masures au bord de la Seine à), 438.
— (Vue de), prise d'Ivry-sur-Seine, 188.
— (Vue prise à La Chapelle), 203.
— (Vue prise sur la route d'Orléans à), 307.
Parizeau (L.), 73, 125-127, 129, 1410, 1411.
Pas de l'Écluse (Le Rhône près du), 2662.

Pas de Soucy (Vue du), 1760, 2121, 2785.
Passy (Couvent des Bonshommes, près), 75.
— (Propriété du comte de Valentinois à), 346.
Patel, 2333, 2334.
Paters (Vue de), 3209.
Pau (Château de), 1985-1988, 1991.
— (Vue de), 1984.
— (Vue du Gave à), 1991.
Pauillac (La Gironde à), 1889.
Paulhac (Château de), 2911.
Pavin (Lac), 2852, 2853.
Pécheux (Plan de la propriété de M.) à Pisse-Fontaine, 466.
Pencran (Calvaire de), 1621.
— (Église de), 1620.
Penhoet (Bassin de), 1687.
Pensée (C.), 1330.
Pérelle (Gabriel), 485, 2281.
Pérignon (N.), 147, 538, 567, 607, 638, 764, 770, 1146, 1147, 3407.
Périgueux (Cathédrale Saint-Front à), 1870.
— (Vue de), 1872.
Perlan (Tour de), près Triadoux, 1878.
Pernot (F.-A.), 2937, 2938.
Péronne (Château et beffroi de), 1139.
— (Entrée du château de), 1138.
— (Porte de Flandre à), 1140.
— (Vue de), 1137.
Perpignan (Cathédrale de), 2040.
— (Le Champ de Mars à), 2050.

Perpignan (École militaire de), 2049.
— (Environs de), 2022.
— (Jardin des plantes de), 2037-2039.
— (Le recteur et les quatre doyens de l'Université de), 2047.
— (Les consuls de), 2046.
— (Ostensoir à la cathédrale de), 2041.
— (Procession du jeudi saint à), 2042, 2043.
— (Salle de spectacle à l'hôtel de ville de), 2051.
— (Université de), 2044, 2045.
— (Vues d'ensemble de), 2034-2036, 2052.
Pescheré (Château de), 1552.
Pesmes (Vues de), 3170, 3171.
Pesteil (Château de) à Polminhac, 2908-2910.
Pétrarque (Ruines du château de), 3450, 3452.
Peyronnet (H.), 1125, 1128.
Pézou (Porte de l'église de), 1469.
Picard (Maison de M.) au Plessis-Piquet, 210, 211.
Picardie (Ponts sur le canal de), 1278, 1279.
Picot, 1065.
Picquigny (Ruines du château de), 1141, 1143.
Pierre-Chatel (Vue de), 3275.
Pierrefonds (Château de), 1044-1051.
Pierrenoire (Rocher de), 3279.
Pierre-Scise (Vue de), 3359.
Pierre le Vénérable (Tombeau de) à l'abbaye de Cluny, 2594.
Pietro di Pietro (Tableau de) à Besançon, 3149.
Pigeon, 580.
Pillement, 178, 959, 1039.
Pils, 508.
Pionsat (Château de), 2797.
— (Église de), 2098, 2799.
Pipolin [?] (Le), 1949.
Pisse-Fontaine (Château de M. Pécheux à), 466.
Pitres (Vue de), 608.
Plessis-au-Bois (Plan du village et du château du), 2376.

Plessis-lès-Tours (Château de), 1513.
Plessis-Piquet (Maison de M. Picard au), 210, 211.
Plombières (Foulon au bas des roches de), 2441, 2442.
— (Promenade des Dames à), 3098, 3100.
— (Le val d'Ajol à), 3106.
— (Vue prise à), 3097.
Plouédern (Église de), 1622.
P. M., 3322.
Pocé-les-Forges (Château de), 1514.
Podensac (Vue de), 1944.
Poirot (A.), 1072.
Poissy (Clocher de), 557.
— (Maison de Condorcet près), 558.
— (Pont de), 553.
Poitiers (Église Saint-Jean à), 1740.
— (Église Saint-Porchaire à), 1749, 1751.
— (Église Sainte-Radegonde à), 1746, 1748.
— (Lanterne des morts dans l'enclos de Saint-Cyprien à), 1739.
— (Notre-Dame de), 1741-1743, 1745, 1747, 1750, 1754.
— (Place et beffroi de), 1738.
— (Place du marché à), 1747.
— (Principale porte de), 1736, 1737.
— (Tombeau de sainte Radegonde à), 1748.
Poliénas (Vue prise au bourg de), 3318.
Polignac (Église de), 2174.
— (Ruines du château de), 2170, 2173, 2175-2182.
Polminhac (Château de Pesteil à), 2908-2910.
Pomis (Domaine de), près Saint-Estèphe, 1925.
Pompignan (Château et église de), 2263.
Pont d'Arche (Vue du) à Charleville, 2983.
Pont de l'Arche (Vue du), 607.
Pont-Morand (Caverne de), 3256.
Pont-à-Mousson (Vue de), 3088.
Pont-en-Royans (Vue de), 3277.
Pont-Saint-Esprit (Vues de), 2261, 2262.
Pont-Saint-Mars (Arcade à), 1862.

Pont-Saint-Pierre (Environs de), 712.
Pont-sur-Seine (Parc de), 2929, 2930.
Pont-sur-Yonne (Vue prise à), 2306.
Pontcroix (Clocher de), 1623.
Pontgibaud (Château de), 2801-2805.
Pontmain (Église Notre-Dame de), 1564.
Pontoise (Château de Saint-Martin à), 347.
— (Fontaine, rue Basse à), 554.
— (L'Oise à), 518.
— (Place du Grand-Martroy à), 556.
— (Rues de la Coutellerie et de l'Éperon, à), 555.
Porche (Château de la), 3207.
Porlade (Rocher et château de), 1880.
Pornic (Château de), 1685.
Port-Créteil (Vue de), 157, 158, 424, 426.
Port-Vendres (Ville et port de), 2053.
Portmort-en-Vexin (Village de), 559.
Posange (Château de), 2521.

Pot (Tombeau de Philippe), grand maréchal de Bourgogne, 2421.
Pouldu (Vue de la Cale au), 1628.
Pourlets (Vues de), 1927, 1928.
Prats (Tour de), 2054.
Prémol (Ruines de l'abbaye de), 3278.
Prémontré (Abbaye de), 1200, 1202.
Prés-Saint-Gervais (Plaine Saint-Denis prise des), 378.
Presle (Ruines du château de), 1217.
Pressilly (Château de), 3194.
Prieur (P.), 472.
Prignot (E.), 750, 785.
Primel (Roche de), dans la rade de Morlaix, 1619.
Provins (Fortifications à), 2380.
— (Masure à), 2379.
— (Porte Courloison à), 2377.
— (Porte de Troyes à), 2378.
Puits (Divers), 881-884, 886.
Puy-de-Dôme (Observatoire du), 2859.

Q

Quercy, 1868.
Queuville (Château de), 561.
Quiberon (Fort Penthièvre à), 1654.
— (Pierres druidiques et menhir de), 1647.
Quimper (Cathédrale de), 1624, 1625.

Quimper (Rue de l'Église à), 1624.
Quimperlé (Moulin Maillé à), 1629.
— (Vieilles maisons à), 1626.
Quincy-sous-Sénart (Château de), 562.
Quiraz (Château de), 3565.

R

Racquinghem (Église de), 3035.
Ragenfroi (Crosse de l'évêque), à Chartres, 1382.
Rambouillet (Château de), 1308, 1314, 1315, 1320.
— (Faisanderie de), 1321.
— (Faubourg de la Louvière à), 1317.
— (Lavoir de Moquesouris à), 1324.
— (Maison de garde à), 1319.
— (Parc de), 1316, 1323.
— (Porte du parc à Moquesouris), 1318.
— (Vue prise dans le parc de), 1322.
Ramée (Daniel), 721, 727, 729, 1032, 1070, 1084, 1362.
Randan (Château de), 2806, 2807.

Ransonnette (Ch.), 22, 27-29, 31, 32, 60, 77, 79-81, 83-90, 93-95, 107, 152-159, 177, 183, 215-219, 227, 231, 239, 241, 264, 283, 298-300, 304, 326-328, 330, 332, 337, 338, 340-344, 363-365, 371, 400, 401, 411, 412, 423-428, 440-443, 449, 490-492, 502, 2366, 2367, 2373, 2374.
Ravesson (Grotte de), près Saint-Pierre-de-Livron, 1830.
Récamier (Maison de Mme) à Aulnay, 41.
Régnier, 39, 41, 45, 64, 143, 148, 168, 169, 211, 247, 367, 391, 404, 435, 439, 523, 527, 603, 1335,

1478, 1581, 1853, 2864-2866, 2870, 2927.
Reims (Abbaye de Saint-Nicaise à), 2969.
— (Cathédrale de), 2961-2968.
— (Cheminées anciennes à), 2972, 2973.
— (Hôtel de ville de), 2970.
— (Plan de) et des environs, 2959.
— (Porte de l'église Saint-Maurice à), 2971.
— (Vue de), 2960.
René (Maison du roi) à Angers, 1573.
Renou, 1763, 1764, 1839, 1842-1844, 2080, 2081, 2095-2097, 2496, 3288, 3308, 3479.
Rethel (Château de), 2989.
— (Vue de), 2997.
Réveillon (Église de), 2958.
Reydy de la Grange (François-Joseph), 345.
Rhône (Le) à son entrée en France, 3207.
— (Le), à Bourg-Saint-Andéol, 2127.
— (Le), à Rochemaure, 2135.
— (Le), à Viviers, 2143.
— (Confluent de la Saône et du), à Lyon, 3405.
— (Cours du), 2661, 2662, 3209-3213, 3216, 3219.
— (Source du) au glacier de Montfurca, 3208.
— (Villes du département du), 3352.
Ribarz, 2755.
Riez (Colonnes antiques à), 3563, 3564.
— (Panthéon de), 3562.
Rigaud, 136, 569, 1480.
Riom (Église Saint-Amable à), 2814.
— (Vue de), 2813.
Rions (Vue de), 1929.
Rivesaltes (Vue de), 2033.
Robert (Hubert), 50, 489, 676, 3432.
Robert-le-Diable (Ruines du château de), près les Moulineaux, 609.
Roberts (J.), 940.
Robines (Rocher de la Douzère à), 3567.
Roche-Courbière (Grotte de), 3340.
Rochefort (La roche Thuilière et la roche de la Chadière, près), 2809, 2810.
— (Village et château de), 2808, 2811, 2812.

Rochefort (Ville et port de), 1783.
Rochemaure (Château de), 2135, 2140, 2141.
— (Rochers volcaniques près de), 2136, 2139.
— (Vue de), 2137.
Rochers (Château des), 1668, 1669.
Roches (Fonds des), aux environs du bourg d'Oisans, 2201.
Rochette (Habitation de Raoul) au Marais, près Meung-sur-Loire), 1335.
Rocroi (Vue de), 2990.
Rodez (Cathédrale de), 1875.
— (Statues à), 1879.
— (Tour de Nates à), 1877.
Ronceray (Église du), 614.
Roque-de-Taux (Vues de), 1896, 1897, 1948, 1962.
Roquelaure (Château de), 1854.
Roquemaure (Vue de), 2264.
Roqueplan (Camille), 436.
Roquetaillade (Cheminée au château de), 2275.
Rosheim (Église de), 3117.
Rosiers (Village des), 2123.
Rosny (Château de), 563.
Rothschild (Propriété de la famille) à Ferrières, 169.
Rouen (Boulevard et porte Beauvoisine à), 719, 720, 749.
— (Boulevard et porte Saint-Hilaire à), 714, 748.
— (Bourse de), 705, 706.
— (Église Notre-Dame à), 721-726.
— (Église Saint-Gervais à), 710.
— (Église Saint-Maclou à), 740, 743.
— (Église Saint-Ouen à), 727-732.
— (Fontaine Saint-Maclou à), 735.
— (Île du Petit-Gué à), 757.
— (Intérieur de Saint-Vincent à), 734.
— (Intérieur de Saint-Vivien à), 738.
— (Intérieur d'une cour à), 755.
— (Monument de Jeanne d'Arc à), 744.
— (Monument de Saint-Romain à), 745.
— (Palais de justice de), 736, 737, 739, 741, 742.
— (Place Vieille-Tour à), 753.
— (Plans et vues de), 696-699, 756, 758.

Rouen (Pont de bateaux à), 701, 702.
— (Port de), 703.
— (Porte du Bac à), 707.
— (Porte Martainville à), 716-718.
— (Porte Saint-Maclou à), 700.
— (Quais de), 704.
— (Rue à), 750.
— (Rue des Boucheries-Saint-Ouen à), 751, 752.
— (Rue de la Grosse-Cloche à), 747.
— (Ruines de l'église S'-Georges à), 754.
— (Ruines de la porte Cauchoise), 715.
— (La Seine près), 760.
— (Vieux palais de), 708, 709, 711, 713.
Roufiac (Château de), 2920.
Rousseau (Ermitage de J.-J.) à Montmorency, 230.
— (Maison où naquit J.-J.) à Genève, 3237.
— (Tombeau de J.-J.) à Ermenonville, 1012.

Roussillon (Costumes du), 2048.
— (Ruines du château de), près Vienne, 3316.
Royan (Vues de), 1791-1793, 1895.
Royannez (Roche de), 3254.
Royat (Chemin de), 2830.
— (Croix sur la place de), 2819.
— (Église de), 2820.
— (Grottes de), 2823, 2827.
— (Place de), 2816-2818.
— (Pont sur un ruisseau à), 2826.
— (Rue de l'église à), 2824.
— (Sources de), 2823, 2825.
— (Vallée de), 2828, 2829.
— (Vues de), 2815, 2821, 2822, 2831-2841.
Rude (Maison de) à Dijon, 2439.
Rue (Ancien beffroi de), 1145.
— (Chapelle du Saint-Esprit à), 1144.
Ruelle (La Touvre à), 1816.
Rupt (Tour du château de), 3164.

S

Saarbrück (Ville et pont de), 3123.
Sabatier, 2772, 2773, 3241, 3243, 3250, 3278, 3296, 3321, 3323, 3324, 3339, 3340.
Sabatier (Tombeau de l'évêque Pierre) à Notre-Dame d'Amiens, 1108.
Sablé (Château de), 1549.
Sables-d'Olonne (Vues des), 1777, 1781.
Sachot l'aîné, 3102.
Sagence (Moulin de) [?] près d'Hautot, 678.
Sagot (Émile), 579, 909.
Sahurs (Propriété de M. de Trémoville à), 768.
Saillant (Fontaine du), près Saint-Flour, 2914, 2915.
Saint-Abdon (Tombeau de) à Arles-sur-Tech, 2017.
Saint-Affrique (Vue de), 1876
Saint-Agil (Château de), 1470, 1471.
Saint-Allyre (Fontaine de), 2842.
Saint-Amand (Abbaye de), 3060, 3061.
Saint-Ambroise (Rochers près de), 2855.
Saint-Amour (Moulin à), 3201.

Saint-Amour (Ruines du château de), 3202.
Saint-Antoine (Église de), 2715.
Saint-Antonin (Vue de), 1832.
Saint-Aubin (Gabriel de), 503.
Saint-Bertrand de Comminges (Église et cloître de), 2080, 2081.
— (Gorges de), 2079.
Saint-Bial (Vue de), 2082.
Saint-Calais (Chapelle de l'église de), 1553.
Saint-Chamant (Ruines du château de), 3347.
— (Vues de), 3345, 3346.
Saint-Chamas (Pont de), 3517, 3529.
Saint-Chéron (Habitation de Cicéri à), 367.
Saint-Cirgues (Montagne de), 2843.
Saint-Claude (Autel dit «d'Holbein» à), 3203.
Saint-Cloud (Arbres à), 364, 365, 371.
— (Cascade de), 362.
— (Château de), 357, 358.
— (Parc de), 355, 356, 359, 363.

IMPRIMERIE NATIONALE.

Saint-Cloud (Place à) après la guerre, 370.
— (Plan du chemin projeté entre Suresnes
    et), 353.
— (Pont de), 59, 368.
— (Propriété de l'archevêque de Paris à),
    352.
— (Théâtre de), 369.
— (Vues de), 354, 360, 366.
Saint-Corneille (Prison de l'abbaye de) à
    Compiègne, 989.
Saint-Crespin (Abbaye de), 1268, 1269.
Saint-Cucufa (Étang de), 223.
Saint-Cyprien (Lanterne des morts dans
    l'ancien cimetière de), 1739.
Saint-Cyr (Ferme à), 1326.
Saint-Denis (Abbaye de), 379, 380, 387,
    388, 390-394.
— (Chapelle proche de), 398.
— (Entrée de), 386.
— (Plaine de), 378, 385.
— (La Seine près de), 401.
— (Tombeaux de), 379, 380, 389.
— (Trône de Dagobert autrefois à), 381.
— (Verrières de la basilique de), 382,
    383.
— (Vues de), 377, 384.
Saint-Dié (Vue de), 3105, 3107.
Saint-Dizier (Le château de), 2987.
Saint-Ehle (Pierre des Fées à), 2203.
Saint-Elpize (Vue de), 2204.
Saint-Émilion (Église de), 1968.
Saint-Esprit (Réception de chevaliers du)
    dans la chapelle de Versailles, 474.
Saint-Estèphe (Domaines voisins de),
    1965, 1967.
Saint-Félix-de-Sorgues (Ruines de), 1874.
Saint-Ferréol (Fontaine de), 2857.
Saint-Firmin (Vie de). Bas-reliefs à Notre-
    Dame d'Amiens, 1092-1094.
Saint-Florent (Ville et citadelle de), 2070.
Saint-Flour (Colonnes basaltiques, près),
    2913.
— (Fontaine du Saillant, près), 2914,
    2915.
— (Maisons à), 2912.
Saint-Gabriel (Église), près Saint-Remy,
    3520.
— (Prieuré de) [Calvados], 805, 859.
Saint-Gaudens (Place à), 2109.

Saint-Georges-de-Bocherville (Église ab-
    batiale de), 610-613.
Saint-Germain (P.), 1619.
Saint-Germain-en-Laye (Arbre de Sully
    à), 560.
— (Château neuf de), 405, 406.
— (Fête des Loges dans la forêt de),
    407-409.
— (Pavillon à), 410.
— (Propriété du baron Boucher-Des-
    noyers à), 404.
— (Terrasse du château de), 403.
Saint-Gervais (Église et cimetière de),
    2845, 2846.
— (Moulin à eau près), 2843.
Saint-Gobain (Manufacture de), 1218,
    1270.
Saint-Hippolyte (Pont à), 3437.
— (Vue prise à), 3438.
Saint-Hymetière (Église de), 3193.
Saint-Jean (Abbaye de) à Laon, 1219.
Saint-Jean-Baptiste (Vie de). Bas-reliefs à
    Notre-Dame d'Amiens, 1090.
Saint-Jean-de-Losne (Église de), 2513.
— (Quais de), 2524.
— (Vieille maison à), 2526.
Saint-Julien (Château de Marc-Caillou à),
    1970.
Saint-Julien-du-Pré (Église de), 1574.
Saint-Lambert (Abbaye de), près La Fère,
    1293, 1294.
Saint-Leu-d'Esserent (Carrières de), 565.
— (Église de), 1032.
Saint-Lô (Vue prise à), 921.
Saint Louis (Scènes de la vie et sacre de),
    383, 1105.
Saint-Lucien (Abbaye de), près Beauvais,
    957.
Saint-Macaire (Église de), 1964.
Saint-Malo (Remparts de), 1670, 1671.
Saint-Mandé (Maison à), 413.
— (Pont à), 411.
— (Vues du ru de Moutreuil à), 412,
    413.
Saint-Martin (Vue prise à), 3221.
Saint-Martin-du-Canigou (Monastère de),
    2020.
Saint-Martin-Valmeroux (Église de), 2923.
Saint-Martory (Pont à), 2083.

Saint-Martory (Vue de), 2084.

Saint-Mathieu (Le cap), 1630.

Saint-Maur-les-Fossés (Carrières à), 422.

— (Chemin à), 419.

— (Église de), 414, 415.

— (La Marne à), 423.

— (Moulins à), 417, 420, 421.

— (Ruines de l'abbaye de), 416, 418.

— (Vues prises à), 424, 426-429.

Saint-Maurice (Vue prise à), 110, 429.

Saint-Maximin (Tombeau de sainte Madeleine à), 3554.

Saint-Menoux-d'Allier (Église de), 2684-2686.

Saint-Mesmin (Ruines de l'église de), près Orléans, 1345.

Saint-Michel-de-Maurienne (Vue de), 3238.

Saint-Michel-de-Montaigne (Tour où habita Michel de Montaigne au château de), 1871.

Saint-Nazaire (Chapelle à), 1686.

Saint-Nectaire (Dolmen près de), 2847.

— (Église de), 2849, 2850.

— (Ruines du château de), 2848.

Saint-Nicodème (Les Trois-Fontaines à), 1663.

Saint-Nicolas-au-Bois (Ruines de), 1297, 1301.

Saint-Omer (Cathédrale de), 3023, 3024, 3027, 3028.

— (Hôtel de ville de), 3025.

— (Plan de), 3022.

— (Ruines de l'abbaye de Saint-Bertin à), 3026.

Saint-Ouen (Maison de M. Necker à), 435.

— (Manoir de), près de Château-Gontier, 1562.

— (Moulins à), 402, 431-433, 436, 437.

— (Vue prise à), 434.

Saint-Pierre (Maison de Bernardin de) à Essonnes, 527.

Saint-Pierre (Ruines de l'abbaye de) dans la forêt de Compiègne, 985, 986.

Saint-Pierre-de-Canou (Couvent de), 3486.

Saint-Pierre-d'Oléron (Clocher de), 1795.

Saint-Pol (Château de), 2916.

Saint-Pol-de-Léon (Cour d'une maison du xv⁰ siècle à), 1631.

Saint-Pont (Vue prise à), 2688.

Saint-Quentin (Blanchisserie de linon près), 1229.

— (Collégiale de), 1222-1224, 1226, 1227.

— (Fortifications de), 1228, 1230.

— (Hôtel de ville de), 1225.

— (Place de), 1221.

— (Vue de), 1220.

Saint-Remy (Monuments antiques de), 3453, 3513-3516, 3518, 3519.

Saint-Remy-aux-Nonnains (Vue de), 1272.

Saint-Riquier (Église abbatiale de), 1074.

Saint-Romans (Château de), 2265.

Saint-Saulve (Vie de). Bas-relief à Notre-Dame d'Amiens, 1091.

Saint-Savin (Vue de), 1752.

Saint-Seine (Église et abbaye de), 2523.

— (Vue de), 2520.

Saint-Sennen (Tombeau de) à Arles-sur-Tech, 2017.

Saint-Servan (Tour Solidor à), 1672.

Saint-Valery-en-Caux (Côte de), 770.

— (Vue de), 633.

Saint-Valery-sur-Somme (Maisons de pêcheurs à), 1146, 1147.

— (Vue prise à), 1148.

Saint-Wandrille (Porte à l'abbaye de), 771.

Sainte-Anne-d'Auray (Église de), 1638.

Sainte-Anne-la-Palue (Fontaine de), 1648.

Sainte-Baume (Vue de la), 3512.

Sainte-Marguerite (Forteresse de l'île), 3577.

Sainte-Marie (La tour), près Barèges, 1994.

Sainte-Marie-du-Mont (Clocher de l'église de), 908.

Sainte-Odile (Chapelle de), 3119.

Sainte-Suzanne (Château de), 1560.

Sainte-Victoire (Sommet de la colline), près d'Aix, 3524.

Saintes (Arc et pont de), 1794.

— (Ruines de l'amphithéâtre romain à), 1796.

Salency (Vue de), 1052.

Salernes (Ruines du château Sarrazin à), 3556.

Salins (Vue de), 3199, 3200.

Salon d'Istres (Vue de), 3485.

Salses (Ville et étang de), 2055.

Saltz (Entrée du château de), 3351.

Sanadoire (Roche), 3282, 3284-3286.

Sancet (L.), 1834.

Sancy (Pic de), 2783, 2784, 2854.

Sansonetti, 3090, 3091, 3104, 3133.

Sans-Venin (Tour), 3249, 3250.

Saône (La) à Lyon, 3360, 3403.

— (L'île Barbe sur la), 3406.

Sardou (Propriété de M. Victorien) à Marly-le-Roi, 234.

Sarrazin, 26, 189, 1483, 1485.

Sassenage (Cascade à), 3296.

— (Grottes de), 3261, 3289-3291.

— (Portes de), 3293.

— (Préciosier de), 3295.

— (Tombeau antique du cimetière de), 3330.

— (Vue de), 3288.

Saulieu (Place Saint-Andoche à), 2530.

— (Porte Notre-Dame à), 2527.

— (Porte de Paris à), 2528.

— (Vue de), 2529.

Saumur (Ville et château de), 1579, 1580, 1584.

Sauxillanges (Le Pas de), près Issoire, 2851.

Savart, 2981-2983, 2986-2988, 2990, 2991.

Savenières (Église de), 1568.

Savigny (Château de), 2411, 2412, 2525.

Savoie (Oratoire de Marguerite d'Autriche, duchesse de), à Notre-Dame-de-Brou, 2655.

— (Tombeau de Marguerite-d'Autriche, duchesse de), à Notre-Dame-de-Brou, 2649.

— (Tombeau de Philibert le Beau, duc de), à Notre-Dame-de-Brou, 2644, 2646.

Sceaux (Ferme à), 430.

Scey-sur-Saône (Château de Bauffremont à), 3155, 3156.

Schomberg (Tombeau de Gaspard de), maréchal de France, dans l'église Notre-Dame-de-Nanteuil, 1060.

Sedan (Château de), 2995.

Sées (Escalier à la mairie de), 902.

— (Vue et détails de l'église Saint-Gervais à), 894-901.

Séguin, 1869.

Séguret-Foran (Glacier de), 3327.

Seille (Source de la), 3175.

Seine (Vue de la), 31.

— (La), à Argenteuil, 32, 33, 441, 443.

— (La), au Bas-Meudon, 250.

— (La), à Bercy, 63.

— (La), à Bougival, 77.

— (La), à Corbeil, 521.

— (La), près Draveil, 440, 442.

— (La), à Ingouville, 680.

— (La), à Ivry, 187.

— (La), à Javel, 195.

— (La), à La Garenne-Saint-Denis, 400.

— (Île de La), près La Roche-Guyon, 567.

— (La), près Livry, 2350.

— (La), près Moret, 2359.

— (La), à Neuilly, 325, 326, 328, 332, 340.

— (La), à Paris, 438.

— (La), près Rouen, 675, 760.

— (La), à Saint-Cloud, 368.

— (La), près Saint-Denis, 401.

— (La), à Sèvres, 444, 450.

— (La), à Soisy-sous-Étiolles, 522.

— (La), à Thomery, 454.

Seineport (Habitation de M. Bosio à), 439.

Seissel (Vue de), 2663.

Sellières (Vue de), 3206.

Semur (Église de), 2621.

— (Église Notre-Dame à), 2416, 2532.

Sénèque (Tour de) au cap Corse, 2069.

Senlis (Cathédrale de), 1054, 1056-1059.

— (Église Saint-Pierre à), 1055.

— (Porte de Meaux à), 1053.

Senones (Les Vosges à), 3102.

Sens (Cathédrale de), 2310-2324.

— (Porte de l'évêché à), 2325.

— (Porte Notre-Dame à), 2307.

— (Porte Saint-Antoine à), 2308, 2309.

Septmonts (Château de), 1231-1233.

Sercy (Château de), 2622.

Seruzier, 2147.

Serves (Vue de), 3338.

Sévigné (Château d'Époisses où naquit Mme de), 2489.
— (Château des Rochers où habita Mme de), 1668.
— (Maison Badoche où séjourna Mme de) à Vichy, 2702.
Sèvres (Caves impériales de), 447.
— (La manufacture de), 446, 448.
— (Pont de), 451, 452.
— (La Seine à), 444, 450.
— (Vue panoramique de), 449.
Sillans (Cascade de), 3553, 3555.
Silvestre (F.), 104.
Silvestre (*Israël*), 244, 352, 403, 1016, 1017, 2335, 2485, 3080-3082, 3263, 3493.
Sinety (Jardin du chanoine de) à Noyon, 1030.
Sion (Les trois châteaux de), 3212.
— (Vue de), 3213.
Sioule (Vue de la), 2844.
Sisteron (Vue de), 3568.
Soho (Saut de), près Albi, 2225.
Soissons (Abbaye et église de Notre-Dame à), 1256, 1263, 1264.
— (Abbaye de Saint-Jean-des-Vignes à), 1173, 1248, 1250.
— (Abbaye de Saint-Médard à), 1234, 1238, 1251-1258.
— (Cathédrale de), 1243, 1244.
— (Cloître gothique à), 1236, 1237.
— (Église St-Pierre-à-l'Assaut à), 1242.
— (Église Saint-Waast à), 1260, 1261.
— (Hôtel de ville de), 1246.
— (Palais de l'Arquebuse à), 1265.
— (Place de l'Hôtel-de-Ville à), 1245.
— (Place Saint-Pierre à), 1259.
— (Pont à), 1247.
— (Portail des Cordeliers à), 1249.
— (Portail de Notre-Dame-des-Vignes à), 1249.

Soissons (Porte du faubourg Saint-Waast à), 1262.
— (Temple de Saint-Pierre à), 1240.
— (Tournoi de Jacques, bâtard de Vendôme, à), 1266.
— (Vue de), 1235.
Soisy-sous-Étiolles (La Seine à), 522.
Solidor (Tour) à Saint-Servan, 1672.
Sommières (Pont romain à), 2266.
— (Vue de), 2266.
Sorel (Maison d'Agnès), à Orléans, 1344.
Sotteville (Clocher de), 761.
Souillac (Sculptures de l'abbaye de), 1868.
Soulacroix, 1389, 1390.
Soulès, 1028, 1519, 1569.
Soupey, 3077.
Souvigny (Église de), 2689-2690.
— (Le manoir de Saint-Maurice à), 2694.
— (Le moulin de Tour à), 2693.
— (Vue de), 2692.
Spire (Église de), 1013.
Stahl, 1890, 1891, 1925, 1965-1974.
Stillière, 3302, 3303.
Strasbourg (Cathédrale de), 3126-3130, 3133, 3136.
— (Place à), 3136.
— (Plan de la citadelle de), 3124.
— (Porte de), 3125, 3137.
— (Vieille maison à), 3132.
Sucinio (Château de), 1650.
Suippes (Jardins du comte de Bougainville à), 2974-2976.
Sully (Cheminée du château de), 2624.
Suresnes (Bac à), 214, 376.
— (Plan du chemin projeté entre Saint-Cloud et), 353.
— (Pont de), 372.
— (Propriété de M. Lagarde à), 373-375.
— (Vue prise sur le chemin de), 320.

T

Tal [?], 167.
Talence (Église de), près Bordeaux, 1920.
Tallard (Ruines du château de), 3324.
Talleyrand. — Voy. Bénévent.

Talmont (Vue de), 1782.
Tamié (Abbaye de), 3236.
Tancarville (Château de), 762, 763.
Tarascon (Château de), 3526-3528.

Tarascon (Pont de Beaucaire à), 2249.
— (Vue de), 3525.
Tarbes (Église à), 2012.
— (Fontaine de la Bergère à), 2016.
Tarn (Cours du), 2228, 2231-2235.
Tassy, 3454.
Taverne (G.), 3577.
Tavernier de Jonquières, 934-939, 945,
    952, 957-959, 987, 989-991, 993-
    996, 1000, 1004-1006, 1015,
    1025, 1027, 1030, 1031, 1033-
    1037, 1039-1041, 1043-1048,
    1052-1055, 1060-1062, 1152-
    1155, 1159-1161, 1164, 1165,
    1171, 1174-1177, 1180-1189,
    1191, 1192, 1194-1196, 1200-
    1211, 1214, 1215, 1217, 1219-
    1222, 1228-1232, 1235, 1238-
    1240, 1243-1272, 1275, 1276,
    1278, 1279, 1735-1738, 1766-
    1770, 1772-1777.
Taylor (J.), 1825, 2744, 2774, 2847,
    2913, 3180, 3182.
Teillan (Vue prise au château de), 3451.
Termes (Château de), 2860.
Têtes d'Engins (Rochers dits), 3258, 3259.
Thann (Église de), 3122.
— (Le tombeau du Christ à), 3115.
Thiais (Vue prise à), 453.
Thibaut, 2359.
Thiénon (Louis), 297, 575, 1819, 1871,
    1924, 2006, 2511, 3351.
Thiers (Cascades de), 2863.
— (Chapelle Saint-Roch à), 2865.
— (La Durolle à), 2871, 2898.
— (Église de) [Seine-et-Marne], 2383,
    2384.
— (Église Saint-Genèse à), 2866, 2868,
    2869, 2875.
— (Pont de), 2873.
— (Rue de Durolle à), 2874.
— (Vieilles maisons à), 2867.
— (Vues de), 2861, 2862, 2864, 2870.
Thomain, 2422.
Thomery (La Seine à), 454.
Thorigny (Détails relevés au château de),
    2326.
Thorigny, 773, 775, 796.
Thouars (Château de), 1753.

Thuillière (Roche de la), 3281.
Thuret (Ruines du château de), 2885,
    2886.
Thy, architecte, 35-37.
Tirpenne, 2898, 3320.
Tonneins (La Garonne à), 1863.
Tonquedec (Ruines du château de), 1632.
Tordoir (Ruines du couvent du), 1295,
    1296, 1298, 1300.
Toulon (Port de), 3551, 3559.
— (Vue prise à), 3550, 3552.
Toulouse (Armoire du xvie siècle à),
    2106.
— (Cloître à), 2103.
— (Cour du Palais des Capitouls à), 2107,
    2108.
— (Église aux environs de), 2110.
— (Église de la Dalbade à), 2092-2094.
— (Église des Jacobins à), 2105.
— (Église gothique à), 2099.
— (Église Saint-Sernin à), 2089-2091,
    2098, 2100, 2102.
— (Maison du collège royal à), 2097.
— (Maison renaissance à), 2101, 2111.
— (Musée des Antiquités à), 2104.
— (Porte de Saint-Gaudens à), 2086.
— (Saint-Étienne, cathédrale de), 2088,
    2095, 2096.
— (Tombeau de Guillaume Molinier au
    Musée de), 2087.
— (Vue de), 2085, 2112.
Toureil (Le) sur les bords de la Loire,
    1569.
Tournoel (Château de), 2876-2884.
Tournon (Château de), 2148-2150.
— (Plan de), 2147.
— (Vue de), 2146, 2147.
Tournus (Église de), 2625, 2626.
— (Vue de), 2623.
Tours (Chapelle et vieilles maisons à),
    1518.
— (Église Saint-Clément à), 1517.
— (Four à briques à), 1520.
— (Porte Rouline à), 1515, 1516.
Tourville (Maison de) à Recouvrance, près
    Brest, 1595.
Tourvoye (Ruines du château de), 457.
Toussaint, 479, 483.
Touvre (La), à Ruelle, 1816.

Tracy-le-Val (Château de), 455, 456.
Trans (Pont de), 1565.
Tréguier (Cathédrale de), 1660, 1662.
— (Petit séminaire de), 1659.
Trélazé (Inondation des ardoisières de), 1582.
Trémoville (Propriété de M. de) à Saburs, 768.
Triadoux (Tour de Perlan, près), 1878.
Trianon (Cascade de), 465.
— (Château de), 459, 460.
— (Hameau du Petit-), 462, 463.

Trianon (Plan de), 464.
— (Temple dans les jardins de), 461.
Trois-Moulins (Butte des), 530.
Trouille (ingénieur), 1795.
Trouville (Bouquets d'arbres à), 922.
— (Villa Guizot à), 877.
Troyes (Jubé de Sainte-Madeleine à), 2932.
— (Porte Saint-Jacques à), 2931.
Truy (Dolmen de), 767.
Tulle (Ancien hôtel de ville de), 2924.
Types normands, 881-883, 885.

U

Urfé (Ruines du château d'), 3348.
Usson (Château d'), 2888.

Usson (Roche et cascade d'), 3349.
— (Vue d'), près Issoire, 2887.

V

Vailly (Fontaine à), près Soissons, 1273.
Vaison (Vue de), 3441.
Valdieri (Bains de), 3235.
Valençay (Château de Talleyrand à), 1478.
Valence (Vue de), 3336, 3337.
Valence-sur-Boise (Abbaye de Flavien à), 1846.
Valenciennes, 3237.
— (Fortifications de), 3059.
Valentinois (Propriété du comte de) à Passy, 346.
Vallée-aux-Loups (Maison de Châteaubriant dans la), 496.
Valle Louise, 3322.
Val-Saint-Pierre (Chartreuse du), près Vervins, 1280.
Valsery (Abbaye de), 1210.
Vals-le-Chastel (Vue de), 2206.
Val-Suzon (Vue de), 2533.
Vandeix (La Roche), 2762.
Varin, 525, 526.
Vassy (Le château de), 2938.
Vaucluse (Fontaine de), 3440, 3445.
— (Ruines du château de Pétrarque, près la fontaine de), 3450, 3452.
— (Village de), 3446.
Vaux (Château de), 2207.

Vaux (Église Notre-Dame-de-Nièvre à), 2664.
Vaux-le-Pénil (Château de), 2385, 2386.
Vauxbrun (Restes du château de), 1277.
Vaux-Praslin (Grotte de), 469.
Vauzelle, 1571, 1572, 1578, 1580, 1674, 1676, 1679-1683, 1713, 1714, 1716, 1717, 1719-1727, 1733, 1740, 1741, 1743.
Veauce (Château de), 2695.
— (Vue prise près de), 2696.
Velars (Viaduc de), 2535.
Velay (Montagnes du), 2167.
Vendôme (Hôtel de ville de), 1473.
— (Murs et château de), 1474-1477.
— (Tours de Poitiers au château de), 1477.
Ventoux (Le Mont), vu de Carpentras, 3449.
Verdelais (Église Notre-Dame de), 1922.
Verdun (Cathédrale de), 3072.
— (Environs de), 3073.
— (Vue de), 3071.
Verdun-sur-Doubs (Vues de), 2629, 2630.
Vereux (Vue de), 3187.
Verneith (J. de), 1975.
Vernet (D'après J.), 3496, 3497, 3551.

Vernet (Vue du), 2028.
Verneuil (Maison à), 620.
Vernon (Église et place à), 621.
— (Jardins de), 618.
— (Maison à), 622.
— (Roches et carrières de), 616.
— (Tombe de Guillaume de), dans l'église Notre-Dame de Vernon, 619.
Verrières (Chemin dans les bois de), 471.
Versailles (Bassin dans le parc de), 491.
— (Cascades dans le parc de), 485.
— (Colonnade de), 477, 488.
— (Gaine dans le parc de), 490.
— (Grotte dans le parc de), 480.
— (Jardins d'Apollon à), 486, 489.
— (Orangerie du palais de), 483, 484.
— (Palais de), 472-476, 478, 479, 481, 483, 497.
— (Plan du jardin de la Reine à), 464.
— (Rue Saint-Pierre à), 493.
— (Vue prise auprès du parc de), 482.
— (Vues prises dans le parc de), 487, 492.
Vert-Buisson (Maison de Brongniart au), près Gisors, 603.
Vésinet (Plan de la forêt du), 494.
Vesoul (Vue de), 3166.
Vetheuil (Église de Notre-Dame de), 1327, 1328.
Vez (Tour de), 1061, 1062.
Vèze (Ch. de), 839-841, 1669, 3234.
Vézelay (Église de), 2327-2329.
Vézilles (Couvent de la Mère-Dieu à) [Val d'Arran], 1981.
Vichy (Casino de), 2698, 2708, 2710.
— (Église à), 2700.
— (Hôtel de ville à), 2713.
— (Intérieur d'un moulin à), 2704.
— (Maison Badoche à), 2702.
— (Nouvelle source des Célestins à), 2711.
— (Parc à), 2706, 2707.
— (Place à), 2712.
— (Promenades à), 2699, 2703.
— (Villa de l'Empereur à), 2705.
— (Vue prise à), 2701.
Vienne (Cascade de la Jère, près), 3317.
— (Cathédrale Saint-Maurice à), 3298-3301, 3305.

Vienne (Cloître Notre-Dame-de-l'Isle, près), 3315.
— (Église de), 878.
— (Église Saint-Sévère à), 3304.
— (Église Saint-Pierre à), 3306.
— (Ermitage de M. Cherliat, près), 3314.
— (Fragments antiques au Musée de), 3303.
— (Obélisque dit «l'Aiguille», près de), 3310, 3311.
— (Pont sur la), à Châtellerault, 1735.
— (Portes de monuments à), 3302.
— (Sanctuaire de Notre-Dame-de-Vie à), 3307.
— (Temple d'Auguste à), 3308.
— (Théâtre antique à), 3309.
— (Vue de), 3297.
Vierge (Passage de la), dans les Vosges, 3099.
Vieux (Corbeaux de l'église de), 865.
Villars (Monument du maréchal de) à Denain, 3042.
Villebon (Château de), 1437.
Villefranche (Plan de), 3572.
Villefranche-sur-Saône (Ruines sur la route de), 3413.
Villeneuve, 2738, 2748, 2762, 2860, 2889, 2914, 2915.
Villeneuve (Château de), près Soissons, 1267.
Villeneuve (Var). Vues du château, 3560, 3561.
Villeneuve-lès-Avignon (Château de), 2268.
— (Donjon de), 3442.
— (Quais de), 3444.
— (Tour au bord du Rhône, près de), 2269.
— (Vue de), 3443.
Villeneuve-Saint-Georges (Vue de), 568.
Villeneuve-sur-Loire (Chartreuse de), 2161.
Villeroy (Château de), 2330.
— (Plan du parc de), 2331.
Villers-Bocage (Élévation du château de), 1151.
Villers-Cotterets (Château de), 1274.
— (Fontaine à), 1275.
— (Tombeaux dans l'église de), 1276.

Vincennes (Château de), 495, 498-500, 503-509, 511, 512.
— (Portes en ruine, près), 501.
— (Projet de colonnade à), 502.
Vincent (Pierre), 1796.
Vire (Château de), 870.
Vitry-le-François (Vues de), 2977-2980.
Vitry-sur-Seine (Entrée de ferme à), 513.
— (Vue de), 510.
Vivarais (Basaltes proches de la montagne de Chanivari en), 2134.
Vivart, 1018.
Viviers (Vue de), 2142, 2144, 2145.

Vizille (Château de), 3319, 3320.
— (Ruines du château fort de), 3321.
Vogüé (Hôtel de) à Dijon, 2464, 2465.
Volvic (Église de), 2890-2892.
— (Place de), 2890.
— (Vue de), 2895.
Vorges (Vue de), 2534.
Vosges (Vues prises dans les montagnes des), 3099, 3102, 3103.
Vougeot (Vue de), 2389.
Voulte-Chillac (Vue de la), 2738.
Vouziers (Vue de), 2994.
Vrayet (D. Franc.), 2969.

W

Waast (Jean), 948.
Wagnet (Louis), 3010, 3013-3018.
Wailly-sur-Aisne (Porte Saint-Vincent à), 1149.
— (Ruines d'une chapelle à), 1150.
Warque (Vue de), 2991.

Watelet, 67, 609, 3097, 3108.
Wille (J.-G.), 416.
Wille (P.-A.), 263.
Wissant, 3048, 3049.
Wissant (Vue prise à), 3031.
Wyld (W.), 2285.

X

Xertigny (Vue de), 3108.